Sean Smith
Kylie Minogue

Man müsste schon auf einem anderen Planeten leben, um nichts darüber zu erfahren, dass Kylie Minogue derzeit der schillerndste Stern am Pop-Himmel ist. Ihre Singles stürmen die Hitparaden, ihre europäische »Fever«-Tournee findet in ausverkauften Hallen statt – gefeiert von einem begeisterten Publikum –, und ihr Gesicht schmückt die Titelseiten der Zeitschriften in aller Welt. Warum sind Männer von Kylie Minogue hingerissen, und warum wollen Frauen so sein wie sie? Wie schafft sie es, alle Höhen und Tiefen des Popgeschäfts zu meistern und ein Comeback zu feiern, wie es glänzender nicht sein kann?

Die Antwort gibt Sean Smith in seiner spritzigen, mit leichter Hand geschriebenen Biographie. Er betrachtet ihre zahlreichen Image-Wandlungen, die sie im Laufe der Jahre vollzogen hat, und zeigt daneben die ganz private Frau hinter der öffentlich sichtbaren Fassade.

Sean Smith war als Kolumnist für verschiedene Tageszeitungen tätig, bevor er sich als Biograph einen Namen machte. Er veröffentlichte eine viel beachtete Biographie über J. K. Rowling sowie Prinz Edward und Sophie Rhys-Jones. Der Popmusik widmete er sich durch »Stone me!«, ein Begleitbuch zu den Rolling Stones, und seine Liebe zum Sport manifestierte sich in »The Union Game« und »Racing«. Sean Smith lebt in West-London.

Sean Smith

Kylie Minogue

**Aus dem Englischen von
Charlotte Lyne**

Krüger Verlag
Frankfurt am Main

Die englische Originalausgabe erschien 2002
unter dem Titel »kylie confidential«
bei Michael O'Mara Books Limited, London
Copyright © 2002 Sean Smith
The right of Sean Smith to be identified as the author
of this work has been asserted by him in accordance
with the Copyright, Designs and Patents Act 1998

Deutsche Ausgabe:
© Wolfgang Krüger Verlag GmbH, Frankfurt am Main 2002
Satz: Pinkuin Satz und Datentechnik, Berlin
Druck und Einband: Clausen & Bosse, Leck
Printed in Germany 2002
ISBN 3-8105-1922-7

»*Stil ist deine eigene Interpretation von dem, was du bist, und dem, was du auf andere ausstrahlst.*«

Kylie Minogue im Juli 1998

Inhalt

Danksagung

Ich danke allen, die mir geholfen und dafür gesorgt haben, dass die Arbeit an diesem Buch ein solches Vergnügen war. Dazu gehören Paul Marcolin, Peter Holt, Jane Oddy, Spencer Bright, Alison Jane Reid, Rick Sky, Frank Thorne und Cassandra Hooper. Die Welt des Schallplattengeschäfts ist klein – daher zogen manche Leute es vor, anonym zu bleiben. Ich habe ihren Wunsch respektiert und hoffe, dass sie an dem Buch ihre Freude haben werden.

Doug Booth war mir in Melbourne eine enorme Hilfe, und Lizzie Clachans Recherche in London war von unschätzbarem Wert. Außerdem möchte ich gerne die zahllosen ausgezeichneten Websites erwähnen, die sich mit allem, was mit Kylie zu tun hat, beschäftigen – ganz besonders Limbo und Confide, die für mich von großem Interesse waren.

Beim Verlag Michael O'Mara Books danke ich Michael O'Mara dafür, dass er dieses Buch in Auftrag gegeben hat, meiner Lektorin Karen Dolan für ihre Begeisterung und ihr scharfes Gedächtnis sowie Gabrielle Mander, Toby Buchan, Rhian McKay, Judith Palmer, Bryony Evens und Camille Debruyne. Mein Dank gilt außerdem Diana Briscoe, die die Discographie zusammengestellt hat.

Martin Bristow hat sich bei Gestaltung und Satz (der englischen Originalausgabe, Anm. d. Übers.) selbst übertroffen, und das Gleiche gilt für Glen Saville, der für das umwerfende Cover und die Farbbilder verantwortlich ist. Adrian Morris schulde ich Dank für Kylies faszinierendes Geburtshoroskop, mit dem dieses Buch beginnt.

Darüber hinaus danke ich Zoë Lawrence, die mir mit dem Manuskript geholfen und zudem dafür gesorgt hat, dass mir meine geistige Gesundheit erhalten blieb.

Kylie: Geboren am 28. Mai 1968

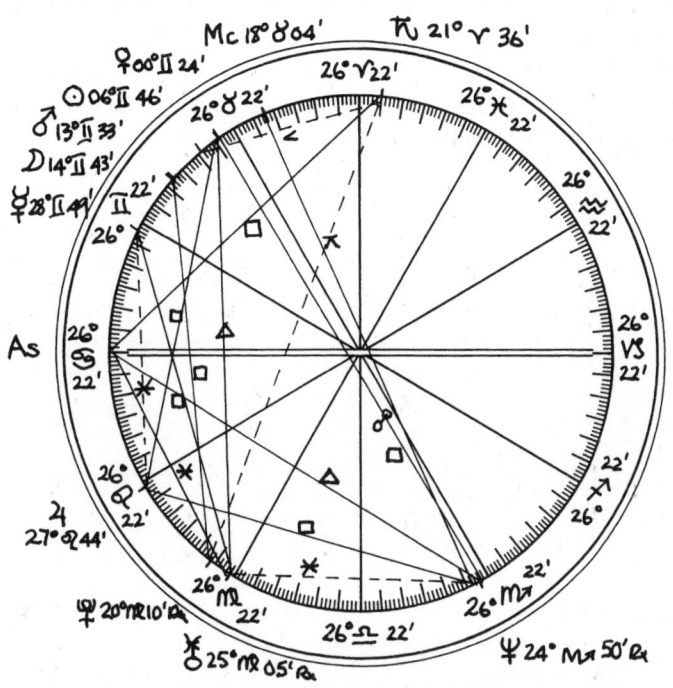

Chart markings:
- Mc 18° ♉ 04'
- ♄ 21° ♈ 36'
- ♀ 00° ♊ 24'
- 26° ♈ 22'
- 26° ♓ 22'
- ⊙ 06° ♊ 46'
- 26° ♉ 22'
- 26° ♒ 22'
- ♂ 13° ♊ 33'
- ☽ 14° ♊ 43'
- ☿ 28° ♊ 49'
- ♊ 22'
- 26°
- As 26° ♋ 22'
- 26° ♑ 22'
- ♃ 27° ♌ 44'
- 26° 22'
- 26° ♐ 22'
- ♅ 20° ♍ 10' ℞
- 26° ♏ 22'
- 26° ♏ 22'
- ♇ 25° ♍ 05' ℞
- 26° ♎ 22'
- ♆ 24° ♐ 50' ℞

Planet	Aspekte										
	⊙	☽	☿	♀	♂	♃	♄	♅	♆	♇	
Sonne	⊙										
Mond	☽	☌									
Merkur	☿										
Venus	♀	☌									
Mars	♂	☌	☌								
Jupiter	♃			✳	□						
Saturn	♄	∠									
Uranus	♅			□	△						
Neptun	♆			☍		□		✳			
Pluto	♇	□					⊼	☌			
Aszendent	As					□	✳	△			
Medium Coeli	Mc							☍	△		

Kylie – voraussagbar

Kylie vereint zahlreiche Persönlichkeiten in einer ...
Kylies Geburtshoroskop zeigt eindeutig ihre außergewöhnliche Kreativität und Musikalität. Sie hat drei Planeten, die miteinander ein T mit einem Potenzial für enorme Energie bilden. Es sind dies die künstlerische Venus, der großzügige Jupiter und Neptun, der Herrscher über die darstellenden Künste. Diese Konstellation wird Kylie ihr Leben lang mit Herausforderungen konfrontieren, aber wenn sie sich ihnen stellt, wird sie die Fähigkeit besitzen, alles zu erringen, was ihr Herz begehrt.

Persönlichkeit
Kylies Sonnenzeichen sind die Zwillinge, das Zeichen für Kommunikation und Vielseitigkeit. Beherrscht vom Planeten Merkur verfügen Zwillinge über ein quecksilbriges Wesen und eloquente Wortgewandtheit. Sie sind intelligent und schlagfertig, können aber zur Ungeduld neigen, wenn bei anderen die Gedanken nicht ganz so rasch fliegen wie bei ihnen selbst. Sie sind schnell gelangweilt und wechseln von einer Aufgabe zur nächsten, ohne die erste unbedingt erst einmal abzuschließen. Sie leben unter ständigem Hochdruck, was in ihrem Alltag häufig zu unnötigen Spannungen und Belastungen führen kann. Die schwerwiegendste Charakterschwäche von Zwillingen ist ihre Oberflächlichkeit, die sie aber durch ihre Fähigkeiten als amüsante, engagierte Gesprächspartner wettmachen.

Einschließlich der Sonne verfügt Kylie über sage und schreibe fünf Planeten im Zwilling, wodurch sich die spezifischen Eigenschaften dieses Sternzeichens erheblich verstärken. Sie ist somit ein ausgeprägtes Beispiel für einen Zwilling. Mit ihrem Mond im Zwilling wird es sie immer nach einem Leben als unabhängiger Freigeist verlangen. Der Einfluss Merkurs verleiht ihr den Wunsch, neue Ideen zu verfolgen. Venus intensiviert ihre Fähigkeit, ihre künstlerische Ausstrahlung voll zu entfalten. Mars lässt sie ihre Ideen kraftvoll und, nicht zu vergessen, in äußerst wettbewerbsorientierter Weise zum Ausdruck bringen. In Kylies ehrgeizigem Geist mag so manches Missverständnis und Zerwürfnis in ihrem beruflichen Umfeld begründet liegen.

Ihre Sonne/Mond-Kombination im Zeichen Zwillinge macht Kylie zu einer lebhaften, koketten, kindlichen und nachdenklichen Frau. Aber sie sorgt auch für Launenhaftigkeit. Die Anzahl der Planeten im Zwillingszeichen sorgt jedoch dafür, dass ihr Verstand stets über ihr Herz obsiegen wird.

Mit dem Krebs als Aszendenten kann Kylie sich durchaus als empfindlich erweisen, wenn die Dinge einmal schief gehen, und sie macht sich ständig über alle möglichen großen wie kleinen Dinge Sorgen. Trotz ihrer empfindsamen, fürsorglichen Natur kann sie höchst unterkühlt und unabhängig wirken, und ihre Privatsphäre ist von größter Bedeutung für sie. Sie will das Beste aus beiden Welten – nicht allein materielle Anerkennung für ihre Arbeit, sondern auch den Komfort emotionaler Sicherheit. Sie möchte liebend gerne als verlässlich und vertrauenswürdig angesehen werden, doch in ihrem Horoskop zeigen sich auch andere ausgeprägte Züge, die das Erreichen dieser bewundernswerten Ziele erschweren.

Kylie ist bei Neumond geboren, weshalb sie sich für Neuanfänge stets begeistern lassen wird. Der Mond, die Venus und der Mars üben sämtlich starken Einfluss auf ihre Sonne im Haus der Hoffnungen und Wünsche aus und verleihen Kylie letztendlich das Gefühl, es gäbe nichts, das sie nicht erreichen könne. Kombiniert mit ihrer hohen Motivation führt dies unvermeidlich zum Erfolg. Sie neigt jedoch dazu, ihre eigenen Unvollkommenheiten zu beschönigen und sich gleichzeitig als Opfer aller möglichen eingebildeten Fehler von anderen zu betrachten.

Kylie, wie die Konstellation, die Merkur mit Uranus eingeht, eindeutig anzeigt, hat enormes schöpferisches Talent. Aber es gibt auch einen verstörenden Aspekt zwischen Venus und Neptun, der darauf hinweist, dass sie über eine grenzenlose, gefährliche Vorstellungskraft verfügt. Diese ist so stark, dass sie ihr häufig den Blick trübt, und da Jupiter ebenfalls in Spannung zu Neptun steht, mag es Träume geben, die nie erfüllt werden. Durch Kylies gesamtes Horoskop hindurch zieht sich eine Furcht vor Konkurrenz sowie ein Anzeichen dafür, dass sie sich ununterbrochen mit anderen vergleicht, was zu dem Gefühl von großer Unzufriedenheit führt. Unvermeidlich steckt ihr Leben somit voller Spannungen und Schwierigkeiten.

Kylie sollte sich auf ihre eigenen Fähigkeiten konzentrieren und ihr Leben vor dem Hintergrund der Entwicklungen betrachten, die sie persönlich vollzogen hat.

 ### Beziehungen

Kylie neigt dazu, sich von engen, intimen Beziehungen verunsichert zu fühlen. Wie die meisten Zwillings-Persönlichkeiten mit einer Sonne/Mond-Kombination hält sie Gefühle für eine dunkle, unkontrollierbare Macht. Zu ihrem Pech kann der nebulöse Neptun in einem zentralen Teil ihres Horoskops ihr Urteilsvermögen bei der Partnerwahl beeinträchtigen. Sie mag ihn der Unaufrichtigkeit verdächtigen oder sich im Gegenteil als extrem leichtgläubig und schnell beeinflussbar erweisen. Neptun in dem Bereich des Horoskops, der über die Emotionen bestimmt, ist ein Hinweis darauf, dass ihre Erwartungen nur selten erfüllt werden, weil sie auf der Suche nach einem idealen Mann ist.

Kylies Horoskop zeigt, dass über Liebe und Ziele in ihrem

Leben Verwirrung herrscht. *Sie hat ein enormes Bedürfnis nach Liebe, danach, geliebt und als liebenswert betrachtet zu werden,* aber ihre hoch gesteckten Ziele trüben ihre Vorstellung von Liebe. Sie ist verzweifelt darum bemüht, eine enge Beziehung aufzubauen, aber sie hat Probleme, damit zurechtzukommen. Sie behauptet sich in ihrer Arbeit und anderen Bereichen ihres Lebens in derart ausgeprägter Weise, um diesen Mangel an emotionaler Befriedigung zu kompensieren.

Die meisten Menschen, die unter dem Sternzeichen der Zwillinge geboren wurden, haben einige Schwierigkeiten mit Emotionen und befassen sich womöglich niemals mit ihren emotionalen Problemen. Sie müssen sich ihrem »Schatten« stellen, wie der einflussreiche Psychologe Jung dies ausdrückte. Kylie muss lernen, sich in ihren Beziehungen stärker zu öffnen, frei über ihre Probleme zu sprechen und düstere Gedanken von sich zu schieben.

Arbeit und Karriere

Ihre gesamte Karriere hindurch wird Kylie stets über die Fähigkeit verfügen, sich selbst zu erneuern und zu verändern, und als Zwilling lässt sie sich davon auch nicht schrecken. Uranus als Planet des Wandels steht in einer aufgeschlossenen Verbindung mit ihrem Aszendenten Krebs, wodurch sie sich allem Neuen hingibt und von ungewohnten, rebellischen Ideen fasziniert zeigt. Die Möglichkeit, dass sie jemals langweilig sein wird, ist äußerst gering.

Kylie hungert nach Anerkennung. Sie kann diese durch harte Arbeit und ihre angeborenen kreativen Talente erreichen. Merkurs Einfluss ermöglicht es ihr, sowohl einen neugierigen wie einen empfänglichen Geist zu entwickeln. Sie wird sich nicht damit zufrieden geben, an einem Punkt in ihrer Karriere stehen zu bleiben. Finanzielle Sicherheit ist ihr jedoch wichtig, sie erlaubt Kylie, klug zu investieren und sich auf diese Weise eine Umgebung zu schaffen, in der sie aufblühen und sich geborgen fühlen kann.

Kylie braucht einen Berater, dem sie vertraut und der ihr zur Seite steht. Aufgrund des starken elterlichen Einflusses in ihrem Horoskop ist dies von entscheidender Bedeutung. Nur wenn sie das erkennt, wird sie feststellen, dass ihr Erfolg wirklich auf sicheren Füßen steht.

Einflüsse aus ihrer Vergangenheit

Ohne Zweifel gibt es eine große Menge familiärer Einflüsse in Kylies Horoskop, doch zeigen sich ebenso einige erstaunliche Widersprüche. Bei einem Mond im Zwilling würde man für gewöhnlich davon ausgehen, dass die Mutter als treibende, die Entwicklung stimulierende, wenngleich emotional distanzierte Kraft auftrat. Kylies Sonne/Venus-Konjunktion jedoch weist darauf hin, dass Kylie der Augapfel ihres Vater war und ihre Eltern in ihrem Leben gemeinsam eine Rolle spielten. Es gab auch Zeiten, in denen Kylie zu Hause für etwas die Schuld bekam, für das sie gar nichts konnte, ein Schicksal, das sie mit zahlreichen erstgeborenen Kindern teilt. Als Ergebnis bleibt sie auch als Erwachsene Kritik gegenüber empfindlich.

Mond im Zwilling lässt vermuten, dass *der Wunsch nach Erfolg Kylie bereits in frühem Kindesalter eingepflanzt wurde*, dass ihr aber wenig erzieherische Aufmerksamkeit zuteil wurde. Diese Vermutung wird von dem starken Feld zwischen dem unnachgiebigen Saturn und ihrem Aszendenten unterstützt. Das Leben zu Hause gestaltete sich demnach eher streng, die Betonung lag auf tadellosem Benehmen und der an Kylie gerichteten Erwartung, Aufgaben und Arbeiten ohne Wenn und Aber zu erledigen. Normalerweise bezieht Saturn sich auf Einflüsse von Seiten des Vaters, in ihrem Fall jedoch könnte dies jeden der beiden Elternteile repräsentieren, je nachdem, welcher der dominantere ist. Kylie empfindet somit gewaltigen Respekt vor ihren

Eltern, möglicherweise aber gab es daheim nur wenig Zärtlichkeit. Die positive Wirkung dieser Art des Aufwachsens besteht darin, dass sie Kylie zu einer nicht nachlassenden Beständigkeit verhalf, welche Rückschläge sie auch immer hinnehmen muss.

Im Laufe ihres Lebens vollzogen sich an mehreren Punkten einschneidende Veränderungen. Die erste fand Ende 1979, Anfang 1980 statt, als sie elf Jahre alt war. Uranus, der Planet des Wandels in Verbindung mit der mächtigen Beziehung zwischen Venus, Jupiter und Neptun in ihrem Horoskop, brachte eine Periode der Kreativität, der Stimulation und der Erkenntnis, wohin diese Veränderungen in der Zukunft wohl führen mochten. Das Verhältnis, in dem diese drei Planeten in ihrem Horoskop zueinander stehen, unterstreicht zudem den Bereich ihres Lebens, in dem sie die größten Rückschläge zu erleiden haben wird – ihre Gefühle für andere Menschen, ihre seelische Verfassung und ihre private Welt. 1990 und das ganze Jahr 1991 hindurch trat der »durchreisende« Neptun in einen äußerst spannungsgeladenen Aspekt zu zwei der Planeten ihrer Geburtskonstellation, dem Mond und dem Mars. Während dieser Zeit erlebte sie schwere seelische Verwirrung, emotionale Probleme und widersprüchliche Wünsche. Ihre Erfahrungen aus diesem Abschnitt ihres Lebens hatten vermutlich einen bleibenden Effekt auf die Art und Weise, in der sie sich der Außenwelt präsentiert – auf ihr Image.

1997 und 1998 bekam Kylie die Auswirkungen ihrer ersten »Saturn-Rückkehr« zu spüren. Saturn ist der Planet der großen Prüfungen, und seine erste Rückkehr in dieselbe Stellung, die er im Geburtshoroskop einnahm, ereignet sich für gewöhnlich etwa im Alter von 29 Jahren. Er bringt – oder sollte dies zumindest tun – die Erkenntnis mit sich, dass ein wesentlicher Teil des eigenen Lebens schon vorüber ist, und er weckt somit den Wunsch nach Veränderung. Als der Planet anschließend, im Jahr 2000, über den Bereich von Kylies Horoskop hinwegzog, der Kylies Karriere bestimmt, muss sie demnach über ihr bisheriges

Leben Bilanz gezogen, ihre Erfolge abgewogen und darüber befunden haben, ob sie mit dem Weg, den sie eingeschlagen hatte, zufrieden war.

Von entscheidender Bedeutung war, dass Kylie während der harten Zeiten, die sie 1990 und 1991 durchmachen musste, gelernt hatte, wie sie sich 1997 und 1998 von dem Ballast in ihrem Leben befreien konnte, dass sie demzufolge die richtige Entscheidung traf und sich so selbst in die Lage versetzte, sich im Jahr 2000 weiter nach vorn zu bewegen. Wenn es ihr gelungen ist, all diese drei Dinge zu meistern, müsste sie jetzt auf – so gut wie – alles vorbereitet sein, was das Schicksal in den kommenden Jahren gedenkt, ihr in den Weg zu werfen.

Kylies Zukunft

Ihre größte Prüfung steht ihr im Jahre 2008 bevor, wenn sie das Alter von 40 Jahren erreicht. Diese Prüfung wird zwei Jahre andauern. Bis dahin mag sie sich wiederum in eine Persönlichkeit verwandelt haben, die sich von der Kylie, die wir heute kennen, grundlegend unterscheidet. Ihr zukünftiges Glück kann gesichert werden, wenn sie sich sowohl in ihrem Privatleben wie in ihrer Karriere auf Menschen verlässt, denen sie vertrauen kann. Sie sollte diese beiden Bereiche ihres Lebens mit Entschiedenheit getrennt halten und dem einen nicht gestatten, den anderen zu verdüstern. ›Can't Get You Out Of My Head‹ ist ein Gefühl, das besser zum Titel eines Kylie-Songs als zu den Höhen und Tiefen ihres wirklichen Lebens passt.

Adrian Morris 2002

✦ Anmerkungen

Aszendent (As) oder aufsteigendes Zeichen

Kylie ist ein Zwilling (ihr Sonnenzeichen) mit aufsteigendem Krebs. Mit anderen Worten, der *Aszendent* (Krebs) war das Zeichen des Tierkreises, das sich im Augenblick ihrer Geburt am östlichen Horizont im Aufstieg befand. Der Tierkreis ist der imaginäre »Gürtel« am Himmel, der sich aus den zwölf Sternzeichen, die die Erde umkreisen, zusammensetzt.

Aspekt

Die Position verschiedener Planeten zueinander im Geburtshoroskop. Das Horoskop ist in 360 Grad unterteilt, und ein Planet steht im ›Aspekt‹ zu einem anderen, wenn sich eine bestimmte Anzahl von Graden oder ein Winkel zwischen ihnen befindet.

Konjunktion

Zwei *Planeten*, die nahe genug beieinander stehen, damit sich ihre Energien vereinigen.

Medium Coeli (Himmelsmitte)

Der symbolische astrologische Punkt am Himmel, der sich direkt über dem Punkt befindet, an dem das Individuum geboren wurde. Er vertritt die Berufslaufbahn, die Bestrebungen und Ziele im Leben.

Radix Natalhoroskop

Bezieht sich auf die Position, die ein *Planet* zum Zeitpunkt der Geburt innehatte.

Opposition

Ein *Aspekt* von 180 Grad zwischen zwei *Planeten*. Gilt als spannungsreich und ungünstig.

Planeten

Das Wort *Planet* entstammt dem griechischen Wort für »wandern«, womit erklärt ist, weshalb sowohl die Sonne wie auch der Mond in der Astrologie als *Planeten* klassifiziert werden: Beide scheinen über den Himmel zu »wandern«. In der Astronomie werden die beiden natürlich auf andere Weise wahrgenommen, man identifiziert sie dort lediglich als einen Stern beziehungsweise als einen Mond. Die anderen, traditionelleren Planeten, die in der Astrologie Verwendung finden, sind Merkur, Venus, Mars, Jupiter, Saturn, Uranus, Neptun und Pluto.

Saturn-Rückkehr

Die Periode, wenn der Planet Saturn in seine ursprüngliche »natale« Position auf dem Geburtshoroskop zurückkehrt. Da der Planet für eine Umrundung der Sonne ungefähr 29,46 Jahre benötigt, erleben wir eine *Saturn-Rückkehr* im Laufe unseres Lebens zweimal, das erste Mal etwa im Alter von 29 Jahren und das zweite Mal kurz vor Vollendung des 60. Lebensjahres. Die *Saturn-Rückkehr* weist auf eine Zeit der Veränderung und der Neuorientierung hin.

Quadrat

Ein *Winkel* von 90 Grad zwischen zwei *Planeten* in einem Geburtshoroskop. Dieser Aspekt wird als ungünstig eingestuft, birgt aber die Möglichkeit zu Lernerfahrungen.

T-Quadrat

Drei *Planeten* – zwei einander direkt gegenüber und der dritte im rechten Winkel zu diesen beiden – können miteinander ein T-Quadrat bilden. Dies bringt das ganze Leben hindurch Herausforderungen mit sich. Stellt man sich diesen, gewinnt man Kraft und Stärke.

Transite

Damit werden *Planeten*, die sich über den Himmel bewegen, im Gegensatz zu *Planeten*, die im Geburtshoroskop einen festen Platz einnehmen, bezeichnet. Indem er die Interaktion zwischen den *am Himmel laufenden* und denen in den Diagrammen abwägt, kann der Astrologe gewisse Umstände und auch den Zeitpunkt, zu dem diese eintreten, voraussagen.

Kylie – motiviert

Die Menge raste vor Begeisterung. Hier zeigten sich Schauspieler aus ihrer Lieblings-Seifenoper *Neighbours* (Nachbarn), stiegen von ihrem Sockel herab und überraschten ihre Fans mit dem klassischen Song ›The Loco-Motion‹ von Little Eva. Und in der ersten Reihe stand Charlene, auch bekannt unter dem Namen Kylie Minogue, die beliebteste Fernsehschauspielerin. In ihrem winzigen Körper versteckte sich ein Paar kraftvoller Lungen, und sie konnte wahrhaftig eine Melodie halten. Bereits mit ›I Got You Babe‹ hatten sie das Publikum in Ekstase versetzt. Jetzt hatte auf der Bühne gerade jemand vorgeschlagen: »Lasst uns noch einen Song bringen«, und augenblicklich legten sie mit dem 60er-Jahre-Dance-Hit los. Die Band wusste, wie sie den zu spielen hatte, und Kylie kannte den Text in- und auswendig – ohne Zweifel ein Überbleibsel aus der Zeit, in der sie ihn daheim mit ihrer Schwester Dannii unzählige Male in ihre als Mikrofon umfunktionierte Haarbürste gesungen hatte. Es war eine improvisierte *tour de force*. Oder zumindest schien es so. In Wahrheit hatte Kylie den Song erst kurz zuvor zum ersten Mal gehört und unermüdlich geprobt, um ihn richtig hinzubekommen.

Kylie hat oft gesagt, ein Großteil ihrer Karriere sei »glücklichen Zufällen« zu verdanken. Eine ihrer Lieblingsbemerkungen über ihren Erfolg stammt von ihrem Vater Ron, der ihr erklärte, sie habe schon immer Schritt eins bis acht übersprungen und geradewegs bei Schritt neun und zehn angefangen. »Auf wundersame Weise komme ich damit durch«, gestand sie. Es ist eine hübsche Anekdote, aber der beiläufige Ton übertüncht den Antrieb und den Ehrgeiz sowie die Stunden harter Knochenarbeit, die sie investiert hat, um Texte zu lernen, um Tanzschritte zu üben, bis ihre Füße mit Blasen und Pflastern bedeckt sind, und um mit schwierigen Melodien zu kämpfen, sodass ihre Darbietungen vollkommen geschliffen wirken.

So groß war Kylies Verlangen, eine Künstlerin zu werden, dass sie auf eigene Kosten – finanziert mit einem Teil ihres Honorars für ihren schauspielerischen Durchbruch in *The Henderson Kids* – für *Young Talent Time* zwei Demobänder aufnahm. Sie entschied sich für ›Dim All The Lights‹, einen Dance-Hit von Donna Summer von 1979, und ›New Attitude‹ von Patti LaBelle, woran sich ihr früh erwachtes Interesse an schwarzer Disco-Musik erkennen lässt. Donna Summer war die Königin des Disco mit ihren Hits ›I Feel Love‹ und ›Love to Love You Babe‹ – Songs, die man schwerlich einem netten Mädchen von nebenan zutraute. Zufällig sollte Donna unter der Leitung von Stock, Aitken und Waterman ein Comeback erleben, die auch bei Kylies Aufstieg bis ganz an die Spitze eine so entscheidende Rolle spielten. Patti LaBelle hatte 1975 die Originalversion von ›Lady Marmalade‹ gesungen. 2001 wurde dieser zum Nummer-1-Hit für Christina Aguilera, Mya, Pink und Li'l Kim, deren Version für den Film *Moulin Rouge* aufgenommen wurde, in dem Kylie die winzige Rolle der grünen Fee spielte.

Kylie war 17 Jahre alt und spielte noch nicht in *Neighbours*, als sie diese ersten Aufnahmen machte. Zuerst führten sie zu nichts weiter als einer Freundschaft mit einem der Produzenten, der sie sich angehört hatte. Er hieß Greg Petherick und gehört zu den vergessenen Männern in Kylie Minogues Geschichte. Nie vergaß er das Talent des Mädchens, von dem man am Anfang ihrer Karriere für gewöhnlich als von ›Dannii Minogues älterer Schwester‹ sprach. Der unwillkommene Beiname spornte sie dazu an, mit ihrer jüngeren Schwester gleichzuziehen.

Im folgenden Jahr konnte man beobachten, wie Kylie sich fest auf der Besetzungsliste von *Neighbours* etablierte, mit großem Vergnügen eine kurze heimliche Beziehung mit Jason Donovan hatte und zum ersten Mal aus dem Schatten ihrer Schwester heraustrat. Ein paar ihrer Schauspielkollegen bei *Neighbours* teilten ihre Träume von musikalischem Starruhm – Jason, Guy Pearce (inzwischen ein erfolgreicher Hollywood-schauspieler) und Craig McLachlan. In dieser recht machohaf-ten Weise der Australier beschlossen sie, eine Band zu gründen, die Antwort der Ramsay Street auf INXS. Sie waren der Ansicht, es könne nicht schaden, einige der Mädchen als schmückendes Beiwerk und für gelegentliche Gesangseinlagen dabeizuhaben, und so kam Kylie ins Spiel. Sie hatten nicht die geringste Ah-nung, dass Kylie sie bald darauf in den Startblöcken zurücklassen würde, um allein über die 100-Meter-Strecke davonzupreschen.

Die ursprüngliche »Neighbours Band« bestand aus Peter O'Brien (Shane Ramsay), Alan Dale (Jim Robinson) sowie Paul Keane (Des Clarke) und war am Anfang als wöchentliches Ver-gnügen an Donnerstagen im Anschluss an die Dreharbeiten ge-dacht. Greg Petherick mietete in der Innenstadt einen Proben-raum, den die Jungen für ihre ›Jamsession‹ benutzen konnten. Er lud Kylie und Jason ein, sich ihnen anzuschließen. Still saß Kylie dabei, sah zu, nahm alles in sich auf, spielte auf einem kleinen Tamburin, während Jason sang, Gitarre spielte und seine Nach-ahmung von Michael Hutchence zum Besten gab. »Es war, um es vorsichtig auszudrücken, interessant«, berichtete Greg. Jason je-doch begann schon bald sich zu langweilen. Ganz anders Kylie, die anfing, ein bisschen mitzusingen. Dann fragte sie eines Tages Greg, ob er nicht einen passenden Song für sie finden könnte, den sie dann mit der Band singen wollte. Er durchsuchte seine Plattensammlung und förderte ›The Loco-Motion‹ zutage, ge-sungen von Little Eva (Künstlername von Eva Boyd, einer jun-gen schwarzen Sängerin aus Bellhaven in Nord-Carolina), die gewissermaßen ein ›Ein-Hit-Wunder‹ gewesen war. Der Song war das Produkt des großartigen Teams der beiden Songschrei-ber Carole King und Gerry Goffin und war 1964 ein Riesenhit gewesen. Kylie liebte ihn auf der Stelle. Woche für Woche probte sie ihn, und alle waren sich darüber einig, dass man hier einen Show-Höhepunkt hatte.

Kylie war im März 1986 zu der Serie *Neighbours* gestoßen und hatte das Publikum augenblicklich für sich begeistert. In einer der ersten Episoden, in denen sie spielte, bemühen sich Scott (Jason Donovan) und Mike (Guy Pearce), eine Band zu gründen und ein Demoband aufzunehmen. Sie fordern Charlene (Kylie) auf, die Backgroundstimme zu singen. Und mit der köstlichen Ironie, mit der die Kunst das Leben nachahmt, spielten sie das Demoband dem Boss einer Plattenfirma vor, der befand, die Jungen taugten nichts, aber von Charlenes Gesang hingerissen war. Im August bat Alan Hardy, ihr alter Mentor von der Serie *The Henderson Kids*, sie, an einer speziellen Wohltätigkeitsveranstaltung zu Gunsten von Fitzroy, seiner australischen Lieblingsfootballmannschaft in der Dallas Brooks Hall in Melbourne teilzunehmen. Er hatte keine Ahnung von den Probesessions für ›The Loco-Motion‹ mit Greg und den Jungen, aber er erinnerte sich, dass Kylie bei den Dreharbeiten zu seiner Sendung ständig gesungen hatte. Kylie und ihre Schauspielkollegin Nadine Gardner hatten Stunden zusammen verbracht, sich gegenseitig ihre Platten vorgespielt und die Songs nachgesungen. Stolz gaben sie bekannt, wenn sie älter wären, »dann werden wir Sängerinnen!«. Hardy vergaß nie, dass im Aufnahmestudio die Meinung geherrscht hatte, die Mädchen hätten tolle Stimmen, und so überredete er Kylie, den Sonny-and-Cher-Klassiker zusammen mit dem Schauspieler John Waters vorzutragen. An dem Abend, so erinnerte er sich, war Kylie wegen ihres Auftritts nervös und schüchtern. Aber eine ihrer herausragenden Eigenschaften ist ihre Entschlossenheit, ihre Nervosität zu überwinden und eine phantastische Vorstellung abzuliefern – die Kunst, ein Star zu sein. Sie erwies sich als Sensation vor einem Publikum, das kaum fassen konnte, dass Charlene aus *Neighbours* so eine großartige Stimme haben sollte. Die Reaktion verlieh Kylie Selbstbewusstsein. Als sie ›The Loco-Motion‹ als Zugabe hinlegten, war sie der Star der Show. Innerhalb eines Jahres sollte Kylies Version des Songs zur meistverkauften australischen Single des Jahrzehnts aufsteigen.

Beim Golf gibt es eine Art Sprichwort: »Je mehr ich übe, desto mehr Glück habe ich.« Dasselbe ließe sich auch über Kylies Karriere sagen.

Kylie war von frühesten Kindesbeinen an eine künstlerische Naturbegabung. Für gewöhnlich mag man derartige Frühreife mit zwiespältigen Gefühlen betrachten. Es klingt gut, sich Kylie und Dannii als zwei Vorstadt-Shirley Temples vorzustellen, die einander zu immer wundervolleren Höhepunkten der Niedlichkeit anstachelten. Als Kylie noch Rattenschwänze trug, fuhr ihre Mutter Carol mit ihr auf ein kleines, jährlich abgehaltenes Festival für Musik und Kunst in einem ländlichen Ort namens Dandenong, außerhalb von Melbourne. Es war eine Auftrittsmöglichkeit für ernsthafte Talente aus der Umgebung, aber zur Unterhaltung wurde auch ein Klavierspiel-Wettbewerb für Kleinkinder veranstaltet. Kylie hüpfte auf die Bühne, spielte ›Run, Rabbit, Run‹ und zog mit einem Preis von dannen. Sie schenkte den Preisrichtern ihr kessestes Lächeln, und diese waren ihrem Charme völlig verfallen.

Obgleich Dannii drei Jahre jünger war als Kylie, war sie, sofern dies überhaupt möglich war, sogar noch frühreifer als ihre große Schwester. Sie hatten gemeinsamen Gesangs- und Tanzunterricht und lernten Klavierspielen. Jedes Mal, wenn die Eltern abends ausgingen und die Großeltern zum Babysitten kamen, gaben die beiden Schwestern für sie eine »Vorstellung« mit den Songs, die sie zu der Zeit am liebsten mochten. Für gewöhnlich fiel die Wahl auf etwas von Abba, die sich Mitte der 70er Jahre in Australien enormer Beliebtheit erfreuten. Manchmal jedoch kamen auch Songs aus der Plattensammlung ihrer Eltern, von den Beatles oder den Rolling Stones, zum Vortrag. Das Bild von zwei kleinen Mädchen, die aus vollem Hals ›Satisfaction‹ grölen, übersteigt so manche Vorstellungskraft; bei Olivia Newton-John, der Königin der australischen Popmusik, aber befanden die beiden sich auf sichererem Boden. Als Sandy in dem Film *Grease* trieb die Newton-John Millionen von Mädchen dazu, ›You're The One That I Want‹ in ihre Haarbürsten hinein zu verkünden. Es versteht sich von selbst, dass Kylie davon träumte, eines Tages genau wie ihre Heldin Olivia zu sein.

Danielle war schon immer die überschwänglichere der beiden Schwestern gewesen, eine Eigenschaft, die man ihr leicht fälschlicherweise als Herrschsucht auslegte. Eine beliebte Fehleinschätzung besteht in der Annahme, die beiden wären und seien von je her erbitterte Rivalinnen gewesen und kämen überhaupt nicht miteinander aus. In Wahrheit treibt ihre Rivalität jede von ihnen an, dem Erfolg der anderen nachzustreben. Heutzutage liegt Dannii, was die weltweite Popularität betrifft, weit hinter Kylie zurück, aber in vielerlei Hinsicht gleichen sich die Karrieren der beiden wie Spiegelbilder – beide haben sehr jung ihren Durchbruch geschafft, und beide bewahrten sich ihre Bekanntheit sowohl als Teenager als auch danach. Beide haben eine Reihe unglücklicher Beziehungen hinter sich. Sie haben sich ein Zuhause in London eingerichtet, Tausende von Meilen vom Heim der Familie entfernt. Beide sind singende, tanzende Idole der Schwulenszene. Sie befinden sich inzwischen im dritten Lebensjahrzehnt und sehen einander so ähnlich, dass sie Zwillinge sein könnten. Und einen Monat nachdem Kylie mit ›Can't Get You Out of My Head‹ auf Platz eins der Hitparaden in Großbritannien stand, landete Dannii mit ›Who Do You Love Now?‹, einer Zusammenarbeit mit dem Dance-Act, auf Platz 2.

Die arme Dannii scheint ständig einen halben Schritt hinterher zu hinken. Aber das war durchaus nicht immer der Fall. Bis Kylie zu *Neighbours* kam, war Dannii bei weitem die Berühmtere der beiden. Und Kylie verdankte ihren Start im Showgeschäft ihrer jüngeren Schwester. Durch familiäre Verbindungen – die Tante Suzette war Schauspielerin – wurde Dannii aufgefordert, sich bei einer unabhängigen Produktionsgesellschaft namens Crawford's vorzustellen, und um des lieben Friedens willen beschloss Mutter Carol, Kylie ebenfalls mitzunehmen. Beide hinterließen einen guten Eindruck, aber Dannii war für die Rolle, an die man dachte, zu jung, also wurde stattdessen die zehnjährige Kylie engagiert. Bei der Produktion handelte es sich um *The Sullivans*, eine beliebte, wenn auch ziemlich fürchterliche Seifenoper der 70er Jahre, die während des Zweiten Weltkriegs spielte. Kylie spielte die Carla, ein holländisches Waisenmädchen, das sich mit einer Gruppe australischer Soldaten anfreundete. Gnädigerweise hielt das Drehbuch einen frühen Tod für sie bereit. Dem zum Trotz aber wurden *The Sullivans* Ende der 80er Jahre erneut ausgestrahlt, schlicht, damit ein ergebenes Publikum Kylies Schauspieldebüt genießen konnte.

Carol Minogue musste die enttäuschte Dannii trösten, aber diese bekam später ihre Chance, als in derselben Serie eine Doppelgängerin für Kylie benötigt wurde, die im Traum eines Soldaten auftreten sollte. Nach *The Sullivans* ergatterte Kylie eine weitere kleine Rolle in einer Serie namens *Skyways*, die rund um einen Flughafen spielte. Bei den Dreharbeiten begegnete sie zum ersten Mal einem dröge wirkenden Kind mit Namen Jason Donovan. Die beiden spielten Bruder und Schwester, aber Kylie erinnert sich an nichts anderes als daran, dass er »so richtig pummelig war und einen Topf-Haarschnitt hatte«. Die Rolle erforderte lediglich ein paar Wochen Arbeit. *Skyways* war eines dieser himmlisch geistlosen, billig produzierten Dramen. »Wir haben einen Flugzeugabsturz«, erinnerte sich Kylie. »Man kann das Seidenpapier an dem Flugzeug sehen, während sie es hin und her schütteln. In einer Szene umarme ich einen Koalabären. Ein anderer Mitspieler fragt mich etwas, und man kann deutlich erkennen, dass ich nicht die geringste Ahnung habe, was ich machen soll.«

Vermutlich überrascht es kaum, dass weder *The Sullivans* noch *Skyways* dazu führten, dass Kylie zum beliebtesten Kinderstar des Landes wurde. Sie begann ihre Oberschul-Jahre an der Camberwell High und konnte nur von Ehrfurcht erfüllt zusehen, wie ihre Schwester zu einem der berühmtesten Kinder Australiens avancierte. Dannii war der größte Star bei *Young Talent Time*, einer der populärsten Sendungen in Australien. Es war wesentlich bekannter als *Neighbours*, und zynische Popfans in Großbritannien haben nicht die geringste Ahnung, was für ein Superstar Dannii zu jener Zeit war. Eines der Mädchen, die in der Sendung als Tänzerinnen auftraten, bemerkte: »Dannii war total beliebt. Ich kann einfach nicht fassen, dass Dannii es nicht so weit nach oben geschafft hat wie Kylie. Bei *YTT* ist sie immer der Liebling gewesen.«

Danniis Eltern, vor allem Carol, reisten immer mit der Show mit, wenn diese auf Tournee ging. Sie war ein immer während er Bestandteil des Publikums und sah stolz zu, wie ihre Tochter auftrat. Greg Petherick fungierte acht Jahre lang als Aufnahmeleiter der Sendung und war zu jener Zeit recht gut mit der Familie Minogue bekannt. Das war eine Freundschaft, die Kylie in der Zukunft noch sehr zugute kommen sollte. Dannii hatte sogar ein eigenes Modelabel, etwas, das Kylie, die eifrig Kleidung herstellte, schon immer hatte tun wollen. Das Etikett für Danniis Marke bestand aus ihrem Namen mit zwei kleinen Liebesherzen über den i's. Später, als auch Kylie berühmt wurde, benutzte sie häufig ein Liebesherz neben ihrem Namen.

Während Dannii in ihrem Ruhm bei *YTT* schwelgte, blieb Kylie nichts anderes übrig, als sich mit einem banaleren Leben in der Schule abzufinden. Sie war nicht weniger ehrgeizig, aber an diesem Punkt konnte sie nichts tun, um an den Erfolg ihrer Schwester heranzureichen. Stattdessen musste sie grinsen oder die Zähne zusammenbeißen, wenn sie als Danniis ältere Schwester vorgestellt wurde. Doch obwohl zwischen den beiden Minogue-Mädchen immer eine gesunde Rivalität bestand, gibt es keinerlei Hinweis darauf, dass es je zwischen ihnen zu einem persönlichen Bruch gekommen ist. Kylie hat gesagt, sie habe Dannii ihren Erfolg nie zum Vorwurf gemacht, auch wenn sie es in der Schule ein wenig als Belastung empfand, eine so berühmte Schwester zu haben. Paul Marcolin, der Kylie kannte, als sie 16 war, erinnerte sich, dass sie ihm erzählte, wie sie Dannii dabei half, die Hunderte von Briefen zu beantworten, die diese jede Woche von den Fans von *YTT* erhielt. »Da war nicht die geringste Spur von Eifersucht. Ich hatte den Eindruck, dass sie ein tolles kumpelhaftes Verhältnis zueinander hatten und dass Kylie mehr als bereit war, Dannii zur Seite zu stehen. Sie hat mir das mit ziemlichem Stolz erzählt, und ich denke, es war ein Fall der großen Schwester, die helfend einspringt. Sie war von der ganzen Sache ganz schön begeistert.«

Kylie erzählte Marcolin auch von ihrem »großen Durchbruch«, einer Rolle in einer neuen Fernsehserie *The Henderson Kids*. Alle Jubeljahre einmal passiert etwas, das Hollywood entsprungen zu sein scheint und zu einem solch großen Durchbruch führt. Es passierte Daniel Radcliffe, als er neben dem Produzenten David Heyman im Kino saß. Heyman war auf der Suche nach einem geeigneten Jungen, mit dem er die Rolle des Harry Potter besetzen konnte – und fand ihn unter diesen unwahrscheinlichen Umständen. Nichts dergleichen ist Kylie Minogue je passiert. Wie eine Million weiterer hoffnungsvoller Schauspielerinnen war sie gezwungen, sich auf Vorsprechterminen herumzutreiben und darauf zu hoffen, dass sie dem Besetzungsleiter ins Auge sprang. Dieses Mal hatte sie eine Anzeige in einer Tageszeitung entdeckt, in der junge Schauspieler im Alter zwischen 11 und 16 Jahren für eine neue Fernsehserie gesucht wurden. Castings können ziemlich belastend für die Seele sein, aber Kylie verfügte über das nötige Selbstvertrauen. Ihre Schauspielkollegin in *The Henderson Kids*, Nadine Garner, bemerkte: »Sie hatte ein phantastisches Gefühl für sich selbst. Da waren diese Aura der Entschlossenheit und dieser stille Ehrgeiz.«

Für eine australische Serie jener Zeit stand *The Henderson Kids* ein beachtliches Budget zur Verfügung – 3 Millionen australische Dollar. Die Serie sollte in der ländlichen Umgebung von Melbourne gedreht werden. Wenn Kylie die Rolle bekommen sollte, so würde dies einen schulfreien Sommer bedeuten. Jetzt, wo sie 16 Jahre alt war, brauchte sie ihre Mutter Carol nicht mehr, um ihr beim Vorsprechen die Hand zu halten. Stattdessen zog sie eines der selbstgenähten Kleider an, legte eigenhändig ihr Make-up auf und präsentierte sich so dem Produzenten Alan Hardy und dem Regisseur Chris Langman. Hardy konnte kaum glauben, dass er dasselbe Mädchen vor sich hatte, das vier Jahre zuvor in *The Sullivans* gespielt hatte. Von der Statur her war sie noch immer sehr klein, aber in anderer Hinsicht wirkte sie sehr »erwachsen«. Nadine Garner, die erst 14 war, erinnerte sich, dass Kylie sich ihrer Weiblichkeit durchaus bewusst war und weltgewandter auftrat als sie.

Langman und Hardy beschlossen, ihr Glück mit Kylie zu versuchen. Beide waren beeindruckt von ihrer Natürlichkeit und fanden, sie habe die richtige Persönlichkeit für die Rolle der Char, eine der neun Rollen, für die eine junge Schauspielerin gesucht wurde. Langman gab zu, dass sie sie eher instinktiv als aufgrund irgendwelcher objektiver Erwägungen engagierten. Sie machten sich wegen ihrer sehr hohen Stimme und ihrer Neigung, die Worte zwischen den Zähnen zu verschlucken, Sorgen, hofften aber, dass ein Stimmtraining das in Ordnung bringen könnte. Kylie sorgte sich mehr darum, dass sie sich für ihre Rolle die Haare in einem hellen Rotton färben musste. Glücklicherweise würden ihr der tägliche Spießrutenlauf und die Kommentare ihrer Klassenkameraden erspart bleiben. Einmal in der Woche würde sie also unter der Dusche ihre Haare tönen. Als die Dreharbeiten abgeschlossen waren, konnte sie es kaum abwarten, ihre natürliche dunkelblonde Farbe wiederzubekommen.

Die Handlung von *The Henderson Kids* lässt sich natürlich nicht mit der von *Krieg und Frieden* vergleichen, aber die Serie gab Kylie die Möglichkeit, ihre schauspielerischen Fähigkeiten zu verbessern. Außerdem arbeitete sie sehr hart an ihrer Aussprache und ihrer emotionalen Ausdruckskraft. Sie investierte eine enorme Menge Energie in ihre Rolle, etwas, das sogar schon an diesem frühen Punkt ihrer Karriere körperlich seinen Tribut forderte. Wenn irgendwer sie bei den Dreharbeiten anschrie, brach sie in Tränen aus, und Nadine Garner beschrieb sie als »zerbrechlich«. Nadine spielte die Rolle der Tamara Henderson, die zusammen mit ihrem Bruder von ihrem Onkel aufgenommen wurde, nachdem ihre Mutter bei einem Autounfall umgekommen war. Der Onkel war Polizist in einem ländlichen Ort, und 12 Folgen der Serie berichteten von ihren Abenteuern. Char, die Figur, die Kylie spielte, lebte in dem Ort und wurde Tamaras beste Freundin. Sie trug leuchtend orangerote Hosen zu bunten Hemden, die sich grauenhaft damit bissen, und verbrachte den größten Teil ihrer Zeit mit dem Kauen von rosafarbenen Kaugummis. »Ich habe dieses Zeug so satt, aber es gehört eben zu meiner Rolle«, gestand Kylie, womit sie der umfassenden Professionalität ein frühes Opfer brachte.

Kylie war entschlossen, ihre Sache gut zu machen und sich diese Chance nicht zu vermasseln, indem sie die Freiheit, das erste Mal weg von zu Hause zu sein, missbrauchte. Wenn sich die Truppe am Drehort befand, zeigte Langman sich vor allem von dem professionellen Auftreten beeindruckt, das sie ihrer Jugend zum Trotz an den Tag legte: »Sie war immer gut vorbereitet, immer pünktlich, immer konzentriert und sich des Eindrucks, den sie machte, und ihres Aussehens wohl bewusst.« Dies ist eine Beschreibung von einer Kylie, die sich 1984 von ihrer besten Seite zeigte, und auf dieselbe Weise ließe sich die Kylie Minogue des Jahres 2002 treffend beschreiben.

Sie ließ die Gelegenheit, die sich ihr mit *The Henderson Kids* bot, nicht ungenutzt verstreichen. Unmittelbar danach spielte sie in einer einmaligen Folge einer weiteren Crawford-Serie mit dem Titel *The Zoo Family*. Sie spielte Yvonne, ein misshandeltes Mädchen, das vorübergehend bei einem Tierpfleger im Zoo ein Zuhause findet. Die Folge trug den Titel ›Yvonne the Terrible‹, und genauso betrug sich dieses Kind auch. Sie machte ihrem Beinamen alle Ehre, indem sie sämtliche Tiere aus ihren Käfigen ließ und auch sonst den Zoo völlig durcheinander brachte. Am Ende der Folge hat sie ein einschneidendes Erlebnis, als sie zusieht, wie ein junges Känguru, das ebenfalls ein geschlagenes Kind gewesen ist, zu seiner Mutter zurückkehrt. Kylie beeindruckte jeden. Sie stand kurz vor ihrem 17. Geburtstag, aber spielte in überzeugender Weise glaubhaft eine Zwölfjährige. Kylie erwies sich in ihrer Schauspielkarriere als ebenso anpassungsfähig wie sie sich später als Sängerin zeigen sollte. Gwenda Price, ihre Produzentin bei *The Zoo Family*, war ganz sicher, dass Kylie »eine, die bleibt« sein würde.

Kylie hatte bereits eine der wichtigsten Lektionen für eine Karriere im Showbusiness gelernt – man ist immer nur so gut wie seine letzte Rolle oder sein letzter Song oder sein letzter Auftritt. Auch Dannii sollte diese Lektion lernen müssen, als sie 16 war und die *Young Talent Time* abgesetzt wurde. Es ist ein himmelweiter Unterschied, ob man der Star von *YTT* ist oder lediglich »das Mädchen, das da in dieser Fernsehsendung mitgemacht hat«. Nach *The Zoo Family* hieß es für Kylie erneut bei den Castings anzuklopfen – dieses Mal stach sie 50 Konkurrentinnen aus und ergatterte die weibliche Hauptrolle in einer Miniserie mit sechs Folgen und dem Titel *Fame and Misfortune*. Kylie sollte eine berechnende Hexe spielen, was ihr mit Erfolg gelang. Damit hatte sie demonstriert, dass ihre schauspielerische Palette breiter wurde. Noch immer aber sehnte sie sich nach einer Laufbahn als Sängerin, ein Ehrgeiz, der sich durch die fortwährende Publicity, die ihrer energetischen Schwester zuteil wurde, noch verschärfte.

Während dieses Abschnitts ihrer Karriere wurden ihre Verve und ihre Antriebskraft regelmäßig von Leuten unterschätzt, die nicht über das kleine Mädchen, das gegen seine Schüchternheit ankämpfte, hinausblicken konnten. Kylie besaß wahrhaftig Mumm. Den brauchte sie auch, als sie sich mit Alan Hardy traf, der die Produktion von *The Henderson Kids II* auf den Weg brachte. Er bat sie, sich zu setzen, und erklärte ihr so sanft wie möglich, dass sie nicht mitspielen konnte, weil ihre Rolle aus der zweiten Staffel herausgestrichen worden war. Selbstverständlich war Kylie betroffen, aber sie ging nicht nach Hause, zog sich in den Schmollwinkel zurück und hielt dies für das Ende ihres Weges zum Ruhm. Innerhalb von vier Monaten hatte sie bereits eine noch bessere Gelegenheit mit beiden Händen beim Schopf gepackt.

Charlene Mitchell war eine Giftnudel mit einer messerscharfen Zunge, die immer dann in Aktion trat, wann immer ein Mann so unklug war, ihr gönnerhaft zu kommen, indem er sie »Liebchen« oder noch schlimmer »Baby« nannte. Wie wir von Kylie selbst wissen, mag sich ihre geringe Körpergröße auf dem Sportplatz durchaus als Nachteil ausgewirkt haben, aber sie war zweifellos ein Vorteil, wenn es darum ging, junge, kesse Frauengestalten zu spielen. An Charlene war ein Junge verloren gegangen: Sie verließ die Schule, um Automechanikerin zu werden, und steckte anscheinend den größten Teil ihrer Zeit über in wenig schmeichelhaften Overalls, die perfekt verhüllten, dass sich ein zukünftiges Sexsymbol darunter verbarg. Trotz dieser alles andere als viel versprechenden Ausgangssituation verwandelte Kylie Charlene in Windeseile in das beliebteste Mädchen im australischen Fernsehen und, was noch bedeutsamer war, in die meistdiskutierte Fernsehgestalt in Großbritannien, wo *Neighbours* sich als Phänomen der 80er Jahre erweisen sollte. Das war genau die Plattform, die sie brauchte, um ihrem wirklichen Traum, eine die Hitparaden stürmende Sängerin zu werden, auf den Weg zu helfen. Fernsehauftritte verschaffen Künstlern einen echten Vorsprung, wenn es darum geht, einen Plattenhit zu landen – selbst der Hund aus dem Pub in einer beliebten Soap könnte es vermutlich auf Platz 1 schaffen, wenn er eine Platte herausbrächte.

Neighbours war das geistige Kind von Reg Watson, dem Chef der Drama-Abteilung von Grundy und als solcher verantwortlich für Kitsch-Klassiker nach Art von *Prisoner Cell Block H* und *The Young Doctors*. Außerdem hatte er dem nichts Böses ahnenden britischen Publikum die Seifenoper *Crossroads* vorgesetzt, bevor er nach Australien umzog. Somit verfügte er über frühere Erfahrung mit hölzernen Kulissen voller hölzerner Schauspieler. *Neighbours* war eine brillante Idee, weil sie so einfach war: die Geschichte von ganz alltäglichen Familien und ihrem gewöhnlichen Leben. Watson hatte jede Menge Schwierigkeiten, seine Vorgesetzten davon zu überzeugen, dass das gar nicht so öde war, wie es sich anhörte: »Als ich denen davon erzählte, bekam ich hochgezogene Augenbrauen und nach unten gerichtete Daumen zu sehen. Sie hatten ihre Zweifel über ein Konzept, in dem es schlicht um die Kommunikation zwischen Eltern und ihren Kindern ging.«

Neighbours, das ursprünglich den Titel *One Way Street* (»Einbahnstraße«) hätte tragen sollen, flimmerte zum ersten Mal im März 1985 auf Channel Seven über die Fernsehschirme, als Kylie gerade die Dreharbeiten zu *The Henderson Kids* abschloss. Die Sendung war äußerst unschuldig und konfliktfrei und schien als tagsüber ausgestrahltes Soapfutter ideal. Watson versuchte, das warme Lebensgefühl in einem Brisbaner Vorort, wo er aufgewachsen war, nachzugestalten. »Wenn es zu regnen anfing und du warst gerade am Strand, dann rannte eben dein Nachbar nach draußen, sammelte deine Wäsche von der Leine und faltete sie, sodass sie bei deiner Rückkehr fix und fertig war.« Wohl ereigneten sich auch traurige Dinge in der Ramsay Street in Erinsborough, aber nur äußerst selten wirklich schlimme Dinge. Überraschenderweise setzte Channel Seven die Sendung nach nur sechs Monaten ab. Der Konkurrenzsender Channel Ten aber griff sie nahezu im Handumdrehen auf, begann bereits im folgenden Januar mit der Ausstrahlung und schickte Grundy die Anweisung, zukünftig solle größerer Wert auf jüngere Figuren gelegt werden. Die Zielgruppe waren Schulmädchen im Teenageralter. Diese Entscheidung war es, die Kylie zu ihrer Chance verhelfen und ihr letzten Endes eine Fangemeinde liefern sollte, auf der sie ihren musikalischen Starruhm aufbauen konnte.

Die phänomenale Anziehungskraft, die Charlene Mitchell – sie zog es vor, Lenny gerufen zu werden – ausübte, erwies sich nicht nur als Kylies Sprungbrett zu internationalem Ruhm, sondern verwirrte zudem die Zuschauer dermaßen, dass sie annahmen, Kylie und Charlene seien ein und dieselbe Person. Es war ein klassischer Fall von dem Leben, das die Kunst nachahmt. Charlene war es, das typische Mädchen von nebenan mit lebensechten Ecken und Kanten, die mit ›The Loco-Motion‹ und ›I Should Be So Lucky‹ auf Platz 1 der Hitparaden landen sollte. Es war nicht die ehrgeizige Schauspielerin Kylie Minogue aus Melbourne, das lebenskluge Mädchen mit dem ausgeprägten Instinkt für ihre Zukunft. Als jedermann angesicht ihrer augenscheinlichen Verwandlung unter dem übermächtigen Einfluss von Michael Hutchence den Atem anhielt, glaubte man Charlene zu sehen, die sich so einschneidend verändert hatte. Wie konnte dieser hemmungslose Rockstar es nur wagen, unser Mädchen aus der Ramsay Street zu manipulieren!

Kylie war ganz und gar nicht Charlene Mitchell. Sie hatte nicht ein bisschen mit ihr gemein. Aber sie konnte sich, wie sie bei ihrem Vorsprechtermin bewies, in Charlene verwandeln, sobald die Kameras zu surren begannen. Kylie war eines von 40 Mädchen, die vorsprachen, und auf den ersten Blick hatte sie nicht einmal viel Mühe investiert. Sie war ungeschminkt, ihre Haare verwuschelt, aber – wie Jan Russ, der Leiter des Castings sich erinnerte – »die Kamera liebte sie«. Kylie las für die Rolle vor, und ihre Charlene wies genau die richtige Mischung aus natürlicher Integrität und Pose auf – genau wie Kylies eigenes Image als Popstar dies später tun sollte.

Wie immer war Kylie entschlossen, aus dieser Gelegenheit das Beste zu machen. Schließlich ging es hier um permanente Publicity, fünf Tage in der Woche. Die jungen Stars aus *Neighbours* hatten gegenüber anderen bekannten Fernsehgesichtern einen Vorteil: Ihre Promotion war Bestandteil der Werbestrategie, mit der die Sendung der Jugend der Nation ins Bewusstsein gehämmert werden sollte. Kylie war von Anfang an draußen beim Publikum – sie ließ sich in Einkaufszentren und Jugendclubs sehen und bewundern. Diese Taktik ist in der Welt des Pop ein viel erprobtes und ausgetestetes Mittel zur Auffrischung des öffentlichen Bewusstseins. Kylie konzentrierte sich ganz und gar auf das, was sie durch *Neighbours* für sich herausschlagen konnte, und verhielt sich stets vollkommen professionell, auch dann noch, als ihre Gesangskarriere an Fahrt gewann. Andrew Friedman, einer der Regisseure der Sendung, berichtete dem Autor Dino Scatena: »Selbst auf dem Höhepunkt ihrer Musikkarriere und der Publicity war sie immer da. Immer rechtzeitig, immer eifrig und immer bereit, etwas dazuzulernen. Sie war sich ihrer Arbeit immer bewusst.«

Kylies durch und durch professionelles Verhalten ist ein häufig wiederkehrendes Thema, es wäre jedoch falsch zu behaupten, sie sei naiv genug gewesen, *Neighbours* für ein Werk von großem künstlerischen Wert zu halten. Der ehemalige Popkolumnist Peter Holt erinnerte sich daran, wie Kylie ihm erzählte, sie könne es kaum erwarten, die Serie hinter sich zu lassen und nach London zu ziehen. Sie erklärte:

»Die Sendung hat die Türen zum Showbiz für mich geöffnet, aber ich kann es kaum erwarten, so schnell wie möglich da rauszukommen. Ich habe Soaps noch nie gemocht, egal ob hier oder im Ausland produziert, und um ehrlich zu sein, Erfolg hin oder her, *Neighbours* ist ganz schön flach. Es ist bloß die Geschichte von drei Familien, aber was denen nicht alles passiert!

Das Ganze ist ziemlich unglaubwürdig, und manchmal muss ich schon die Zähne zusammenbeißen, wenn ich so eine unglaubhafte Situation drehe. Bei dem Tempo, mit dem da Tag für Tag produziert wird, schaudert es mich. Die Autoren sitzen noch an den Drehbüchern, wenn wir schon zu drehen anfangen.

Natürlich will ich mich nicht beklagen. Für mich ist *Neighbours* phantastisch gewesen. Es verblüfft mich nur, dass derartig viele Leute sich davon angezogen fühlen. Das Problem ist, dass dadurch ein völlig falscher Eindruck vom normalen Leben in Australien entsteht.«

Das sind wohl kaum die Worte eines hohlköpfigen Poppüppchens. Während ihrer Zeit bei *Neighbours* konzentrierte Kylie sich voll und ganz darauf und demonstrierte nicht zum letzten Mal ihre Bereitschaft, ihren Körper bis an die Grenzen seiner fragilen Fähigkeiten zu treiben. Wie jeder Schauspieler einer Soap bestätigen wird, ist der Zeitplan dort grundsätzlich kräftezehrend. Kylies Wecker gab sein unwillkommenes Getöse bereits um halb sechs in der Frühe von sich. Dann folgte eine schnelle Dusche, ein Frühstück unterwegs, um halb sieben schon die Maske, Proben um halb acht, in 15 Minuten wurde alles durchgegangen, dann 20 Minuten Drehen, und das alles für eine einzige Minute Sendezeit. Selbst für einen Olympiaathleten wäre dies ein erschöpfender Zeitplan. Und daneben gab es noch die Publicity und die Karriere im Schallplattengeschäft, die voranzubringen sie sich so verzweifelt wünschte.

Kylie gehörte erst seit fünf Monaten zur Mannschaft von *Neighbours*, als sie die Gelegenheit ergriff, auf Alan Hardys Football-Wohltätigkeitsveranstaltung zum ersten Mal öffentlich zu singen. Es war ein triumphaler Erfolg, aber mehr als ein Start war es nicht. Kylie brauchte unbedingt einen Plattenvertrag, und um den zu bekommen, musste sie ein Demoband zusammenschneiden. Ihr Freund Greg Petherick kannte genau den richtigen Mann, der ihr helfen konnte – einen Tontechniker namens Kaj Dahlstrom, der ein kleines Aufnahmestudio in Melbourne betrieb. Sie beschlossen, dass ›The Loco-Motion‹ schon mal ein guter Anfang war, und Dahlstrom unterlegte es mit einem Track, der funkiger wirkte als die Version von Little Eva. Es gibt so gut wie nichts, das sich mit der Fahrt in ein Studio, in dem man eine richtige Platte aufnehmen will, vergleichen lässt. Kylie war unglaublich aufgeregt, als sie quer durch Melbourne zu den Studios, die den passenden Namen ›Sing Sing‹ trugen, fuhr. Das einzige Problem bestand darin, dass Kylie bei ihrer Ankunft bemerkte, dass sie nicht in derselben Tonlage wie der Background-Track singen konnte. So musste sie noch einmal von dannen ziehen, während Dahlstrom sich daranmachte, alles in die höhere e-Moll-Tonlage zu transponieren. Er brauchte eine Woche dazu, und dann kam Kylie zum zweiten Mal. Alles war neu für sie, aber sie verstand schnell, als er sie Zeile für Zeile durch den Song führte. Viele Künstler – sogar die berühmtesten Chart-Stürmer – müssen ihre Songs Zeile für Zeile aufnehmen, weil ihr Stimmlage nicht perfekt ist. Dies aber war Kylies erster Versuch, und sie würde schon bald dafür sorgen, dass sie in dieser Sphäre genau so perfekt sein würde wie in jedem anderen Bereich ihrer Karriere. Pete Waterman, der in ihrer Anfangszeit zu ihrem Popmentor wurde, bemerkte: »Die Hälfte der Zeit über war sie erschöpft, aber ihre gesamte Persönlichkeit veränderte sich, sobald sie arbeitete – ein Funke blitzte in ihr auf. Wir schafften buchstäblich immer nur, eine Stunde auf einmal mit ihr zu arbeiten, aber wir haben die Sachen immer fertig bekommen.«

Dahlstrom reichte das Demoband in verschiedenen Plattenfirmen herum, bevor die in Melbourne ansässigen Mushroom Records einen Hauch von Interesse bekundeten. Michael Gudinski, der Direktor der Firma, schickte an zwei seiner Mitarbeiter eine Notiz mit der Aufforderung, in der er sie anwies, sich das Demo anzuhören, da er es für »irgendwie ganz niedlich« hielt und es sich eventuell lohnen könnte, sein Glück damit zu versuchen. Das für Mushroom entscheidende Verkaufsargument bestand darin, dass Kylie im Handumdrehen zu einem der bekanntesten

Gesichter Australiens avanciert war. Als sie Kylie im Frühling 1987 unter Vertrag nahmen, war diese – am Vorabend ihres 19. Geburtstages – gerade zur beliebtesten australischen Schauspielerin gewählt worden. Für »Logies«, den wichtigsten Fernsehpreis, hatten Leser der Zeitschrift *TV Week* ihre Stimme abgegeben, sodass ein exaktes Bild der Größe von Kylies Anhängerschaft innerhalb des Landes entstand. Anschließend gestand sie in einem leuchtend roten Lederrock, den sie sich selbst gemacht hatte: »Ich wünschte, ich hätte mich besser vorbereitet. Ich war so nervös, ich habe ganz vergessen, mich bei all den Leuten in der Sendung zu bedanken.« Für eine relative Anfängerin war das eine grandiose Anerkennung, doch noch im Augenblick ihres Triumphes musste Kylie sich für ihren Mangel an Professionalität die Haare raufen.

Was Kylie betraf, so waren die Mitarbeiter von Mushroom äußerst ausgefuchst. Erstens wollten sie einen Sound, der dem ähnelte, der die britischen Hitparaden beherrscht hatte. Sie erkundigten sich bei Pete Waterman, ob er jemanden nach Melbourne schicken könne, der mit ihren Tontechnikern zusammenarbeiten würde. Waterman und seine Partner Mike Stock und Matt Aitken hatten bereits eine eindrucksvolle Liste von Hits in Großbritannien aufzuweisen. Waterman erklärte sich bereit, ihnen Mike Duffy, einen kanadischen Mitarbeiter, zu »leihen«. Der leitende Direktor von Mushroom hatte sich mit Waterman auf der MIDEM, der internationalen Musikmesse, die einmal jährlich in Cannes stattfand, getroffen und ihm erzählt, dass er Kylie Minogue unter Vertrag genommen habe. Witzigerweise hatte Pete keine Ahnung, von wem die Rede war.

Zweitens wurde Amanda Pelman, die für die Promotion bei Mushroom verantwortlich zeichnete und der es zu verdanken war, dass Kylie unter Vertrag genommen wurde, bewusst, dass die singende Kylie die schauspielernde Kylie ergänzen musste. Ein Publikum aus jungen Mädchen, die sich mit der Figur der Charlene Mitchell identifizieren konnten und einen erfolgreichen

Popstar aus ihr machen konnten, stand schon fix und fertig bereit. Die Pelman wollte, dass eine Million Mädchen in einer Million Schlafzimmern ›The Loco-Motion‹ in ihre Haarbürsten sangen, wie Kylie selbst es getan hatte, als sie sich vorgestellt hatte, sie sei Olivia Newton-John. Die Figur der Charlene setzte gerade zur berühmtesten *Neighbours*-Folge aller Zeiten an – ihrer Eheschließung mit Scott, gespielt von einem blonden, Herzen brechenden Surfer-Typ namens Jason Donovan. In den Augen der gebannten Fernsehzuschauer würde diese Hochzeit zwischen zwei erfundenen Gestalten das größte Ereignis seit der Heirat von Prinz Charles und Lady Diana Spencer sein. Es besteht kein Zweifel, dass Mushroom alles daransetzte, die erste Kylie-Platte im Windschatten dieser Folge auf den Markt zu bringen. Das war kühl berechnender, messerscharfer Opportunismus, der sich nahezu garantiert als erfolgreiche Strategie erweisen würde. Es war kein »glücklicher Zufall«, dass Mike Duffys Version von ›The Loco-Motion‹ Mitte Juli 1987 herauskam, nur zwei Wochen nachdem Millionen von potenziellen Plattenkäufern an der »Hochzeit des Jahres« vor den Fernsehschirmen teilgenommen hatten.

Mike Duffy hatte erst einen Monat zuvor mit der Arbeit an dem Track begonnen, so war alles ein wenig in Hetze durchgezogen worden, aber immerhin hatten sie Kylies Originalaufnahme der Session im ›Sing Sing‹-Studio benutzen können. Pete Waterman, der die Little-Eva-Version geliebt hatte, hatte Duffy ermutigt, versuchsweise diesen Sound nachzugestalten. Er räumte ein: »Es hörte sich ungefähr, nur ganz ungefähr so an wie eins von unseren.« Waterman gab ihm seinen Segen, war aber ein paar kurze Wochen später völlig verblüfft, als er um drei Uhr morgens von einem erregten Duffy geweckt wurde, der in den Telefonhörer schrie, ›The Loco-Motion‹ stünde auf Platz 1. So überrascht war er, dass er aufstand und die Aufnahme auflegte. Duffy hatte ihm ein Exemplar der endgültigen Fassung geschickt, aber bisher hatte er es noch nicht geschafft, sie sich anzuhören. Er ließ sie abspielen. »Es war Mist, also bin ich wieder ins Bett gegangen.«

›The Loco-Motion‹ hielt sich in Australien sieben Wochen lang auf Platz 1 und wurde dort zur meistverkauften Schallplatte nicht nur des Jahres 1987, sondern des gesamten Jahrzehnts. Es war Zeit für Kylie, jetzt unter den Fittichen ihres neuen Agenten Terry Blamey, den Vorstoß auf den internationalen Markt zu wagen. Die Stock-, Aitken- und Waterman-Ära fing gerade so an, die nächste Phase von Kylies Eroberung der Popwelt oder dem ›glücklichen Zufall‹, wie sie selbst es zu bezeichnen vorzieht, hatte begonnen.

Kylie motiviert: »Mein Leben hat sich immer meiner Karriere angepasst.«

Kylie – sexy

Der hoch gewachsene, athletisch gebaute Footballspieler aus der Schulmannschaft war außer sich vor Begeisterung, als Kylie ihm ihre Telefonnummer auf einen Zettel kritzelte, ehe sie ihm einen klitzekleinen Gutenachtkuss auf die Wange drückte. Es war eine bemerkenswerte Party gewesen. Und eine bemerkenswerte Nacht. Erst hatten sie sich leidenschaftlich geküsst, dann hatte sie ihm erklärt, ihr Name sei Kylie, ehe sie auf dem kalten Zementboden miteinander schliefen. Und jetzt sogar noch die Telefonnummer! Gibt es für einen Jungen einen besseren Weg, sich seiner Jungfräulichkeit zu entledigen?

Kylie hatte schon immer eine Neigung zur Rebellion gehabt. Sie gesteht freimütig, dass sie als Teenager durch eine wilde Phase gegangen ist, rauchte, trank und ihren Eltern das Leben schwer machte. Eine trotzige Ader ist ein Hauptbestandteil ihrer Überlebensstrategie. Man muss recht weit ausholen, um zu erklären, warum sie ihre Beziehung mit Michael Hutchence so genoss, warum sie Stock, Aitken und Waterman in die Wüste schickte und warum sie ihre ganze verblüffende Karriere hindurch nicht aufhörte, für Schocks und Überraschungen zu sorgen. Als der Erfolg sich eingestellt hatte, gab sie zu, dass sie eine »wirklich gute Erziehung« genossen hatte und dass ihre Eltern, Ron und Carol, ein aufsässiges Mädchen, dem die Hormone in alle Richtungen stoben, so behandelten, wie wohl die meisten Eltern dies getan hätten: »Ich dachte, ich bin jetzt vierzehn oder fünfzehn, also alt genug, um zu tun, was ich will. Wir haben uns oft ganz fürchterlich gestritten. Heutzutage kann ich das, was sie gemacht haben, verstehen und würde wahrscheinlich ganz genauso sein, wenn ich Kinder hätte. Damals war ich der Ansicht, dass sie sich unglaublich verständnislos verhielten, und alle meine Freundinnen schienen so viel mehr Freiheiten zu haben.«

Viele der Kinder, ganz besonders die Mädchen auf der Camberwell High School, waren ausgesprochen frühreif. Kylie arbeitete an den Samstagvormittagen in einem Videoladen in der Burke Road in Camberwell, um sich ein paar Dollars zu verdienen, die sie für Kleidung oder noch häufiger für Stoffe ausgab, aus denen sie daheim auf der Nähmaschine ihre eigenen Kreationen entwarf. Sie hatte eine echte Begabung dafür, und ihr Interesse an Mode stammt noch aus jener Zeit. Sie hätte gewiss eine erfolgreiche Laufbahn in der Modebranche einschlagen können, hätte die Schauspielerei – und später das Singen – sie nicht zuvor für sich gewonnen. An den Wochenenden zog sie zusammen mit ihren Freundinnen auf Partys oder durch die Pubs, die auch ihren minderjährigen Gästen Drinks servierten. Ein ganz bestimmter Pub befand sich nur etwa hundert Meter von der Polizeiwache im Melbourner Bezirk Kew entfernt, und wenn die örtlichen Polizeibeamten dort auftauchten, um die Ausweise zu überprüfen, konnte man immer wieder amüsiert beobachten, wie viele Mädchen plötzlich das dringende Bedürfnis verspürten, die Toiletten aufzusuchen. Es gab noch weitere Orte, an denen man Jungen kennen lernen konnte, darunter die lokalen Schwimmbäder und die Bowlingbahn. Kylie war immer eine begeisterte Schwimmerin gewesen, und so ist es nicht weiter verwunderlich, dass sie David Wood, einen ihrer ersten männlichen »Lover«, in einem Schwimmbad kennen lernte.

Anders als die meisten anderen in ihrem Kreis stand Kylie im Teenageralter auf funkige »schwarze« Musik wie die von Donna Summer und ganz besonders Prince, ihrem musikalischen Helden. Ihre Lieblingsplatte jedoch war ›Sexual Healing‹ von Marvin Gaye, eine der erotischsten Nummern aller Zeiten und auf Jahre hinaus eine beliebte Hintergrundmusik für den Liebesakt. Ohne Zweifel hatte Kylie immer ihr Vergnügen am Sex. Diesen Eindruck machte sie jedenfalls sehr stark auf Paolo Marcolin in jener unauslöschlichen Nacht, in der sie zu seiner ersten Geliebten wurde. Zudem hatte sie im Alter von 16 Jahren und zwei Monaten bereits umfassende Erfahrungen in Sachen Lust gesammelt.

Es war ein kalter Freitagabend im August, mitten im australischen Winter, und Paolo war in aufgekratzter Stimmung. Zuvor hatte er im Endspiel der Footballsaison für Schulmannschaften des Staates Victoria gespielt. Ein Footballspiel nach australischen Regeln, das sich am besten als eine Kombination aus europäischem Fußball und Basketball beschreiben lässt. Es kann dabei körperlich ziemlich ruppig zugehen, auch wenn die Teilnehmer nicht all die Polsterungen und Schutzkleidung tragen, die man für gewöhnlich mit dem Football-Feld assoziiert. Gut in Form musste man sein, und Paolo besaß den Körper eines jungen Mannes, der es ernst mit seinem Sport meinte. Seine Eltern waren italienische Einwanderer der ersten Generation, und so verfügte er, zumindest wenn man die junge, weibliche Bevölkerung von Melbourne fragte, über den Vorteil eines traditionell südländischen Äußeren mit dunklem Haar und olivfarbener Haut. Trotz seines unleugbar guten Aussehens hatte sich Paolo während seiner Schulzeit mehr für Sport als für Mädchen interessiert und war für sein Alter von gerade mal 18 Jahren noch reichlich unschuldig.

Alle waren bestens gelaunt an diesem besonderen Abend, denn das Marcellin College, Paolos erlesene katholische Privatschule in der östlichen Vorstadt von Melbourne, hatte das Match der Saison gegen seinen Erzrivalen, das Assumption College, gewonnen und war demzufolge nun inoffizieller Champion unter den Gymnasien von Victoria. Paolo, ein offensiver Flügelspieler, hatte ein grandioses Spiel hingelegt und war somit mehr als in Stimmung für die Festivitäten, die für die Nacht geplant worden waren. Es war Zeit zum Feiern. Als Ort der Veranstaltung war das Haus seines Mannschaftskameraden Damian Bonser vorgesehen, der nur ein paar Häuser von Paolo entfernt in dem verhältnismäßig neuen, aufstrebenden Bezirk Templestowe, etwa fünf Meilen von Kylies Haus entfernt, lebte. Als sie mit einer Gruppe von Schulfreundinnen auf der Party eintraf, floss das Bier bereits in Strömen. Abgesehen von den siegreichen Spielern waren auch Fans und eine Hand voll Eltern mit von der Partie. Sogar Paolos Mutter schneite für eine Weile herein, um auf den Erfolg der Mannschaft anzustoßen.

Paolo setzte sich im Wohnzimmer in einen Sessel, schwatzte mit den Kameraden, trank Bier und sonnte sich einfach im Ruhm des Sieges, als er am anderen Ende des Zimmers ein Mädchen entdeckte, das von einem halben Dutzend eifrig werbender Jungen umringt war. Es war schlank, hatte blondes, lockiges Haar und ein gewinnendes Lächeln. Es gab nur wenige Mädchen auf der Party, daher stach sie heraus und zog die Aufmerksamkeit der meisten anwesenden Jungen auf sich, ganz besonders aber die von Paolo: »Was die Weiblichkeit betraf, gab es nicht viel Auswahl, also biss ich in den sauren Apfel, ging zu ihr hinüber und setzte mich auf die Lehne des Sessels, in dem sie saß.« Paolo hatte eben erst begonnen, dem Gespräch zuzuhören und auf eine Chance zu hoffen, selbst mehr als zwei Worte zu dem Mädchen sagen zu können, als sich ein weiterer Freund der Gruppe anschloss: Nick, der zu den größten und lautesten Mitgliedern des Teams gehörte. Nick war außerdem bereits mächtig angeheitert und stützte sich auf Paolos linke Schulter, um sich aufrecht zu halten. »Sein Gewicht fing an, mich nach unten zu dem Mädchen zu drücken«, erinnerte sich Paolo. »Ich bin im Grunde ein ziemlich schüchterner Mensch und nicht gerade der Typ, der Frauen im Sturm erobert. Ich drehte mich um, wollte mich gerade entschuldigen, aber noch ehe ich ein Wort herausbekam, fingen wir an, uns zu küssen. Das Ganze passierte völlig spontan.« Der Funke sprang im Handumdrehen über und war auch für die übrigen Bewerber unübersehbar, die somit wohl oder übel von dannen ziehen und ihr Glück anderswo versuchen mussten.

Mittlerweile war es bereits elf Uhr durch, und die Zahl der anwesenden Eltern hatte sich erheblich gelichtet. Paolo fühlte sich nicht recht wohl beim Knutschen mit dem Mädchen, da seine Kameraden, jedes Mal, wenn sie an dem Sessel vorbeikamen, laute und nicht eben geistreiche Kommentare vom Stapel ließen. Er schlug daher vor, sich einen anderen, weniger öffentlichen Platz zu suchen. »Sie war ohne Wenn und Aber einverstanden, also standen wir auf und gingen nach draußen in den Hinterhof, wo in einer alten Tonne ein Feuer brannte. Für eine Augustnacht war es gar nicht so kalt – vielleicht 12 Grad –, aber wir hielten uns gegenseitig durch Kuscheln und Küssen warm. Ein paar Leute liefen dort herum, aber es war ziemlich dunkel und immerhin fielen nicht derartig viele Kommentare wie zuvor im Wohnzimmer.

Inzwischen ließ ich meine Hände ein bisschen wandern, und so nah beim Feuer wurde uns noch heißer. Aus heiterem Himmel sagte sie plötzlich zu mir: ›Hast du Lust, irgendwo hinzugehen, wo wir mehr unter uns sind?‹ Natürlich sagte ich ja. Für mich hörte sich das nach einer großartigen Idee an. Wir gingen die Zufahrt hinunter zum Haus, vorn herum und an der anderen Seite wieder hinauf. Sie hatte keine Ahnung, wohin sie ging, aber schließlich führte sie mich auf die andere Seite des Hauses. Da waren ein paar Leute, die auf Taxis warteten, also gingen wir um die Ecke herum, um außer Sicht zu sein – oder zumindest dachte ich das. Wir fingen wieder an, uns zu küssen, und ich weiß noch, dass ich ihr wirklich in diesem Moment meinen Namen sagte, worauf sie sagte, sie hieße Kylie. Bis zu diesem Augenblick hatte ich nicht die geringste Ahnung gehabt, wer sie war. Das Nächste, was ich mitbekam, waren dann ihre Hände, die hinuntergeglitten waren, meinen Hosenschlitz geöffnet und den besten Freund befreit hatten. Sie war auf die Knie gesunken. Meiner Meinung nach war das ganz schön beachtlich für eine Sechzehnjährige.«

Paolo glaubte sich in einem Zustand der Seligkeit, als Kylie in Aktion trat: »Sie war einfach phantastisch und wusste genau, was sie tat. Ich habe bloß die Augen zugemacht und sie tun lassen, was sie wollte.« Aber ach, seine Ekstase war nur von kurzer Dauer – als er die Augen wieder aufschlug, musste er feststellen, dass sie vor den Augen einiger anderer Partygäste agierten. »Ich glaube nicht, dass sie Kylie in Aktion beobachteten, aber ich bin sicher, dass ein paar von ihnen sich schon gewundert haben, was da draußen im Dunkeln vor sich ging. Ich fühlte mich den Blicken ausgesetzt und mehr als nur ein bisschen unwohl bei dem Gedanken, dass man uns erwischen könnte.«

Glücklicherweise entdeckte er neben sich eine kleine Tür, packte die Türklinke und war höchst erleichtert, als sie sich öffnen ließ, sodass er Kylie fort von den neugierigen Augen bugsieren konnte. Eine Fünf-Sterne-Luxusunterkunft war es nicht gerade. Bei dem Raum schien es sich um eine kleine Werkstatt unterhalb des vorderen Teils des Hauses zu handeln. Das erste Problem bestand darin, dass keiner von ihnen einen Lichtschalter finden konnte und es somit tiefdunkel war – nur ein schmales Fenster nach vorn ließ einen dünnen Streifen Licht herein. Keiner der jungen Liebenden ließ sich darüber jedoch graue Haare wachsen, da die Leidenschaft sie übermannte. Auch, dass er nichts zur Verhütung bei sich hatte, schien Kylie Paolos Erinnerung nach nicht allzu sehr zu bekümmern. Später, als man im Gespräch auf das Thema kam, fand er heraus, dass sie die Pille nicht nahm.

Das aber war noch Zukunftsmusik. Für den Augenblick war es lediglich wichtig, so wenig wie möglich auszuziehen, weil in dem engen Raum eisige Kälte herrschte. Zum Glück trug Kylie einen Rock, was die Dinge erheblich leichter machte, auch wenn Paolo trotzdem seine Jeans ausziehen musste. Zuerst liebten sie sich auf dem Stuhl: »Ich war oben, aber gerade bequem war das nicht, also nahm ich sie und wir legten uns auf den Boden.« Ganz Gentleman zog Paolo seine Jacke aus und breitete sie auf dem

Boden aus, damit Kylie sich darauf legen konnte, ehe sie von neuem begannen. »Es war bitterkalt, aber ich hatte genug Alkohol im Blut, sodass ich kaum etwas spürte. Ich hatte wirklich Spaß an der Sache, weil Kylie so nett zu mir war, aber dann hörten wir auf einmal Stimmen, die vor der Tür herumkicherten.«

Jäh erstarb die Leidenschaft unter dem Druck, so schnell wie möglich in die Kleider zu kommen. Aber es war zu spät: »Die Tür flog auf, gerade als Kylie sich ihr Höschen wieder anzog, und mein Kumpel Nick, ja, genau der, der sich im Wohnzimmer so auf mich gestützt hatte, marschierte herein. ›Ach, hier bist du‹, sagte er bloß, aber mir war das Ganze peinlich. Glücklicherweise war mein knallrotes Gesicht in der Dunkelheit nicht zu erkennen, und ich murmelte nur ›Ja, ja‹ vor mich hin. Aber durch die geöffnete Tür fiel durchaus genug Licht, um ihm ganz genau vor Augen zu führen, wobei er uns gestört hatte. Kylie stand hinter mir, daher konnte ich nicht sehen, ob ihr die Sache genauso peinlich war wie mir. Aber sie kam mit uns nach draußen.«

Hätte Paolo seine jugendliche Verführerin richtig sehen können, so wäre ihm aufgefallen, wie verstört sie war. Bald darauf sollte ihm dies auch so klar werden: »Aus heiterem Himmel fing sie an zu weinen. Richtige Schluchzer. Ich wusste einfach nicht, was ich machen sollte, also versuchte ich, die Hand nach ihr auszustrecken und sie zu trösten, aber sie stieß mich weg. Sie heulte: ›Du hast mich doch nur benutzt.‹ Ich versicherte ihr, dass das überhaupt nicht der Fall war, und bat sie um ihre Telefonnummer. Das schien sie ein wenig zu beruhigen, denn sie hörte auf zu weinen, auch wenn sie immer noch den Tränen nah war.«

In seiner Aufregung und seinem jugendlichen Stolz auf sein allererstes Mal sprudelte aus Paolo heraus, was sich abgespielt hatte, als ein anderer Mannschaftskamerad herüberkam und ihn fragte, was eigentlich los sei. »Ich sagte: ›Sag bloß nichts, denn ich hab's gerade mit ihr getrieben.‹« Mehr Ermunterung brauchte der Freund nicht, um diese Tatsache mit höchster Stimmlage bekannt zu geben. Paolo war entsetzt: »Da war so ein Balkon, auf dem alle sich versammelt hatten, und jeder muss gehört haben, was mein Kumpel da von sich gab. Kylie schien gar nicht zu reagieren, also hatte sie vielleicht nicht mitbekommen, was er gesagt hatte.«

Zurück im Haus, trieb Paolo einen Stift und ein Stück Papier auf, so dass Kylie ihm ihren Namen und ihre Telefonnummer aufschreiben konnte. Kurz darauf riefen Kylies Freundinnen nach ihr, weil sie aufbrechen wollten und Kylie sie begleiten sollte. Sie erklärte Paolo, dass sie am nächsten Morgen zur Arbeit müsse. Noch ein weiteres Mal verhielten die Sportkameraden sich alles andere als taktvoll. Einer fragte, ob er Kylie bitten würde, mit ihm auszugehen – woraufhin ein anderer herausplatzte: »Keine Sorge, das hat er bereits erledigt.« Kylie musste das gehört haben, denn dieses Mal stand sie direkt neben Paolo. Nach einem kleinen Gutenachtkuss aber war sie verschwunden, und Paolo wandte sich wieder dem Biertrinken und dem Gespräch mit seinen Freunden zu.

Als er am darauf folgenden Montag zur Schule kam, durfte Paolo feststellen, dass seine Heldentaten noch immer das Gespräch seiner Gruppe beherrschten. Er kam zu dem Schluss, dass er besser ein wenig mehr über Kylie herausfinden sollte. So erfuhr er, dass sie die Camberwell High School besuchte und die Schwester von Dannii Minogue war, von der jeder in Australien schon einmal gehört hatte, weil sie eine Starrolle in der Fernsehserie *Young Talent Times* innehatte. Diskret erkundigte er sich und war erfreut festzustellen, dass keiner seiner engeren und weiteren Freunde je eine sexuelle Begegnung mit Kylie genossen hatte. Vielleicht war sie nicht das, was seine Kumpel als eine leichte Beute bezeichnen würden. Vielleicht war sie etwas Besonderes.

Jetzt, wo sie Sex miteinander gehabt hatten, war es Zeit, sich über eine erste Verabredung Gedanken zu machen. Paolo spielte den Coolen und wartete bis Mitte der Woche, ehe er sie anrief. Sie schwatzten ein bisschen, und Kylie erwähnte, dass sie Fan von

Prince sei. Also fragte er sie, ob sie Lust habe, sich am folgenden Wochenende Princes Film *Purple Rain* im Hoyts Midtown-Kino anzusehen. Eine attraktivere Idee hätte ihm überhaupt nicht einfallen können, denn Prince war Kylies Popidol und sie war wild danach, seinen ersten Film zu sehen.

Kylie schlug vor, er solle den Bus von Templestowe bis zur Camberwell Junction nehmen und sich dort mit ihr treffen. Von da aus konnten sie mit der Straßenbahn in die Stadt fahren. Am Samstag war Paolo erfüllt von Vorfreude, weil er seine erste Geliebte nun zum zweiten Mal sehen sollte. Auch Kylie war eindeutig mehr als erfreut, denn kaum kam Paolo in Sicht, als sie ihm auch schon entgegenrannte und einen kräftigen, überschwänglichen Kuss auf seine Lippen drückte. Sie sprangen in eine Straßenbahn und verbrachten die 30 Minuten Fahrt, indem sie ununterbrochen über sich selbst schwatzten – wie es alle Leute beim ersten Date tun. Kylie erzählte ihm, sie sei gerade engagiert worden, in einer neuen Fernsehserie mit dem Titel *The Henderson Kids* aufzutreten, sei aber ein wenig in Sorge, weil sie ihre Haare für die Serie leuchtend rot färben wollten. Sie vermittelte ihm den Eindruck, dass sie die Rolle als ihren großen Durchbruch betrachtete. Außerdem erzählte sie ihm, wie viel Spaß es ihr machte, Dannii bei der Beantwortung der Säcke voller Fanpost zu helfen, die diese durch *Young Talent Time* erhielt. »Kylie hatte eine sympathische, übersprudelnde Persönlichkeit«, erinnerte sich Paolo. »Es war ganz leicht, sich mit ihr zu unterhalten und sich gut mit ihr zu verstehen.«

Erst als sie aus der Bahn ausgestiegen und zu Fuß auf dem Weg zum Kino waren, kamen Paolo die ersten Bedenken: »Plötzlich fiel mir auf, wie winzig klein sie war. Ich bin fast einen Meter achtzig groß, und sie war sage und schreibe dreißig Zentimeter kleiner als ich. Ich fühlte mich äußerst unwohl und unbeholfen. Leute haben mich gefragt, wie es war, und ich habe nur eine einzige Möglichkeit gefunden, es zu beschreiben: Es war, als ginge ich mit meiner kleinen Schwester aus. Sie war sechzehn, aber mir wurde klar, dass sie aufgrund ihrer Körpergröße wesentlich jünger aussah – obwohl sie doch in anderer Hinsicht wieder so reif für ihr Alter war.« Zur selben Zeit war Kylie in ihrem Glück sich des wachsenden Unbehagens ihres Begleiters nicht im Geringsten bewusst. »Sie sagte Sachen wie: ›Ich kann gar nicht mehr warten, dich all meinen Freundinnen vorzustellen.‹ Sie war sehr gesprächig, und ich hörte zu und fragte mich gleichzeitig: Bin ich mir wirklich sicher? Will ich wirklich mit diesem Mädchen zusammen sein?«

Paolo hatte keine Ahnung, ob Kylie zu diesem Zeitpunkt schon begonnen hatte, seine negative Stimmung wahrzunehmen, aber er wurde immer stiller und stiller. Sie gingen hinein, um sich den Film zusammen anzusehen, und wie jedes junge Paar kauften sie sich Popcorn und gönnten sich einen kurzen Kuss und eine Umarmung, ehe der Film begann. Zu Fummeleien in der letzten Reihe kam es nicht. Nach dem Film erwischten sie die Straßenbahn zurück nach Camberwell. Inzwischen hatte Paolo sich entschieden, dass er die Dinge mit Kylie nicht weiter treiben wollte, und machte sich an den Versuch, ihr so sanft wie möglich den Laufpass zu geben. Er bediente sich der uralten Ausrede, er habe in den nächsten Monaten viel zu viel zu tun, da er die Schule vernachlässigt hätte, um Football zu spielen, und sein Zwölfte-Klasse-Examen (die australische Entsprechung der britischen A-Levels bzw. des deutschen Abiturs) bevorstehe. »Ich erklärte ihr, ich hätte einfach nicht viel Zeit für ein Privatleben, was tatsächlich der Wahrheit entsprach. Für eine Freundin hatte ich effektiv keine Zeit, nicht mal für eine, die sexuell so brillant war wie Kylie.«

Letztendlich verstand Kylie den Wink mit dem Zaunpfahl und akzeptierte, dass dies ihre erste und letzte ernsthafte Verabredung mit Paolo sein würde. »Innerhalb von einer halben Stunde musste sie ihre Vorstellungen von einer Langzeitbeziehung auf einen *one-night-stand* umstellen.« Die Fähigkeit, harte, ja sogar schmerzhafte Entscheidungen zu treffen, ist eine von Kylies großen Stärken, eine, die im Laufe ihres Lebens und ihrer Karriere von erheblicher Bedeutung für sie gewesen ist. Vielleicht versetzte diese frühe Enttäuschung aus Teenagertagen sie in die Lage, zu beurteilen, wann es an der Zeit ist, seine Würde zu bewahren und zu gehen. Paolo wird nie erfahren, ob Kylie am Boden zerstört war oder nicht, denn das letzte Stück Weges von der Camberwell Junction nach Hause legte sie allein zurück. Er nahm einen Bus, der sehr passend direkt am The Harp Pub in Kew vorbeifuhr, wo er durchs Fenster einige seiner Kameraden bei Drinks erspähte. An der nächsten Station stieg er aus, lief zurück und setzte sich bis zur Sperrstunde zu ihnen.

Und das war auch schon so gut wie alles, obwohl er Kylie gegenüber erwähnt hatte, dass er eine Eintrittskarte für eine in zwei Wochen stattfindende Schulveranstaltung für sie hatte. Es war eine typische Schüler-Disco, auf der die Mädchen über Jungen und die Jungen über Sport reden. Kylie erschien, Paolo gab ihr die Karte, aber sobald sie drinnen waren, trennten sie sich und verbrachten den Abend jeder mit seinen eigenen Leuten. Wenn Kylie sich durch das, was geschehen war, verletzt fühlte, so ließ sie es sich ihm gegenüber nicht anmerken. Er war froh, dass er sie allein nach Hause gehen und sich nicht dem nächstbesten Jungen, der sich anbot, in die Arme werfen sah.

Die Paolo-Geschichte verweist einen großen Teil des Mythos von Kylie als unschuldigem Mädchen von nebenan ins Reich der Legende. Ihr Verhalten ihm gegenüber war zu der Zeit in Melbourne für Mädchen im Teenageralter alles andere als ungewöhnlich. Paolo selbst bemerkte: »Von einer Menge Mädchen wussten wir damals alle, dass sie Sex hatten. Kylie war sexuell reif, aber wir kannten Mädchen, die mit dreizehn oder vierzehn schon mit ihren Freunden schliefen. Ich habe nicht gesagt, dass sie verschiedene Sexualpartner hatten – sie schliefen nur mit ihren festen Freunden.« Vielleicht hatte Kylie Paolo als Kandidaten für einen festen Freund betrachtet. Wenn dies der Fall war, so wurde diese Hoffnung nur allzu schnell enttäuscht, weil er dazu noch nicht bereit war. Stattdessen war es ein erfreuliches Abenteuer. Und es deckt die Lüge auf, Kylie sei von dem Sex-Guru Michael Hutchence »verdorben« worden, wie wieder und wieder berichtet wird. Sie mag sogar ihm unter der Bettdecke noch das eine oder andere beigebracht haben. Seine wenig galante und häufig zitierte Bemerkung, Kylie sei der beste F*** der Welt, erscheint gar nicht mehr so unglaubwürdig.

Das zweite bedeutsame Merkmal dieser nervenkitzelnden Episode von Templestowe beruht darauf, dass Kylie zum ersten Mal das Risiko einging, *in flagranti* erwischt zu werden. Es sollte durchaus nicht das letzte Mal bleiben.

Paolo zieht es inzwischen vor, Paul genannt zu werden. Er wohnt noch immer in Melbourne, ist mittlerweile glücklich verheiratet, hat zwei Kinder und ist nach einer kurzen Periode als privater Fitnesstrainer in seinem Beruf als Graphiker erfolgreich. Kylie sah er noch einmal, als er 20 und sie bereits der Star der Serie *Neighbours* war. Er fuhr von der Universität nach Hause und sah sie, wie sie die Straße hinunter ging und dann den Videoladen betrat, in dem sie einst gearbeitet hatte. Er entschied sich dagegen, anzuhalten und die alten Zeiten wieder aufleben zu lassen: »Ich empfinde keine große Reue darüber, dass ich die Sache mit Kylie beendet habe und damit nicht an ihrer Karriere teilhatte, weil ich einfach der Meinung bin, dass es mit uns nicht geklappt hätte.«

Kylie sexy: *»Hast du Lust, irgendwo hinzugehen, wo wir mehr unter uns sind?«*

Kylie – frühreif

Es war eine völlig unschuldige Frage. Der blonde Journalist war gesprächig und freundlich und fragte Kylie bei einem Teller Nudeln einfach nur, ob sie einen Freund habe. Sie stand auf Platz 1 der britischen Charts, und dies war natürlich eines der Dinge, die die Millionen von Fans als Allererstes über sie wissen wollten. Kylie »gestand«, dass sie schon seit mehr als zwei Jahren keinen festen Freund mehr habe, anders ausgedrückt, sie habe während der ganzen Zeit, in der sie in *Neighbours* spielte, keinen gehabt. Passenderweise hatte sie dabei vergessen, dass sie während des Großteils dieser Zeit praktisch mit Jason Donovan zusammengelebt hatte.

Kylie ist nicht der erste, und sie wird ganz gewiss nicht der letzte Star sein, der die Tatsachen ein wenig manipuliert, sodass sie sich in das Image fügen, dem er zum jeweiligen Zeitpunkt gerade entsprechen will. Frühere Hollywood-Stars legten sich ein gewisses Image auf Anordnung von Studio-Bossen zu, die nicht wollten, dass die kinointeressierte Öffentlichkeit beispielsweise davon erfuhr, dass der attraktive männliche Hauptdarsteller in Wirklichkeit schwul war. Mindestens ein weiblicher Superstar hat in ihrem Plattenvertrag eine Klausel, die unterbindet, dass sie ihre wahre sexuelle Ausrichtung preisgibt. Ihr Image könnte dadurch ziemlich schnell ruiniert werden. Der Schlüssel zur Beeinflussung der Öffentlichkeit liegt im Image. Wenn man die Grundpfeiler der öffentlichen Wahrnehmung ansägt, dann geht man dabei das Risiko ein, einige oder auch zahlreiche Fans zu brüskieren. Stephen Gately von der

Gruppe Boyzone könnte vermutlich in diese Kategorie fallen. Seine Karriere ist zu einem Stillstand gekommen, seit er 1999 sein Coming-out hatte. Er war der süße Traumprinz aus den Phantasien eines jeden pubertären (und vor-pubertären) Mädchens, doch über Nacht wurde er zu jemandem, den sie schlicht nicht haben konnten, nicht einmal in ihren kühnsten Träumen.

Ohne Frage ist Kylie alles andere als lesbisch, alles andere als das, aber das Prinzip des Betrugs an der Öffentlichkeit, um ein sorgfältig aufgebautes Image zu stützen, bleibt dennoch das Gleiche. Die Figur der Charlene Mitchell war ein merkwürdig asexuelles Mädchen von nebenan, viel zu nett, um Nacht für Nacht ein wildes Sexleben zu haben. Kylie hatte eine Schwäche für den inzwischen erwachsenen Jason, seit sie bei *Neighbours* angefangen hatte. Er war ein durch und durch attraktiver Mann – blond, braun gebrannt und muskulös –, und sie versicherte sich der Unterstützung ihres alten Freundes Greg Petherick, der als Mittelsmann fungieren und herausfinden sollte, ob auch nur ein Funke ihres Interesses erwidert wurde. Sie war außer sich vor Freude, als sie erfuhr, dass dies allerdings der Fall war, und als Dankeschön schenkte sie Greg später ein Foto von sich und dem neuen Mann in ihrem Leben bei den Dreharbeiten. Sie hatte eine handgeschriebene kurze Nachricht hinzugefügt und das Ganze mit Liebesherzen verziert.

Jason war etwas früher als Kylie zu *Neighbours* gestoßen. Er spielte Scott Robinson, den jüngsten Sohn von Jim Robinson. Die Figur war von Anfang an in der Sendung, war aber von einem anderen Schauspieler verkörpert worden. Als *Neighbours* von Channel Seven zu Channel Ten wechselte, wurde beschlossen, dass es auch für Scott einen Wechsel geben sollte. Und so kam Jason ins Spiel. Wie Kylie war auch er bereits als Kind aufgetreten, anders als sie hatte er jedoch einen stärker dem Showgeschäft verbundenen Background. Sein Vater ist der in Australien bekannte Schauspieler Terry Donovan, der später den

Bauarbeiter Doug Willis in *Neighbours* spielen sollte, und seine Mutter Sue McIntyre war eine glamouröse Fernseh-Nachrichtensprecherin. Seine Eltern ließen sich scheiden, als er fünf Jahre alt war, und im Lauf seiner Teenagerjahre empfand Jason stets eine größere Nähe zu seinem Vater – was sowohl geographisch wie emotional Ausdruck fand. Jason lebte am Ende von Terrys Garten in einem Ein-Zimmer-Bungalow, einem chaotischen Teenager-Paradies, wo er so oft er wollte Gitarre spielen und davon träumen konnte, Michael Hutchence zu sein. Kylie war leidenschaftlich gerne bei Jason: Hier brauchte sie sich nicht zu schminken und keine angesagten Kleider zu tragen, sondern konnte sich ohne den Druck, berühmt zu sein, einfach entspannen. Dieser Lebensstil ist ihr noch heute der liebste, und wenn sie nicht gerade Auftritte hat, ist Kylie kaum als singender Superstar zu erkennen. Sie ist sicherlich alles andere als eine Mode-Ikone, wenn sie schnell im nächsten Laden ein Brot besorgt oder einen Cappuccino mit ihren Freunden trinken geht.

Mit der Zeit gelang es der Kamera, die Chemie zwischen Jason und Kylie einzufangen. Charlene war ursprünglich für eine Sendezeit von 13 Wochen vorgesehen, diese wurde aber umgehend verlängert, als den Programmdirektoren dämmerte, dass sie in dem Paar eine Marketing-Goldmine an der Hand hatten. Die Romanze zwischen Charlene und Scott »machte« die gesamte Sendung.

Jason bemerkte: »Da war einfach ein Gefühl zwischen uns, das vermutlich unter Millionen von Malen nur einmal vorkommt.« Ihr erster TV-Kuss wurde zur Schlagzeile auf den Titelseiten. Die Sendung wurde zum Blockbuster, nicht nur in Australien, sondern ebenso in Großbritannien, wo *Neighbours* im Oktober 1986 zum ersten Mal ausgestrahlt wurde. Die Serie entwickelte sich zu einem Phänomen des britischen Fernsehens, sodass clevere Programmgestalter beschlossen, sie zweimal täglich auszustrahlen. Mütter sahen sich die Folge zur Mittagszeit an, wenn es zu Hause noch gemütlich und friedlich war, und die Kinder schalteten später, wenn sie die Schule hinter sich gebracht hatten, die Wiederholung im Vorabendprogramm ein. Kylie und Jason erschienen erst im folgenden Sommer auf den britischen Fernsehschirmen, aber sie waren in Großbritannien bald ebenso beliebt wie in Australien. Sie wurden als Britanniens am meisten angehimmelte Teenager beschrieben und von Jung und Alt gleichermaßen geliebt.

Währenddessen traf das Paar daheim in Melbourne eine Entscheidung, die enorme Auswirkungen auf ihre gemeinsame Zukunft haben sollte. Sie hatten einer Forderung der *Neighbours*-Direktoren zugestimmt, ihre Beziehung außerhalb des Senders absolut geheim zu halten. Brian Walsh, der Promotion-Manager von Channel Ten, warnte die beiden: wenn ihre Romanze in der Öffentlichkeit bekannt würde, so könnte dies sowohl die Show als auch ihre eigene Beliebtheit ruinieren. Es herrschte die Ansicht, dass die Zuschauer zwar die fiktionale Liebesgeschichte zwischen Charlene und Scott liebten, dass sie aber möglicherweise nicht mit der Vorstellung von Kylie und Jason umgehen könnten, die sich im Supermarkt stritten, welche Frühstücksflocken sie kaufen sollten. Kylies beinahe faustisch zu nennende Entscheidung warf bereits ein Licht auf ihr zukünftiges Leben. Sie stellte ihre Karriere über ihre private Beziehung. Seither ist sie von diesem Pfad nicht mehr abgewichen. Sie hat ihre beruflichen Verpflichtungen nie zugunsten von Liebesdingen vernachlässigt. Nicht einmal für Michael Hutchence, eine der großen Lieben ihres Lebens, hätte sie so etwas getan. Und sie fuhr damit fort, Teile ihres Lebens vor ihren sie anbetenden Fans geheim zu halten. Diese Aura des Geheimnisvollen bleibt ein Bestandteil ihrer Anziehungskraft. Später, nachdem ihr Duett mit Jason ›Especially For You‹ der erste Platz-1-Hit des Jahres 1989 geworden war, sagte Kylie in einem reichlich offenherzigen Interview: »Jeder glaubt, dass wir [zusammen] sind, und ich nehme an, dass es ganz danach aussieht, aber 100-prozentig sicher kann sich niemand sein, oder etwa doch? Wenn die Zuschauer alles über uns wüssten, wo wir schlafen, was wir zusammen machen und so weiter, würde ihnen das nicht das ganze Geheimnis verderben?«

Während ihr Geheimnis also sicher verborgen blieb, fuhr das Publikum fort, in der Romanze zwischen Charlene und Scott zu schwelgen. In einer denkwürdigen Folge stand Charlene kurz davor, sich Scott in einem Hotelzimmer »hinzugeben«. Alles lief bestens, bis Scott herausfand, dass Lenny keine Jungfrau mehr war. Er stürmte aus dem Zimmer und ließ sie weinend auf dem Bett zurück. Dafür kassierte er von Lenny einen viel beklatschten Kinnhaken. Die PR-Leute ließen sich nie eine Chance entgehen, und so erschien prompt ein Bericht in den Medien, Kylie habe beim Filmteam jetzt den Spitznamen »Box-Champ« weg, weil sie Jason mit einem einzigen Schlag zu Boden gestreckt habe. Wahrscheinlicher ist, dass Kylie sich, hätte sie tatsächlich zugeschlagen, eine gebrochene Hand zugezogen hätte.

Und dann gab es im Juli 1978 schließlich *die* Hochzeit des Jahres. Es war Folge Nummer 523. Charlene hatte es nicht geschafft, ihre Mutter zu überreden, ihr für ihr Leben in Sünde mit Scott ihren Segen zu geben, also hatte sie beschlossen, ihn zu heiraten. Scott war – noch in seiner Schuluniform – auf seinem Skateboard herangerollt und hatte ihr einen Antrag gemacht. Jason sagt darüber: »Es war eine wirklich schöne, natürliche Szene. Ich habe mich überhaupt nicht wie ein Idiot dabei gefühlt. Manchmal sieht man sich ja ein Drehbuch an und denkt: O Gott! Ich muss ihr sagen, dass sie der wundervollste Mensch auf dieser Erde ist und dass ich ohne sie unmöglich weiterleben kann, und hier bin ich also, auf diesem blöden Skateboard, und muss sie erst mal unter einem ölverschmierten Motor hervorzerren.«

Während sie die Szenen für den Hochzeitsempfang drehten, wurden Kylie und Jason in einem Einkaufszentrum in Sydney eingekreist. Irgendwie hatten 4000 Fans herausgefunden, wo das Ganze stattfinden würde, und einige von ihnen landeten infolge des Handgemenges im Krankenhaus. Es verwundert nicht, dass die Zeitungen am folgenden Tag voller Berichte über einen »Aufruhr« waren. Kylie beklagte sich, die Hochzeitsszene selbst sei äußerst ermüdend gewesen und sie habe den Gang zum Altar ungefähr zwanzigmal hinunterschreiten müssen, ehe jeder damit zufrieden war – ironischerweise ist sie im Laufe der Jahre trotz mannigfaltiger Spekulationen nicht einmal nahe dran gewesen, auch im wirklichen Leben zur Braut zu werden. Wieder einmal vermengte das Publikum Wirklichkeit und Fiktion: Kylie musste erleben, dass Leute mitten auf der Straße auf sie zu stürmten und ihr zur »Hochzeit« gratulierten.

Diese Hochzeit bleibt einer der beliebtesten Augenblicke in der Geschichte der Soaps und der Höhepunkt von Kylies Karriere als Schauspielerin – zumindest bis jetzt. Charlene und Scott waren das populärste Paar in Australien und erschienen regelmäßig auf der Titelseite der *TV Week*. Die australische Ausgabe der Zeitschrift *Time* ließ sich von dem Rummel mitreißen: Sie druckte ein Bild von Charlene und Scott in einem rosafarbenen Herzen auf der Titelseite ab und verfasste dazu die Schlagzeile: »Australische Soap erobert die Welt.« Die *Time* versuchte, Erklärungen für diesen Kult der Artigkeit zu finden, bei dem die Serie *Neighbours* eine führende Rolle spielte. Es war, so argumentierte die Zeitung, eine Seifenoper als »sozialer Reparaturbetrieb«, ein Gegenstück zum modernen Melodrama. Die Figuren stellten Verkörperungen von gemütlichen Lehnsesseln dar – die unerträgliche Artigkeit des Seins.

Selbst Jason Donovan erkannte: »Eine Menge Leute verwechseln uns mit Charlene und Scott, aber in Wirklichkeit unterscheiden wir uns ganz gewaltig von den beiden.« Dieser Kult der Artigkeit lässt sich als eines der ständig wiederkehrenden Themen in Kylies Berufsleben bezeichnen.

Das Paar trat zusammen auf einer Wohltätigkeitsgala auf,

wo sie zum ersten Mal in der Öffentlichkeit ein Duett sangen, eine Version von ›No One Is To Blame‹, das 1985 für Howard Jones ein Hit gewesen war. Auch Schwester Dannii schloss sich Kylie an und sang gemeinsam mit ihr ›Sisters Are Doing It For Themselves‹, ein Stück, das sie überraschenderweise bisher nicht veröffentlicht haben.

Jason hatte zweifellos Recht mit dem, was er über die Unterschiede zwischen seiner Bildschirmgestalt und dem wirklichen Leben sagte, denn wenn er und Kylie nach einem langen Drehtag müde nach Hause kamen, legte er sein sauberes Surfer-Jungen-Image ab und träumte von einer Karriere als Rockstar. In der Zukunft sollte er die Tugenden der Cannabispflanze rühmen und erklären, er würde lieber einen Raum voller Dope-Raucher betreten als einen voller Alkoholiker. »Dope treibt dir einfach am Ende eines Tages ein Lächeln auf die Lippen.«

Einige Beobachter vertreten die Ansicht, das Thema Drogen hätte sich in der Beziehung zwischen Kylie und Jason zu einem trennenden Element entwickelt. Das schien einige Jahre später zwischen Kylie und Michael Hutchence, einem wesentlich ernsthafteren Drogenkonsumenten, nicht der Fall zu sein. Auch für Kylie und Jason war es nicht das zerstörerischste Element. Die Menge Zeit, die sie getrennt voneinander verbrachten, um eigene Ambitionen zu verfolgen, erwies sich als erheblich kritischer. Wie Jason bemerkte: »Ich fand es zu der Zeit wirklich schwierig, mit ihrem Ruhm umzugehen. Ich war extrem eifersüchtig auf Kylie.«

Ein denkwürdiges Interview mit Kylie erschien im Oktober 1988 in der *TV Week*. Darin gestand sie, wie sehr sie Jason vermisste, wenn sie nicht mit ihm zusammen sein konnte. Sie gab außerdem zu, dass sie nicht die ganze Zeit über zu Hause wohnte. Niemand informierte Jason über dieses Interview, das wie eine große Indiskretion von Kylies Seite erschien. Als er somit drei Tage später im Fernsehen erschien, um Werbung für eine Platte zu machen, und jegliche Beziehung mit Kylie abstritt, wurde er wie ein kompletter Idiot hingestellt. Kylies Team bestritt, dass sie ein solches Interview überhaupt gegeben habe, um den Mythos über sie und Jason nicht zu zerstören. Falls sie dies aber tatsächlich gesagt hatte, was für ein trauriges Eingeständnis über ihre wirklichen Gefühle wäre das! Es machte sich zweifellos überhaupt nicht gut im Regal neben der Fan-Zeitschrift, die im selben Jahr erschien und die Überschrift *Kylie und Jason – Nur gute Freunde* brachte. Innerhalb eines einzigen Jahres drifteten sie und Jason auseinander. Den tödlichen Schlag erhielt die Beziehung möglicherweise, als Jason erklärte, er habe die wahre Liebe noch nie erlebt und befinde sich noch auf der Suche.

Eine Weile lang aber waren die beiden miteinander glücklich gewesen.

Im Januar 1986, als Kylie zum Casting für ihre Rolle in *Neighbours* ging, kam ein neues Brettspiel mit dem Titel ›So You Want To Be A Rockstar‹ überall in Australien in die Geschäfte. Die Regeln lauteten, dass jeder der Spieler eine Band vertrat und ihre Höhen und Tiefen vom ersten Gig bis – hoffentlich – zum Hitparaden stürmenden Album – verfolgte. Das Spiel war von Simon Young, dem geschäftsführenden Direktor von Mushroom Records, und seinem Freund Terry Blamey erdacht worden. Blamey war ein ehemaliger Schlagzeuger, der inzwischen einen neuen Künstler namens Jacko managte – einen früheren Footballspieler – und zudem als musikalischer Talent-Koordinator für die Fernsehsendung *Hey, It's Saturday* tätig war. Er hatte seit den späten 60er Jahren in verschiedenen Bands gespielt, dann aber festgestellt, es sei »lukrativer, ein Manager oder ein Agent zu werden«. Young und Blamey beschlossen, dem Brettspiel nichts hinzuzufügen, das mit Sex und Drogen zu tun hatte, sondern sich schlicht an den Rock 'n' Roll zu halten.

1 Februar 2002 – Kylie tritt bei den Brit Awards in Londons Earl's Court auf. Sie konnte zwei Auszeichnungen mit nach Hause nehmen.

2 + 3 Kylie mit ihrer drei Jahre jüngeren
Schwester Dannii – eine Zeit lang,
Anfang der achtziger Jahre, war
Dannii die Berühmtere der beiden.

4 Mit ihrem jüngeren Bruder Brendan.

5 Mit einem jungen Verehrer auf der Londoner Buch-Premiere von
Kylie, einem aufwendig gestalteten Hochglanzband, in dem das Leben
und die Auftritte der Künstlerin gefeiert werden, Oktober 1999.

6 Mit ihrer Mutter
Carol Minogue und …

7 … Anne Charleston, die
in der Serie »Neighbours«
ihre Fernsehmutter spielte.

9 ›Charlene Mitchell‹ mit ihren Schauspielkollegen
aus »Neighbours«: ›Mike Young‹ (Guy Pearce, links)
und ›Scott Robinson‹ (Jason Donovan). Die Fernseh-
hochzeit zwischen Kylie und Jason war das TV-Ereignis
des Jahres 1987.

8 Kylie und Jason singen ›Especially For You‹, ihr Duett von 1988.
Verborgen vor dem Publikum genossen die beiden zu jener Zeit ihre
leidenschaftliche Affäre.

Auftritte mit Kylie ...

10 ... Pete Waterman, der einen enormen Einfluss auf Kylies beginnende Karriere ausübte.

11 ... Nick Cave, mit dem sie den Song › Where Wild Roses Grow ‹ aufnahm.

12 … Elton John, als Dragqueen aufgemacht, auf der Stonewall Fund Gala in der Royal Albert Hall in London im Oktober 1995.

13 … Robbie Williams auf der Verleihung der MTV Europe Awards in Stockholm im November 2000. ›Kids‹, das Duett der beiden, landete auf Platz 2 der Hitparaden in Großbritannien.

Kylie im Designer-Look ...

14 ... mit Jean-Paul Gaultier und Boy George auf einer Wohltätigkeitsveranstaltung zugunsten der Aids-Hilfe.

15 ... mit Domenico Dolce und Stefano Gabbana auf einem priva-ten Madonna-Konzert in Brixton.

16 ... mit Yves Saint-Laurent.

18 ... mit Gianni Versace.

Blamey erklärte die Philosophie des Spiels: »Man kann zwar Leute anlügen, aber die anderen Leute können einen genauso anlügen. Man muss nicht die Wahrheit sagen, man kann so viel Geld fordern, wie man will, man kann Sachen umsonst weggeben, man kann sie mieten, man kann sie leasen, man kann sie auch tauschen.

Was die Handlungsmöglichkeiten betrifft, ist das Spiel genauso offen wie die wirkliche Welt, aber wenn man sich mal in einer nicht so günstigen Position befindet, fällt das auch alles auf einen selbst zurück.

Der Sieger kann extrem viel erreichen. Er steht am Ende mit einem ganzen Haufen Geld und mit jeder Menge Erfolg in den Charts da.«

Bei Blameys ausgezeichnetem Timing sollten nicht einmal sechs Monate vergehen, ehe er die Kontrolle über Kylie Minogues Karriere übernahm. Sie haben beide extrem viel erreicht, beide stehen mit einem ganzen Haufen Geld und jeder Menge Erfolg in den Charts da – genug, um jedes beliebige Brettspiel mit links zu gewinnen. Die 20 Prozent, die Blamey an allem, was Kylie betraf, kassierte, haben ihn zu einem Multimillionär gemacht, aber auch jetzt, 15 Jahre später, dauert ihre feste Partnerschaft noch immer an, und er stellt sich auch heute als leidenschaftlicher Beschützer vor seine berühmte Klientin. Blamey gehörte bei Mushroom praktisch zur Familie und befand sich bereits in einer starken Position, als er die Zügel von Kylies Karriere in die Hand nahm, weil sie jemanden brauchte, der das tägliche Einerlei ihres Lebens für sie regelte. Mushroom hatte sie mit ihrem Hit ›The Loco-Motion‹ auf Platz 1 der Charts geleitet, aber in Zukunft würde sie etwas mehr als geteilte Verantwortung nötig haben, wenn die nächste Phase ihrer Karriere – die internationalen Jahre – tatsächlich zu einem Erfolg werden sollte.

Nur ein einziger Mann stand zwischen Terry Blamey und seiner Verpflichtung als Kylies Manager – Kylies Vater Ron. Er war von Natur aus vorsichtig, äußerst gerissen und hatte bis zu diesem Zeitpunkt alle Möglichkeiten, die sich sowohl für Kylie als auch für Dannii boten, bis zum Maximum ausgeschöpft. Er gehörte definitiv nicht zu der Sorte Männern, die sich vom Glanz des Pop-Geschäftes verführen lassen. Er stand mit beiden Beinen derart fest auf dem Boden, als hätte er Blei in seinen Stiefeln. Von Anfang an hatte er eine GmbH unter dem Namen Kaydeebee ins Leben gerufen, die die finanziellen Belange seiner Kinder verwalten sollte. Er erfreute sich des Rufes, äußerst wirtschaftlich zu handeln. Das »Kay« stand für Kylie, das »Dee« für Dannii und das »Bee« für Brendan. Es war eine lustige Erinnerung an die Zeiten, in denen die drei Kinder sich darum stritten, welches Programm im Fernsehen eingeschaltet werden sollte – bis schließlich in der Küche ein Plan für die Benutzung der Fernbedienung angebracht wurde: Montag K, Dienstag D, Mittwoch B und so weiter. Ron war Buchhalter von Beruf. Er war kaufmännischer Direktor des Camberwell Council (Stadtverwaltung von Camberwell, Anm. d. Übers.) gewesen, ehe er bedingt durch den Erfolg seiner Töchter nicht länger in der Lage war, in Vollzeit zu arbeiten. Eine Zeit lang war er noch drei Tage pro Woche als Berater tätig, bis er auch dies 1989 schließlich endgültig aufgab, um sich ganz den Familiengeschäften zu widmen. Ein Beweis seines Geschäftssinns kam ans Licht, als bekannt wurde, dass es ihm gelungen war, sich ein Auto, das auf einen Wert von Aus$ 17 000 geschätzt wurde, als Teil seiner Abfindung für lediglich Aus$ 2000 zu sichern. Außerdem nahm er drei Monatsgehälter und eine Prämie für langjährige Dienste mit. Das Auto wurde einige Monate später bei einem ortsansässigen Händler für einen unbekannten Preis verkauft.

Ron hat stets solide, vertraglich abgesicherte Vereinbarungen mit Kylie getroffen, die sich demzufolge nie finanzielle Sorgen irgendeiner Art zu machen brauchte. Sie geht mit Geld alles andere als geizig um, sie hat lediglich eine natürliche Vor-

sicht geerbt, sodass sie im Supermarkt stets nach den Schnäpp-
chen greifen würde – auch heute noch, wo sie eine der reichs-
ten Frauen der Unterhaltungsbranche ist.

Genau wie Ron steht auch ihre Mutter Carol auf der Gehaltsliste, wenn Kylie auf Tournee geht. Sie arbeitet hinter der
Bühne und hilft den Tänzern, ein Erbe ihrer eigenen Ausbildung zur Tänzerin in jüngeren Jahren. Auch wenn Kylie ihrer
Mutter sehr nahe steht, hat sie nie ein Hehl daraus gemacht,
eine typische Vatertochter zu sein. Aus diesem Grund war es
von entscheidender Bedeutung, dass Terry Blamey zunächst den
»Ron-Test« bestand, ehe er in den inneren Kreis der Minogue-
Sippe vorgelassen wurde.

Gary Ashley von Mushroom Records beschrieb Blamey als
einen »geradlinigen Burschen«, und diese Eigenschaft war es, die
Minogue senior gefiel und ihn davon überzeugte, dass er mit
dem Mann in Zukunft zusammenarbeiten könnte. Die Langlebigkeit von ›Kylie Minogue Limited‹, der Mannschaft hinter der
öffentlich sichtbaren Kylie, ist ein Beweis dafür, dass dies für
alle Seiten eine Entscheidung von größtem Nutzen war. Während Ron in den 90er Jahren in Melbourne wohnen blieb, brach
Terry Blamey seine Zelte ab und zog mehr in Kylies Nähe, fast
wie ein vernünftiger älterer Bruder, der sich um eine empfind-
same Schwester kümmert. Selbst heute noch wundern sich die
Insider der Plattenfirmen über Rons Art, Kylie mit »eisernem
Willen« zu lenken. Streng genommen entspricht dies nicht ganz
der Wahrheit, aber Ron erfreut sich zweifellos des Rufs eines
harten Mannes, an dem man sich bei Geschäften die Zähne aus-
beißt.

Von Anfang an bemühte Blamey sich darum, Kylies Image
und die Gunst des Publikums zu wahren. Nur ein einziges Mal
hat er dieses Ziel ganz offensichtlich verfehlt, und zwar kurz
nach ihrem Durchbruch in Großbritannien, als die britische
Presse über sie herfiel, ein Vorfall, den er kein zweites Mal zugelassen hat. Vom ersten Tag an unterzog er ihr Image und, noch

wichtiger, ihre Image-Veränderungen einer sorgfältigen Kontrolle. Kaydeebee hat das Copyright an sämtlichen Bildern, Musik und Lizenzen von Kylie fest im Griff. Im Endeffekt befindet sich also alles, was mit Kylie zu tun hat, in Kylies Besitz. Ihr Bankguthaben wächst jedes Mal, wenn wir ein Bild von ihr in der Zeitung sehen, ein wenig an. Und höchstwahrscheinlich handelt man sich Schwierigkeiten ein, wenn man versucht, ein nicht genehmigtes Bild von Kylie zu schießen.

Nach dem letzten Konzert ihrer Tournee durch Australien im Jahre 1991 gab es im Nachtclub The Freezer im Darlinghurst-Bezirk von Sydney eine Party. Ein freiberuflicher Fotograf wurde aufgefordert, seine Kameras am Eingang abzugeben, doch es gelang ihm, eine kleine Instamatic mit hineinzuschmuggeln, mit der er anfing, Fotos von Kylie und Schauspieler Marcus Graham zu schießen. Als er den Club verließ, wurde er – so behauptet er – von einem von Kylies Bodyguards und einem Partygast verfolgt, die ihn angeblich gegen eine Wand drängten, ihm fünf Rollen Film abnahmen und jede einzelne seiner Kameras öffneten. Dies ereignete sich gerade zu der Zeit, als Kylie und Michael Hutchence nach dem Ende ihrer Beziehung in allen Zeitungen waren, somit war Kylie vielleicht besonders empfindlich, was eine Aufnahme von ihr mit einem anderen Mann betraf. Terry Blamey kommentierte den Vorfall mit meisterhaftem Understatement: »Wir wollten keine große Szene machen.«

In den 11 Jahren, die seit jenem Vorfall vergangen sind, ist die Mannschaft von ›Kylie Minogue Limited‹ derart angewachsen, dass jedes Mal eine kleine Armee aufmarschiert, sobald Kylie in der Öffentlichkeit einen Schritt tut. Ihr Vater beschäftigt sich nicht länger tagtäglich mit ihren Belangen, aber Blamey tut dies zweifellos weiterhin. Daneben gibt es die Mitarbeiter der Plattenfirma, die Werbeleute, ihre persönlichen Assistenten, ihre Stylistin sowie Leute, die sich um ihr Haar, ihr Make-up und ihre Kleidung kümmern. Die öffentliche Kylie ist wie ein Grand-Prix-Rennwagen: Eine ganze Mannschaft bemüht sich um sie. Sie selbst mag den Wagen zwar fahren, aber ohne den Rest ihrer Crew würde sie sicher noch immer in den Boxen festsitzen.

Kylie frühreif: »*Jason hat seine Karriere und ich habe meine.*«

Kylie – behütet

Kylie Minogue, beliebte Soap-Schauspielerin und gerade flügge werdender Popstar, hatte sich auf dem Sofa zusammengerollt und wartete geduldig ab. Terry Blamey war bei ihr, um die Dinge im Auge zu behalten. Die beiden hatten ihre gemeinsame Woche in London genossen, hatten vom Oberdeck eines Touristenbusses aus die Sehenswürdigkeiten besichtigt und sich am Eingang zum Tower of London und zu Madame Tussaud's Wachsfigurenkabinett angestellt. Diese Unternehmungen aber waren nicht mehr als eine erfreuliche Zugabe gewesen. In Wahrheit hatten sie Kylies kurze Pause bei den Dreharbeiten zu *Neighbours* im Oktober 1987 genutzt, um sich mit Pete Waterman zu treffen und ihren Plan für den Weg zum internationalen Starruhm voranzutreiben. Problematisch war nur, dass dies ihr letzter Tag in der Stadt war und sie den Hitparaden-Zauberer bisher noch nicht zu Gesicht bekommen hatten. Stattdessen verschwendeten sie offensichtlich ihren letzten Nachmittag in London im Empfangsbereich des wenig eindrucksvollen Vine Yard-Studio-Komplexes hinter der U-Bahn-Station Borough, nahe bei London Bridge.

Glücklicherweise hatte Kylie von dem Chaos, das hinter geschlossenen Türen tobte, keine Ahnung. Waterman war an diesem Tag noch nicht einmal in London. Er entspannte sich in seinem Landhaus in Newton-le-Willows in Merseyside, als sein Partner Mike Stock anrief und ihn fragte, ob ihm eine kleine Australierin irgendwie bekannt sei – eine kleine Australierin namens Kylie Minogue. Waterman hatte vergessen zu erwähnen, dass er einem Joint Venture mit Mushroom Records zugestimmt hatte, das Kylies Plattenkarriere auf die Sprünge helfen sollte. Er hatte nicht einmal eine einzige Folge von *Neighbours* gesehen, somit verlor er die Angelegenheit unverzüglich wieder aus dem Gedächtnis. »Sie ist in der Stadt«, unterrichtete ihn Stock hilfsbereit, der ihn obendrein noch darüber informierte, dass sie in seinem Empfangsbereich saß und sich in wenigen Stunden auf den Weg zum Flughafen machen musste. »Sie erwartet, irgendwas mit uns zu machen – jetzt gleich!« Ohne nachzudenken erwiderte Waterman: »She should be so lucky« – (»Dieses Glück wollen wir ihr mal gönnen«, Anm. d. Übers.) Der Rest ist, wie es so schön heißt, Geschichte. Es ist eine großartige Episode, und Waterman wird niemals müde, sie zu erzählen.

Die meistverkaufte Schallplatte des Jahres 1988 wurde über Telefax zwischen London und Merseyside innerhalb von einer halben Stunde geschrieben. Etwas später am selben Tag rief Waterman im Studio an, um sich zu erkundigen, wie es mit Kylies Vokalpart klappte. Matt Aitken, das andere Mitglied des Triumvirats der berühmten Hit Factory, ließ sich den Hörer geben und verkündete: »Das Mädchen hat eine wirklich gute Stimme.« Kaum war die Platte aufgenommen, strich die Hit Factory Kylie Minogue wiederum komplett aus ihrem Gedächtnis. Zu diesem Zeitpunkt war Pete Waterman dem Mädchen, das den kommerziellen Bereich seines Lebens einnehmen sollte, noch nicht einmal begegnet. Auch die Platte hatte er bisher noch nicht gehört.

Sechs Wochen später, auf der Weihnachtsparty von PWL (Pete Waterman Limited), die im Natural History Museum in London stattfand, wurde eine Platte gespielt, die er nicht kannte. »Ich fand sie einfach phantastisch, also bin ich rüber zum DJ gerannt und habe ihn gefragt, wer das war. ›Das ist Kylie Minogue‹, gab er zur Antwort, ›I Should Be so Lucky.‹«

Waterman wandte sich an Mike Stock und erklärte ihm, das Stück werde ein Riesenhit werden. Waterman, der über einen geradezu unheimlichen Sinn für das Kommerzielle verfügt, sollte hundertprozentig Recht behalten. Er fungierte als das Bindemittel, das Mike Stocks Fähigkeiten als Songwriter, die Musikalität des Gitarristen Matt Aitken und die Begabungen ihrer Sänger und Sängerinnen zusammenführte. Kylie hat die Hit Factory einmal mit einem Hollywood-Studio verglichen – wenn der Vergleich zutrifft, dann ist Pete Waterman Sam Goldwyn. (»Ich bin bereit zuzugeben, dass ich nicht immer Recht habe – aber Unrecht habe ich nie.«)

Waterman schätzte nicht vollständig richtig ein, wie populär *Neighbours* in Großbritannien werden sollte und wie sich jedermann darum riss, ›Charlenes‹ Platte zu hören. *Neighbours* wurde regelmäßig von 15 Millionen Zuschauern pro Tag gesehen, und das war durchaus ein bemerkenswerter Markt von potenziellen Plattenkäufern. Waterman gestand ein, dass er sich von der »Kraft, die Kylies Gegenwart auf den Markt ausübte«, nicht die geringste Vorstellung gemacht hatte. Es war eine ungreifbare Kraft, die sie schon immer besessen hatte. Die Diskussion um *Neighbours* und Kylies Karriere als Popmusikerin gleicht ein wenig der Frage nach der Henne und dem Ei. Wäre *Neighbours* ohne ›I Should Be So Lucky‹ so ein anhaltender kommerzieller Erfolg beschieden gewesen, oder hätte Kylie sich ohne *Neighbours* überhaupt als Sängerin durchgesetzt? Vermutlich trifft ein bisschen von beidem zu. Die Aufmerksamkeit, die der Platte zuteil wurde, weil ›Charlene‹ sie gemacht hatte, war enorm – aber zu jener Zeit hätten Stock, Aitken und Waterman wahrscheinlich auch ihre Großmütter in Popstars verwandeln können. 1987, bevor Kylie in Aktion trat, hatten sie weltweit bereits 37 Millionen Platten verkauft.

Bei der Geschwindigkeit, mit der sich im Land herumsprach, dass Kylie eine Platte produziert hatte, spielte die BBC eine wichtige Rolle. Sie mochte vielleicht die Nummer eins in Australien, Neuseeland und Hongkong sein, aber das bedeutete in der Oxford Street nicht das Geringste. *The Noel Edmonds Christmas Day Special* (Noel Edmonds Weihnachts-Sondersendung) jedoch schickte ein Filmteam nach Australien, das Kylie beim Singen von ›I Should Be So Lucky‹ aufnehmen sollte. Das war ganz entschieden Werbung und traf äußerst günstig mit der Entscheidung zusammen, nach der *Neighbours* zweimal täglich ausgestrahlt werden sollte. In jenen Tagen war Noel Edmonds einer der größten Namen im britischen Fernsehen, somit stellte dies einen grandiosen Durchbruch für Kylie dar. Am 23. Januar 1988 kam die Single endlich heraus. Es war der Monat der australischen Zweihundert-Jahr-Feierlichkeiten. Kylie befand sich als einer der prominenten Gäste in Sydney, wo sie Prinz Charles und Prinzessin Diana begegnen sollte. Charles traf sie zuerst und unterzog sie der vielfach erprobten königlichen Erkundigung: »Und womit verdienen Sie Ihr Geld?« Schüchtern erwiderte Kylie, sie sei bei *Neighbours* beschäftigt, und mit einem Schmunzeln versicherte ihr Charles, er würde sich auf alle Fälle einmal eine Folge ansehen. Als sie dann mit Prinzessin Diana sprechen sollte, die mit ihren hohen Absätzen mehr als 1 Meter 80 groß war und dazu als die berühmteste Frau der Welt galt, schien es Kylie vollends die Sprache verschlagen zu haben. Eine Minute lang war sie Minnie Minogue, das kleine Mädchen aus der Vorstadt von Melbourne, nicht die Darstellerin, die nur noch einen Schritt vom internationalen Ruhm entfernt war.

Drei Wochen nach dem Erscheinen der Single wurde Kylie daheim in Melbourne von ihrer Mutter mit der Nachricht geweckt, dass jemand aus England für sie am Telefon sei. Sie gab sich zunächst mürrisch, da sie fürchtete, es handle sich um einen britischen Journalisten auf der Suche nach einer morgendlichen Sensation. Stattdessen aber war es das Büro von PWL, das ihr zum Platz 1 gratulieren wollte. Es sollte die erste Single innerhalb eines Jahrzehnts werden, die sich fünf Wochen lang an der Spitze der Charts hielt. Jeder Schritt in Kylies geplanter Eroberung der Welt war alles andere als ein »glücklicher Zufall«, nämlich sorgfältig durchdacht. Als sie Interviews über ihren neuesten Erfolg gab, gestand sie, dass ihre Zukunft bei *Neighbours* unsicher sei, obwohl ihr Vertrag noch sechs Monate lang lief: »Ich habe *Neighbours* gemacht, seit ich mit der Schule fertig bin. Da ist es wohl verständlich, dass ich gern etwas anderes machen würde. Gerade jetzt wäre ich zum Beispiel in London, wenn ich könnte, aber ich habe meine Verpflichtungen bei *Neighbours*.« In Wahrheit war Kylie innerhalb von 18 kurzen Monaten aus der hausgemachten australischen Soap herausgewachsen. Als sie die Serie im Juni 1988 hinter sich ließ, erhielt sie als Abschiedsgeschenke einen Mahagonispiegel und eine gerahmte Collage ihrer gesammelten Zeitschriftentitelbilder. Ihre letzte Folge, in der Charlene zu einem neuen Leben in Queensland aufbricht, wurde in Großbritannien im Oktober ausgestrahlt, als sie gerade mit ›Je Ne Sais Pas Pourquoi‹ (Pete Watermans Lieblingsstück unter seinen Kylie-Songs) ihren dritten Platz-1-Hit in Folge landete. Sogar noch besser hatte Kylie in Finnland abgeschnitten, wo ihre ersten vier Platten auf Platz 1 landeten – ein Rekord.

Kylie war noch immer ein Teenager. Im Alter von 19 Jahren war sie jedoch schon so was wie eine reifere Dame im Vergleich zu dem Mädchen, das sie von Platz 1 vertrieb, der 16-jährigen Tiffany mit ihrem ›I Think We're Alone Now‹. Dem Mädchen aus Oklahoma mit den kastanienroten Haaren wurde eine große Zukunft vorausgesagt, aber es gelangen ihr nur noch zwei weitere Hits unter den ersten zehn, und binnen eines Jahres fand sie sich unter den Ladenhütern wieder. Ihr Abstieg ist eine heilsame Lektion, die daran erinnert, wie schwer es ist, sich in einem derart kurzlebigen Geschäft ein Jahr lang zu halten, ganz zu schweigen von 15 Jahren. Kylie aber hatte wahrscheinlich das beste erste Jahr in den Single-Hitparaden, das eine weibliche Künstlerin je für sich verbuchen durfte.

Stock, Aitken und Waterman waren für die Rolle des britischen Gegenstücks von Tamla-Motown reichlich unwahrscheinliche

Kandidaten. Sie waren einander 1984 begegnet, als keiner von ihnen gerade Höhenflüge in seiner Karriere erlebte. Waterman war ein scharfzüngiger, aber geselliger ehemaliger DJ des Mecca Ballroom, Aitken ein früherer Gitarrist auf einem Kreuzfahrt-Liner und Stock hatte zuvor in einer Hotel-Band gespielt – alle drei waren also nicht eben Popgrößen. Und dennoch etablierten sie sich für ein paar Jahre als großartigste Hit-Produktionsmannschaft der Welt. Mike Stock zufolge hatte der vor Selbstvertrauen strotzende Waterman seinen Kollegen erklärt: »Haltet euch an mich, Jungs, und ich werde euch zeigen, wie man eine Platte macht, die ein Hit wird.« Und genau das tat er. Die Liste ihrer Stars las sich zu jener Zeit wie ein Verzeichnis all derer, die nicht »in« waren: Samantha Fox, Sinitta, Sonia, Hazell Dean, Mel & Kim, Rick Astley, Bananarama … und der lockenköpfige Soap-Star Kylie Minogue. Ihr Ziel war es, die klassischen Hit-Singles mit drei Minuten Spielzeit zu produzieren. Nicht gerade eine bahnbrechende Idee. Waterman erklärte: »Wir haben die Popmusik zurück zu den Leuten gebracht, die die Platten kaufen, nicht zu den Journalisten, die diesen Leuten Predigten halten.« Sie machten sich daran, Hörer für sich zu gewinnen, die mit »Woolworth-Ohren« zuhörten.

Die handwerklichen Fähigkeiten hinter der Produktion einer Stock-, Aitken- und Waterman-Platte werden schnell unterschätzt und ebenso leicht lässt sich behaupten, alle Platten würden gleich klingen. Das Team produzierte Ohrwürmer mit einer griffigen Melodie. Der Musik-Autor Spencer Bright erinnerte sich: »Wie jeder zu jener Zeit fand ich Stock, Aitken und Waterman einigermaßen grauenhaft. Aber es ließ sich nicht leugnen, dass man ihre Musik mitsummen konnte und dass sie ihr Handwerk verstanden.«

Und die Texte waren clever. Keiner davon versuchte, innerhalb von drei Minuten die Welt zu retten. Stattdessen konzentrierten sie sich auf Schlüsselemotionen, von denen das junge, beeinflussbare Publikum, das die Platten kaufte, sich angesprochen fühlen würde. So gibt es zum Beispiel eine verblüffende Anzahl von SAW-Platten, die das Wort »heart« im Titel führen. Kylie brachte ›Hand On Your Heart‹ heraus, Jason ›Too Many Broken Hearts‹, Rick Astley ›Take Me To Your Heart‹, Sinitta ›Cross My Broken Heart‹, Sonia ›Listen To Your Heart‹, Dead Or Alive ›My Heart Goes Bang‹ und Cliff Richard ›I Just Don't Have The Heart‹. Abgesehen von dieser höchst einfachen Vorgehensweise wurde alles verbannt, das Gefühle hätte verletzen können, also gab es keinen Sex und kein schlechtes Ende. Und kein »baby«, das Mike Stock als das am meisten als Klischee missbrauchte Wort der Popmusik betrachtete. Die satirische Zeitschrift *Punch* verfasste 1989 einen parodistischen Stock-, Aitken- und Waterman-Song für ihre Winter-Sonderausgabe. Sie nannten ihn ›Your Arms Are In My Heart‹.

Die Bestsellerliste für Stock, Aitken und Waterman in Großbritannien 1988 liest sich folgendermaßen:

Künstler	Song	Verkauf
1. Kylie Minogue	›I Should Be So Lucky‹	672 568
2. Kylie Minogue	›The Loco-Motion‹	439 575
3. Kylie Minogue	›Je Ne Sais Pas Pourquois‹	315 201
4. Kylie Minogue	›Got To Be Certain‹	278 000
5. Jason Donovan	›Nothing Can Divide Us‹	266 194
6. Brother Beyond	›The Harder I Try‹	232 000
7. Rick Astley	›Together Forever‹	223 112
8. Brother Beyond	›He Ain't No Competition‹	202 000
9. Rick Astley	›She Wants To Dance With Me‹	182 793
10. Bananarama	›I Want You Back‹	175 000

Kylie hatte die Konkurrenz im Stall von Stock, Aitken und Waterman weit abgeschlagen. Waterman zufolge war Kylies Erfolg das Schlimmste, das ihm je passiert war: »Das ist nicht gegen Kylie gerichtet, aber sie war einfach derart erfolgreich, dass ich mich diesem Erfolg anpassen musste. Und ich wollte eben nicht, dass meine Firma eine Kylie-Firma wurde, sosehr ich diese Künstlerin auch liebte und egal, wie sehr die vergangenen Jahre gezeigt haben, was für eine wundervolle Künstlerin sie ist und wie stolz ich auf sie bin.«

Nostalgische Gefühle sind ziemlich in Mode im Großbritannien des neuen Jahrtausends, und die Kylie Minogue der Stock-, Aitken- und Waterman-Epoche bildet dabei keine Ausnahme. Wie Spencer Bright erkannte: »Heute urteilen wir nicht mehr so hart über einen kommerziellen Sound.« Damals jedoch gab es eine enorme Welle von Anti-Kylie-Gefühlen, einschließlich Anstecknadeln mit der Aufschrift »I Hate Kylie Minogue« (Ich hasse Kylie Minogue) und satirische Versionen ihrer Stücke wie ›I Should Feel So Yucky‹ (Wenn ich mich mal so widerlich fühlen würde, Anm. d. Übers.) und ›I'm a Lucky Ducky‹ (Ich bin ein glückliches Entlein, Anm. d. Übers.). Ein Großteil der Kritik wurde durch Neid hervorgerufen, besonders weil es sich bei PWL um ein unabhängiges Label handelte, das extra gegründet worden war, um Kylie-Platten zu produzieren. Unabhängige Labels aber boten traditionell eher avantgardistischen Sounds, wie dem von The Smiths und später Oasis, ein Zuhause. Waterman erklärte: »Wir brachten die Leute unglaublich auf die Palme, weil jede Platte, die wir herausbrachten, die unabhängigen Charts beherrschte. Kylie Minogue stand auf Platz 1 der unabhängigen Hitparade! Das war populär.«

Kylie ihrerseits liebte den Ruhm, aber die Kritik traf sie hart. Sie ist so unverwüstlich, wie ihr Name es ihr in die Wiege legt – Kylie ist das Wort der australischen Ureinwohner für Bumerang –, aber sie hasste die Angriffe gegen SAW: »Sie wurden von derartig vielen Leuten so schlimm beschimpft, und ich genauso. Wir saßen alle zusammen im selben Boot. Und jetzt sagen sie alle: Oh, was für tolle Songs.«

Jason Donovan hungerte verzweifelt nach zumindest einem Scheibchen des Ruhms, den seine Freundin genoss. Von dem Moment an, an dem Kylie ihre Platte herausgebracht hatte, begannen Spekulationen darüber, dass »Scott« es ihr gleichtun würde. Einmal begleitete er Kylie zur Aufnahme nach London. Pete Waterman lud sie beide in ein chinesisches Restaurant zum Essen ein und fragte Kylie, ob sie wolle, dass er mit Jason arbeitete. Ihre Antwort war ja, und damit war der Deal besiegelt. Es sagt eine ganze Menge, dass dieser Abschluss auf Kylies Wort hin zustande kam.

Wann immer Kylie und Jason sich beide gleichzeitig in London aufhielten, wohnten sie zusammen, aber genau wie bei *Neighbours* und bei Mushroom Records wurde ihre wahre Beziehung geheim gehalten. Zu der Zeit war dies wahrscheinlich eines der am schlechtesten gehüteten Geheimnisse im ganzen Showgeschäft, aber verblüffenderweise brachte niemand einen Bericht darüber, obwohl bereits Fotos des Paares bei einem Ferienaufenthalt auf Bali veröffentlicht worden waren. Ein PWL-Insider erklärte: »Es war reichlich bizarr, weil wirklich jeder Bescheid wusste. Sie gingen ja ständig Hand in Hand und küssten sich im Auto.« Anders als allgemein angenommen gingen Jasons Blicke bereits auf Wanderschaft, lange bevor Michael Hutchence Kylie den Kopf verdrehte. Ihm ging es wie dem Kind im Bonbonladen, als er zum ersten Mal zur Promotion-Tournee nach London kam. Derselbe Insider berichtete: »Sie [Kylie] stand total dahinter [hinter der Beziehung], und ich weiß noch, wie er erzählte, sie sei wirklich scharf auf ihn und so weiter. Aber er sagte auch: ›Ich bin ein junger Mann, und ich will mich einfach amüsieren, solange ich hier bin – sie dagegen möchte, dass wir das Ganze ernster nehmen.‹ Ich nehme an, dass das vermutlich für Spannungen zwischen ihnen sorgte. Dass es zum Bruch kam, war unvermeidlich.«

Interessanterweise diente die Entscheidung, die Beziehung geheim zu halten, zu jener Zeit gleichermaßen dem Schutz von

Jasons Karriere als auch der von Kylie. Zwei Jahre lang war Jason der absolute Traumprinz für Teenies. Er war noch zu haben, und jedes Mädchen, das für die Schule büffelte oder hinter einem Ladentisch bediente, träumte von der Chance, einmal mit ihm auszugehen. Bei all dem geht es lediglich um Phantasien, und anders als Jason hat die lebensklügere Kylie dies nie aus den Augen verloren, weder als Mädchen von nebenan noch als erotische Traumgestalt.

Der Höhepunkt der Phantasie-Verbindung zwischen Jason und Kylie fand bei ihrem Nummer-1-Hit ›Especially For You‹ statt, das entweder abgeschmackt und zynisch ist oder das beste Liebeslied, das je geschrieben wurde, je nachdem, ob man plüschige Schmusetiere mag oder nicht. Es war ›Pop-Schmalz‹, ein Nudelgericht des Pop, beliebt, aber nicht nach jedermanns Geschmack. »Wir wollten das Stück nicht machen«, berichtete Waterman, der befürchtete, es könne als zu kitschig angesehen werden. Letzten Endes aber überzeugten ihn der Druck der Öffentlichkeit und die Tatsache, dass Kylie es für eine gute Idee hielt. Sie beschrieb das Duett lediglich als eine Erweiterung der gemeinsamen Arbeit von ihr und Jason: »Alles andere hatten wir doch schon zusammen gemacht.« Waterman und Matt Aitken flogen nach Sydney, um die Gesangsparts des Paares aufzunehmen, dann sprangen sie in den nächsten Flieger heimwärts und fuhren direkt ins Studio, wo sie sich an die Mischpulte setzten, um das Stück zu einem Weihnachtshit zu machen. Alles in allem nahm die Arbeit nicht einmal drei Tage in Anspruch.

In beruflicher Hinsicht gab es keinen Weg, den Jason und Kylie gemeinsam hätten gehen können, und schon bald entwickelte sich auch ihr Privatleben steinig. Auf der Party, die zu Kylies 21. Geburtstag in Melbourne stattfand, standen die Zeichen bereits an der Wand. Ein glänzender, weißer Mercedes beförderte Kylie und Jason zum schicken Red Eagle Hotel im Albert Park, wo eine gewaltige Fanmasse und beinahe ebenso viele Journalisten warteten, um einen Blick auf ihre Heldin zu erhaschen. Kylie, deren Modebewusstsein sich beständig weiter entwickelt hatte, trug ein halb durchsichtiges schwarzes Seidenkleid, und als sie sich aus dem Vordersitz erhob, drängte die gesamte Menschenmenge nach vorn, um ihr zum Geburtstag zu gratulieren. Jason, der vom Rücksitz krabbelte, war völlig vergessen – so sehr, dass ein Rausschmeißer, kaum hatte jemand anderes Kylie durch die Eingangstür geleitet, diese Jason vor der Nase zuschlug. Kylie musste im Foyer warten, bis jemand zu seiner Rettung eilte und ihn wieder an ihre Seite führte.

Das Aufnahmesystem, das die Hit Factory praktizierte, hatte zur Folge, dass Kylie weit mehr an der Post-Produktionsphase beteiligt war als an der tatsächlichen Herstellung des Kylie-Sounds. Einer aus dem berühmten Trio ließ Berichten nach einmal verlauten, dass Kylie auch ins Mikrophon hätte rülpsen können und damit immer noch einen Hit gelandet hätte. Eine arrogante Ansicht, die bei ›Kylie Minogue Limited‹ sicher nicht gut angekommen wäre. Aber dies war eine knallharte Fließbandproduktion, und die Künstler konnten entweder bleiben und den holperigen Ritt mitmachen, oder – wie Rick Astley – das Pferd wechseln. Ein einziges Mal gab es hier tatsächlich einen »glücklichen Zufall«, als Rick Astley seinen Abschied nahm und einen Song fix und fertig zurückließ. Gleich am folgenden Tag, als Jason zur Tür hereinkam, erklärte ihm Waterman, er habe einfach *den* Song für ihn gefunden – und so nahm Jason ›Too Many Broken Hearts‹ auf.

Nach dem Debakel des ersten Verrisses, den die englische Presse ihr verpasste, ließ sich Kylie niemals wieder von den Medien kalt erwischen. Stattdessen wurde eine neue umgekrempelte Kylie, hübsch verpackt und immer ohne Fehl und Tadel, der Welt präsentiert. Hinter der lächelnden Fassade spürte Kylie die Belastung durchaus, doch an der Oberfläche hielt sie sich an die Vorgaben des Unternehmens und zeigte sich als das normalste Mädchen der Welt – als wenn ihr von Glanz und Glitter überzogenes Leben je normal gewesen wäre. Sie forderte nie zu Kontroversen heraus. Immer erklärte sie, sie sei müde, aus dem einen oder anderen Grund müde, und immer begleitete sie dies mit einem breiten Zahnpasta-Lächeln. Man fragte sie, ob sie gerne in Übersee leben würde, und sie gab zurück: »Australien wird immer mein Zuhause sein«, was die Frage nicht im Geringsten beantwortete. Es sollte nicht lange dauern, bis London zu ihrem ständigen Zuhause wurde.

Kylie ist eine wesentlich bessere Schauspielerin als ihr zugestanden wird, und sie ist mehr als eine Meisterin darin, sich nicht in die Karten blicken zu lassen. Der frühere Pop-Kolumnist Rick Sky gab ihr den ersten Platz auf seiner Liste der schlimmsten Interview-Partnerinnen, auch wenn er zugab, dass ihre Schönheit für manches entschädigte. »Sie war unglaublich verschlossen«, erinnerte er sich. »Das führte dazu, dass ich mich fragte, was ein neunzehnjähriges Mädchen denn wohl zu verbergen hatte. Sie setzte ein richtiges Pokergesicht auf, und zu welchem Thema ich sie auch befragte, sie ließ mich bei allem ins Leere laufen.« Anfangs machte Kylie sich Sorgen, sie könne etwas über Jason durchblicken lassen oder über die Gerüchte zum Thema Magersucht befragt werden. Nach einiger Zeit jedoch wurde es ihr zur zweiten Natur, nichts preiszugeben, oder genauer gesagt, nur exakt so viel, wie viel sie selbst gern wissen lassen wollte.

Zudem hatte sie Rückendeckung. Andrew Watt, ein aus Melbourne stammender Musik-Journalist, war von Mushroom beauftragt worden, Kylies Fanzine-Ausgabe zu verfassen, jene Weichzeichner-Biographie, die jeder Star wie die Luft zum Atmen braucht. Er wurde außerdem auf Pressekonferenzen günstig platziert, um die Dinge in andere Bahnen zu lenken, falls irgendwelche unbequemen Fragen über Oben-ohne-Fotos oder Gewichtsverlust aufkamen. In einem solchen Fall hob Watt die Hand und fragte in völlig ernsthaftem Ton: »Also, Kylie, wie ist es denn so, mit Pete Waterman zu arbeiten?« Schon bald gewöhnte Kylie sich an, auch ohne ihre »Mannschaft« auf solche Fragen abzulenken.

Das hinderte sie jedoch nicht daran, von Zeit zu Zeit in ein Fettnäpfchen zu treten. Als sie Ende 1989, vor Nelson Mandelas »Marsch in die Freiheit«, in Südafrika war, wurde sie gefragt, was sie zur Situation in dem Land denke. Sie gab zur Antwort: »Ich finde, sie sollten aufhören, die Nashörner umzubringen.« Nachdem dies einmal gesagt war, ließ es sich nicht mehr ungeschehen machen, obwohl Kylie den Bericht, als er erschien, bestritt und behauptete, der Journalist habe offenbar ein »starkes Hassgefühl gegen mich« gehegt. Die Kylie der 90er Jahre hätte vielleicht erklärt, sie habe die Äußerung ironisch gemeint, aber damals, in der Anfangszeit ihrer Beziehung mit Michael Hutchence, gehörte es nicht zu ihrem Image, die hirnlose Blondine zu spielen. Als »gebranntes Kind«, wie sie selbst es bezeichnete, schwor sich Kylie, dass sie sich niemals wieder in ähnlicher Weise erwischen lassen würde.

Das hat zu einigen peinlichen Gesprächen geführt, für die es kein besseres Beispiel geben kann als jenes, bei dem sie für die Zeitschrift *Select* zusammen mit Bobby Gillespie, dem Frontman der Gruppe Primal Scream, ein Interview gab. Es war der Abend nach den Wahlen in Großbritannien von 1992, welche die Tory-Party (Konservative, Anm. d. Übers.) unter John Major gewonnen hatte.

Gillespie: Was ist denn Ihre Meinung zu gestern Abend, Kylie? Wir fanden es echt zum Kotzen.
Kylie: Ich möchte meine Meinung lieber nicht kundtun. Ich habe diesen Fehler bereits einmal begangen [Nashörner?] und das ist völlig über jedes Maß hinaus übertrieben worden. Also habe ich mir geschworen, nicht mehr darüber zu reden. Nie mehr.
Interviewer: Was ist denn geschehen?
Kylie: Ich möchte noch nicht einmal darauf näher eingehen, das ist wie das alles noch einmal heraufbeschwören. Ich interessiere mich für Politik, aber ich beteilige mich nicht. Ich interessiere mich für die Umwelt (Nashörner?).

Gillespie: Na schön, wir scheren uns einen Dreck um die Umwelt … uns sind Menschen wichtiger.
Interviewer: Kylie, über Ihre Aufmachung als Sex-Kylie ist schon viel gesprochen worden …

Die Kontrolle, die Kylie selbst, Terry Blamey und Ron Minogue auf alles, was mit Kylie zu tun hatte, ausübten, entwickelte sich allmählich zu einem Würgegriff. Das wichtigste Gut, über das Kylie verfügte, war nicht ihre Stimme, ihr Gesicht, ihre Haare und noch nicht einmal ihr Po – es war ihr Image, und davon waren sie alle ein Teil. Nichts durfte die strenge Reglementierung dieses Images stören, weder ihre Beziehung mit Jason Donovan noch die subtilen Veränderungen in ihrem Kleidergeschmack, ihren Videos oder ihrer Musik. ›Better The Devil You Know‹, ›Shocked‹ und ›What Do I Have To Do‹ waren nachdenklicher als ihre »Charlene-Songs« ›I Should Be So Lucky‹ und ›Got To Be Certain‹. Kylie hat die Tatsache, dass ihre Fangemeinde »mit ihr zusammen erwachsen geworden ist«, oft als einen Grund für ihre anhaltende Anziehungskraft genannt.

Es kam ihrem sich verändernden Image alles andere als zugute, dass die Grundy-Produktionsfirma ein Jahr, nachdem sie aus *Neighbours* ausgestiegen war, ein Video mit dem Titel *Scott and Charlene: A Love Story* herausbrachte. Zu Recht fürchtete Kylie, als Charlene typisiert zu werden, wenn dieser zuckersüße Kitsch Jahr für Jahr die Regale füllte. Bei PWL hatte man bereits bemerkt, dass sie sich auf natürliche Weise zu einer modebewussten jungen Frau entwickelte und begann, Kleider zu tragen, die ihr besser standen als die Uniform aus Jeans und Pullover aus der Charlene-Zeit. Kylie beschloss, eine Klage einzureichen, geriet jedoch an einen Vorsitzenden Richter, der erklärte, er habe vor Beginn des Prozesses noch nie von Kylie Minogue gehört und »das Video mit dem Schnell-Vorlauf überflogen, da er nicht bereit sei, anderthalb Stunden damit zu verbringen, es anzusehen«. Dieser Richter fällte sein Urteil gegen Kylie und betonte, offensichtlich habe doch der Erfolg der Serie *Neighbours* ihre Karriere überhaupt erst in Gang gebracht.

Zu behaupten, Kylie sei sauer gewesen, ist eine Untertreibung, und aus ihrer Meinung zu diesem Thema machte sie gewiss keinen Hehl: »Es geht nicht einmal um *Neighbours*. Dafür habe ich nicht diese mickrige Gage [Aus $ 2000 pro Woche] erhalten … Ich habe eine Menge Zeit darauf verwendet, von Charlene wegzukommen. Ich weiß, dass manche Leute sagen: ›*Neighbours* hat dich zu dem gemacht, was du bist.‹ Aber so war's nicht. Das ist Ausbeutung.«

Kylie war bei PWL unter einem Fünfjahresvertrag, und nach nur einem Jahr war sie bereits Millionärin. Ihr Vermögen wurde mit Umsicht von ihrem Vater Ron angelegt, der sich als äußerst zäh im Umgang mit den Machenschaften der Pop-Welt erwies. Als Waterman sich zur Aufnahme von ›Especially For You‹ in Australien aufhielt, hielt Minogue senior ihm praktisch das Messer an die Brust und verlangte, dass Kylie etwas von ihrem schwer verdienten Geld zu sehen bekam. Der überrumpelte Waterman musste an Ort und Stelle einen Scheck über einen bedeutenden Betrag auf Kaydeebee ausstellen. Ein Teil dieses Geldes wurde unverzüglich als Anzahlung für ein Haus in Melbourne, das Aus $ 500 000 kosten sollte, verwendet, obwohl Kylie klar war, dass sie, wenn überhaupt, nur äußerst selten dort wohnen würde. Wichtiger aber war ihr immenser Stolz als Künstlerin, und während sie erwachsen wurde, wurde sie sich zugleich mehr und mehr über das bewusst, was ihr als Mangel an Respekt für ihre Leistung erschien. Ihr Debüt-Album wurde zum meist verkauften Album, das je von einem weiblichen Künstler herausgebracht worden war. Das genügte, um jedermanns Aufmerksamkeit zu erregen. Dennoch glaubte sie nicht, plötzlich besser ohne Stock, Aitken und Waterman zurechtzukommen. Es war ein allmählicher Prozess, der ihr, wie Jason Donovan sich erinnerte, viel Kopfzerbrechen bereitete: »Kylie machte sich mit dieser ganzen Stock-, Aitken- und Waterman-Sache mächtig das Leben schwer. Ich habe mich immer gefragt: ›Warum macht sie das bloß?‹ Soll sie doch gehen, wenn es ihr nicht mehr passt, einfach gehen.«

Die Hit-Factory war keine kuschelige Wir-haben-uns-alle-lieb-Organisation. Es war eine Fließband-Produktion, und Kylie-Minogue-Schallplatten standen ununterbrochen auf dem Produktionsplan. Waterman hegte großen Respekt für Kylie als Geschäftspartnerin, gab aber zu, dass er persönlich den Kontakt mit seinen Interpreten nie »zu eng« werden ließ. »Wir arbeiten mit Künstlern. Mit Freunden arbeiten wir nicht. Ich bin immer der Meinung, es ist gefährlich, sich zu eng an einen Künstler zu binden. Dabei wird man grundsätzlich enttäuscht, weil die Künstler einen zum Trottel machen.« Diese radikalen Ansichten hinderten Waterman nicht daran, Kylie und ihre Mutter Carol in seiner Wohnung über dem Aufnahmestudio wohnen zu lassen (er selbst zog so lange in ein Hotel), während Kylie ihr erstes Album aufnahm. Sie hinderten Waterman auch nicht daran, Kylie zu einem Aufenthalt in seinem Landhaus einzuladen, wo sie sich ihrer Liebe zu Pferden hingeben konnte. Zu dieser Zeit wurde Kylie wegen ihrer neuen Beziehung mit Michael Hutchence gejagt und brauchte dringend einen Rückzugsort. Eines Morgens, es war ein Sonntag, scheute Kylies Pferd vor einem Milchwagen und galoppierte davon. Waterman, in Panik, weil seine wichtigste Künstlerin in Gefahr sein mochte, nahm auf seinem mächtigen Grauschimmel die Verfolgung auf, musste aber bald feststellen, dass er im Zuge dieses furiosen Galopps völlig die Kontrolle über das Tier verloren hatte. Statt als Retter aufzutreten, hatte er jetzt selbst Rettung nötig. Er wurde abgeworfen und verfing sich mit einem Fuß im Steigbügel. Er trug einen Reiterhelm, somit bekam nur sein Selbstbewusstsein ein paar Stöße ab, während er mitgeschleift wurde. Auf einmal tauchte praktisch aus dem Nichts Kylie auf und stoppte sein Pferd, sodass es ihn nicht weiter die Straße entlang zerren konnte.

Die einzige Ausnahme, die SAW sich bei seiner »Keine-Kumpelei«-Arbeitsphilosophie gestattete, war Jason Donovan. Waterman erklärte: »Er war ein Kumpel, und er wurde auch wie ein Kumpel behandelt. Wir mochten den Jungen einfach wirklich gerne.« Jason teilte Watermans Leidenschaft für Autos, und oft entwischten die beiden zusammen nach Silverstone, um sich ein Autorennen anzusehen.

Während Kylie immer selbstbewusster wurde, empfand sie ihre geschäftliche Routine bei der Hit Factory nicht mehr so, wie sie sie haben wollte. Regelmäßig kam sie ins Studio, ihre Backgroundmusik wurde ihr vorgespielt, die Texte ausgedruckt, und dann ging Mike Stock das Ganze mit ihr durch und machte sie auf ihre Einsätze aufmerksam. Anschließend trat sie sofort vor das Mikrophon und zog ihre Aufnahme in einem oder höchstens zwei Zügen durch. Kylie war frustriert: »Ich wollte einfach ein bisschen mehr beteiligt sein. Ich kam schließlich an den Punkt, an dem es mich nicht mehr befriedigte, gesagt zu bekommen: ›Geh mal und trink einen Tee, bis wir dich rufen.‹«

Kylies Problem bestand in der Frage, wie sie sich aus den Ketten, die sie an PWL banden, befreien sollte. Um noch einmal auf den Vergleich mit Hollywood zurückzukommen, erinnert Kylies Entwicklung an die der jungen Judy Garland (abzüglich Drogen). Die kleinwüchsige Garland war in ähnlicher Weise als Kinderstar in eine Falle geraten, wurde von Companies beherrscht und kämpfte verzweifelt darum, das Kindfrau-Image loszuwerden, das ihren Ruhm ursprünglich begründet hatte. Auch sie wurde zu einer Ikone der Schwulen, die sich von ihrer Mischung aus Knabenhaftigkeit und Verletzlichkeit magnetisch angezogen fühlten. Kylie warf ihre Ketten in einer rebellischen, aggressiven Weise ab. Die blonde Perücke und der ultrakurze Rock ihrer »Hutchence-Ära« waren eine tollkühne Absichtserklärung. Dies wurde untermauert durch ihre wachsende künstlerische Beteiligung an ihren Videos und durch den Einsatz von Produzenten, die von Stock, Aitken und Waterman unabhängig waren.

Kylie war zu Pete Waterman gekommen und hatte ihm erklärt, sie wolle gern mit Matt Aitken und Mike Stock zusammen

Songs schreiben. Er gab zurück, das sei unmöglich, weil sie zu dritt als eine Einheit arbeiteten. Er sagte ihr, sie müsse sich jemand anderen suchen. Waterman war sich über Kylies Eigensinn in Bezug auf ihre Karriere bewusst, bezeichnete sie zugleich aber als seinen »Star-Mittelstürmer«. Möglicherweise hatte die Hit Factory unterschätzt, wie stark und wie motiviert Kylie wirklich ist. Die selbstbewusstere Kylie von heute würde nur allzu bereitwillig zugeben, dass ihre Karriere die wichtigste Rolle in ihrem Leben spielt. Das Popgeschäft ist keine Spielerei für sie. In ihr haben wir kein kleines Püppchen vor uns, das lediglich die Zeit herumbringt, bis der richtige Mann zum Heiraten auftaucht.

Mike Stock erkannte bereits frühzeitig, nämlich schon 1990, dass Kylie nach dem massiven Erfolg, den sie in den vergangenen zwei Jahren genossen hatte, sich nicht damit zufrieden geben würde, einfach aufzutauchen und zu singen. Er sagte voraus: »Nur allzu bald wird sie alles selber tun wollen, und wir werden dabei keine Rolle mehr spielen.« Kylie blieb bei Stock, Aitken und Waterman, bis ihr Vertrag abgelaufen war. Als Jason den Stall 1991 verließ, war sie die Letzte, die von den ursprünglichen Künstlern noch übrig war. Jason betrachtete sich selbst als streitbaren Rockstar – mit Gitarre, zerzaustem Haar und Jeans, einem Image, das Lichtjahre von dem sauberen Popstar, den SAW verlangte, entfernt lag. Letzten Endes landete Jason als Star in einem Andrew-Lloyd-Webber-Musical, das über noch weniger Glaubwürdigkeit verfügte als jegliches Erzeugnis aus der Stock-, Aitken- und Waterman-Produktion.

Kylie landete unter dem Etikett von PWL 20 Hits in Folge, darunter vier Spitzenreiter. Eine Zeit lang schien es, als würden zwischen Kylie und ihren drei Mentoren die Messer gewetzt. Kylie hatte das Bedürfnis, sich von ihnen abzusetzen. Inzwischen aber haben sie und Waterman sich wieder versöhnt und empfinden Bewunderung für einander. Kylie hat gestanden, dass sie eine Million Meilen weit von PWL davongerannt wäre, um erfolgreich das Bild, das die Öffentlichkeit von ihr hatte, zu verändern.

Heutzutage hat sie »Ehrfurcht vor jener Zeit« und vor der Fähigkeit des Trios, einen Hit nach dem anderen auszuspucken. Sie hat sogar verlauten lassen, sie würde eine erneute Zusammenarbeit mit Pete Waterman nicht ausschließen. Ironischerweise kam es innerhalb des Triumvirates selbst zum Bruch. Man fand sich vor Gericht wieder, Stock und Aitken auf der einen und Waterman auf der anderen Seite einer Schlacht um Kylies ältere Aufnahmen.

Kylie behütet: »Ich wollte selbst entscheiden dürfen, ob ich im Studio bleiben wollte, und nicht auf eine Tasse Tee hinausgeschickt werden.«

Kylie –   verletzlich

In Stock, Aitken und Watermans Hit Factory machte sich jedermann Sorgen um das kostbarste Gut des Unternehmens. Kylie arbeitete sich selbst in Grund und Boden. Es war ein nicht enden wollender Kreislauf von Aufnahme-Sessions, Fototerminen, Fernsehauftritten und dazu die Tretmühle, die mit jeder Jagd nach Ruhm einhergeht. Und die beschränkte sich nicht allein auf Großbritannien. Kylies Popularität hatte sich in Europa explosionsartig entwickelt, und so musste sie kreuz und quer über den Kontinent hetzen, um die ständigen Forderungen nach ihrer Zeit zu erfüllen. Sie steuerte rasant auf einen Nervenzusammenbruch zu. Ein Insider der Hit Factory erklärte: »Kylie war jung und zerbrechlich, denn sie war ein ziemlich schmales, kleines Ding, also forderte das Ganze seinen Tribut. Ich bin nicht der Ansicht, dass wir sie zu Tode gehetzt hätten, aber im Rückblick betrachtet, hätten wir es schon ein bisschen ruhiger angehen lassen können. Sie war äußerst müde, entkräftet und stellte dauernd Fragen wie: ›Muss ich denn das wirklich alles machen?‹«

Sie hatte Heimweh, fühlte sich einsam und versuchte, mit der allmählichen Auflösung ihrer Beziehung mit Jason Donovan zurechtzukommen. Ihre Schwester Dannii verriet, dass Kylie zu dieser Zeit jeden Tag zu Hause anrief und Trost bei ihrer Familie suchte. Kylie selbst hat zugegeben, dass sie nicht mehr schlafen oder essen konnte und ununterbrochen weinen musste.

Es war alles zu viel für sie geworden und höchste Zeit, dass Terry Blamey sich einschaltete. Im Laufe der Jahre hat Terry sich als ein ausgezeichneter Manager für Kylie erwiesen, er stand

›Kylie Minogue Limited‹ mit seiner Unterstützung und seinem verlässlichen Geschäftssinn immer zur Verfügung. Doch damit nicht genug – er ist immer für sie da gewesen. Er verstand, dass Kylie genug hatte, und nach einer Beratung mit Pete Waterman setzte er sie in ein Flugzeug nach Hause, nach Australien, wo sie zwei Monate in ihrem Elternhaus verbringen und sich erholen sollte. Dort tat sie absolut nichts, genoss, dass sie morgens bis in die Puppen im Bett liegen konnte, unternahm lange Spaziergänge mit ihrem Hund Gabby, ging in der Chapel Street einkaufen und traf sich mit ihren alten Freundinnen in St Kilda auf einen Kaffee. Pete Waterman, der immer größten Respekt vor Kylies Talent hatte, bemerkte: »Sie war ein zierliches Mädchen, und sie stand offensichtlich unter einem enormen Arbeitsdruck, also fühlte sie sich natürlich die Hälfte der Zeit über erschöpft.«

Es war nicht das erste Mal, dass Kylie von Stress und Erschöpfung geplagt wurde, und es sollte nicht das letzte Mal sein. Kylie ist nicht das hartgesottene Stehaufmädchen, das mancher in ihr vermuten mag. Sie verfügt über eine enorme Antriebskraft und Motivation, aber von Zeit zu Zeit lässt ihr Körper sie im Stich. Bereits vor langer Zeit, nämlich im Februar 1988, als ihre erste britische Single ›I Should Be So Lucky‹ gerade auf Platz 1 stand, reiste Jane Oddy, eine englische Musikjournalistin, nach Melbourne, um mit der 17-jährigen Kylie während einer Pause in ihrem grauenhaften Arbeitsplan bei *Neighbours* zu Mittag zu essen. Jane war erstaunt darüber, wie erschöpft Kylie wirkte: »Sie war am Ende ihrer Kräfte und unglaublich dünn.« Kylie berichtete Jane von dem Effekt, den ihr unmenschlicher Terminkalender auf sie hatte: »Ich habe keine Freunde mehr, weil ich einfach zu müde bin, um mich zu unterhalten, und weil ich nie Zeit habe, auszugehen und mich mit Leuten zu treffen. Ich muss auf alles verzichten, das nicht unbedingt notwendig ist, und das ist außer essen so ziemlich alles.« Die Worte, die Kylie Jane zum Abschied sagte, erschienen ungewöhnlich wehmütig für ein 17-jähriges Mädchen: »Eines Tages würde ich gerne ein ganz normales Leben führen und nicht mehr von Leuten tyrannisiert werden, weil ich immer dünner werde.«

Überspringt man fast 14 Jahre, findet man Kylie wiederum ganz oben auf dem Gipfel, und die Popularität, der sie sich erfreut, ist größer denn je. Die Zeitschrift *The Face* schrieb über sie: »Sie kann nicht schlafen, kann sich nicht erinnern, welcher Tag gerade ist, sie steht mitten in der Nacht auf und weint.« Der Autor Chris Heath berichtete, dass Kylie ihren übervollen Terminplan mit leeren Batterien abwickle und ein wenig krank sei. In der Tat hatte sie den größten Teil des Jahres 2001 – womöglich ihr erfolgreichstes Jahr seit 1988 – damit verbracht, gegen eine Vielzahl derselben durch körperliche Erschöpfung verursachten Probleme zu kämpfen wie damals. Unglaublich daran ist, dass sich offenbar nichts Entscheidendes verändert hat. Sie holt das Letzte aus sich heraus, sodass sie auch weiterhin vom Zaubertrank des Ruhmes trinken kann.

Eines jedoch hat sich zum Besseren verändert. Kylie mag zwar unter der Führung von Stock, Aitken und Waterman ein Phänomen gewesen sein, aber die Art, mit der sie sowohl von der Presse als auch von der Öffentlichkeit behandelt wurde, war wirklich eine Schande. Jean Rook, die legendäre Fleet-Street-Kolumnistin des *Daily Express*, war daran vielleicht die Hauptschuldige. Die Rook war bei weitem die schlimmstmögliche Ausgabe einer aufdringlichen alten Dinosaurierin und erfreute sich eines Rufes, der zuweilen bereits ans Parodistische grenzte. Nicht umsonst hatte sie das Vorbild für die satirische Glenda Slag in der Zeitschrift *Private Eye* abgegeben. Sie nahm die arme Kylie mit giftsprühender Feder aufs Korn. Erst ein Monat war vergangen, seit Jane Oddy sich in Melbourne mit ihr getroffen hatte, und Kylie war noch immer erschöpft. Sie flog nach Heathrow, um die Songs für ihr erstes Album fertig zu stellen und für etwas Publicity zu sorgen, denn schließlich stand sie auf Platz 1 der britischen Charts. Kylie war schockiert von der mikroskopisch genauen Beobachtung, der die britische Presse jeden Prominenten unterzog, und so begann eine lebenslange Hassliebe mit den Boulevardblättern. In gewissem Maße war sie das Opfer eines tief sitzenden Rassismus, den die guten alten Briten allem, was aus Australien kommt, entgegenbringen.

Es war jedoch naiv von Kylie und ihrem Management zu glauben, die neueste Pop-Sensation und der Soap-Star könnten auf irgendeine Weise der Aufmerksamkeit der Medien entgehen. Kylie erkundigte sich bei ihrem Manager, womit sie auf dem Flughafen zu rechnen habe. Blamey riet ihr, sich zu entspannen und ein wenig zu schlafen, denn schließlich wisse ja niemand, dass sie mit diesem Flugzeug eintreffen würde. Er war so umsichtig gewesen, ihre Plätze erst zwei Stunden vor dem Abflug zu buchen. Unglücklicherweise jedoch hätte es auch keinen Unterschied gemacht, wenn er sie erst zwei Minuten vor dem Start gebucht hätte – die Telefonleitungen zwischen Melbourne und London liefen heiß, und den Hyänen der Fleet Street blieb genug Zeit, sich an der Autobahn entlang zu verteilen und dort auf ihre Beute zu warten. Kylie verließ das Flugzeug mit einer dunklen Sonnenbrille, einem alten Paar abgetragener Sandalen und einem Wickelrock.

Die Sache wurde auch dadurch nicht besser, dass Kylie von Bodyguards im Format von Ayers Rock begleitet wurde, die nicht gerade dem Typ entsprachen, den man gern zum Tee bei seiner Mutter einladen würde. Übles Benehmen von Bodyguards ist schon immer ein totsicherer Weg gewesen, in den Zeitungen zu landen, wie eine Liste überbeschützter weiblicher Stars von Madonna bis zu Britney Spears beweist. Bei dieser Gelegenheit brachte es schlichtweg jedermann auf.

Jean Rooks Kommentar lautete: »Vielleicht gehört es in Australien zum Stil, aus einem Flugzeug zu steigen und auszusehen, als sei man gerade dem Beutel eines Kängurus entstiegen, aber Kylie Minogue wirkte bei ihrer enttäuschenden Ankunft in Heathrow schlimmer als ein schlampig gekleidetes Mädchen von nebenan. Sie sah aus wie eine Qantas-Schlafdecke.« Das war noch der mildeste Teil. Sie fuhr fort, indem sie Kylie als eine »schmuddelige, trübsinnige Spinne aus dem Ofenrohr« beschreibt und vorschlug, Kylie solle doch bei einem wirklich glanzvollen Star wie zum Beispiel Joan Collins in die Lehre gehen. Die arme Kylie hatte vermutlich nicht die geringste Ahnung, wer Joan Collins überhaupt war. Rooks vernichtender Artikel traf mit der Veröffentlichung von Oben-ohne-Fotos von Kylie in der *Sun* zusammen. Es handelte sich dabei um die Aufnahmen, die etwa 18 Monate zuvor während ihres gemeinsamen Urlaubs mit Jason Donovan auf Bali Urlaub gemacht wurden.

Es war Zeit, die Schotten dicht zu machen. Terry Blamey befand, dass Kylie zumindest in diesem Moment zu viel Publicity zuteil wurde, sodass die Gefahr bestünde, ihr Publikum könne sie satt bekommen. Offiziell lehnte sie für eine gewisse Zeit sämtliche Interviews ab, weil sie Erholung brauchte, um ihre Batterien wieder aufzufüllen. Der Publicity-Zug war für eine Weile aufs Abstellgleis geschoben worden, und sogar Anfragen der australischen Medien wurden abgewiesen. Eine der wenigen Zeitungen, denen es gelang, zu ihr vorzudringen, war die *Melbourne Sun*, die innerhalb eines einzigen Jahres 150 Artikel über Kylie veröffentlicht hatte. Der Herausgeber Colin Duck erklärte dies damit, dass sie, sobald sie etwas über Kylie brachten, mehr Exemplare verkauften. So einfach war das und so ziemlich nach derselben Formel, die auch für das enorme Medieninteresse, das der verstorbenen Prinzessin Diana zeit ihres Lebens zuteil geworden war, gesorgt hatte.

Doch nicht allein die Presse machte Kylie das Leben schwer. Sie ging mit Pete Waterman in Peter Stringfellows Nachtclub Hippodrome in einer Seitenstraße des Leicester Square und wurde dort Berichten nach von einer betrunkenen Horde von Neid getriebener Mädchen mitten ins Gesicht gespuckt. Zwar mag die Geschichte durch häufiges Erzählen übertrieben worden sein, ein Augenzeuge erklärte jedoch, die Mädchen hätten ihr Schimpfworte zugerufen und sie herumgestoßen. »Sie sagte kein Wort – kämpfte sich nur aus ihrem Sitz und wurde schnell hinausgeleitet.« Kylie lernte in dieser Nacht eine wertvolle Lektion – niemand, der etwas auf sich hielt, ging jemals ins Hippodrome. Interessant ist außerdem, dass Kylie sich, nach all den frühen Verrissen, die sie in London erhalten hatte, innerhalb von wenigen Jahren entschied, ihren ständigen Wohnsitz in diese Stadt zu verlegen.

Erfolg und dauerhaftes Überleben forderten ihren Preis, wie Kylies ständige Kämpfe mit ihrer Gesundheit und die generell kurze Dauer ihrer Beziehungen anschaulich belegen. Sie begann ihre musikalische Karriere buchstäblich auf dem Gipfel des Mount Everest und hatte diesen in einer bequemen Seilbahngondel erreicht. Von dort aus ging es nur noch bergab. Kylie ist nicht gerade dafür bekannt, dass sie allzu viel in Interviews preisgibt, sondern zieht es, ganz allgemein gesprochen, vor, dieselben Antworten wieder und wieder zu geben. Ihre Ansicht über den Erfolg aber wird jedem, der je vom Ruhm gekostet hat, bis ins kleinste Detail bekannt sein: »Ich bin die Erfolgsleiter hinaufgestiegen. Jetzt bin ich ganz oben auf der Spitze, aber wenn ich aus dieser schwindelnden Höhe nach unten schaue, dann ist dort niemand zu sehen, nur ich selbst.«

Einsamkeit ist ein immer wiederkehrendes Thema, das Kylie durch ihr Leben begleitet. Auf dem Höhepunkt ihrer märchenhaften Rückkehr in die Charts im Jahre 2001 gestand sie, wie isoliert sie sich als Star fühlte, besonders wenn sie auf einer alle Energie aufsaugenden Tournee Nacht für Nacht in Hotelzimmern verbringen müsse: »Zwei Stunden lang fühlt man sich wie die tollste Frau, die es überhaupt gibt. Das ist so ein phantastisches Gefühl, und dann ist plötzlich alles vorbei.« Dann findet Kylie sich allein in ihrem Zimmer wieder und fragt sich, wer sie eigentlich ist und wer ihre Freunde sind. Und dann wird sie sich – eher häufig als selten – erlauben, ein bisschen zu weinen.

Kylie hatte schon immer nah am Wasser gebaut. Sie weint ziemlich viel. Sie weinte, als sie sich beim Sex mit Paul Marcolin erwischen ließ. Sie weinte, als ihre Beziehung mit Michael Hutchence zerbrach. Sie weinte, als ihre Beziehung mit Jason Donovan zerbrach. Sie weinte, als ein Journalist andeutete, ihre biologische Uhr ticke und – müsse sie nicht allmählich daran denken, sesshaft zu werden? Auf ihrer Abschiedsparty von *Neighbours* brach sie dreimal in Tränen aus. Nach einem Streit mit ihrem Freund James Gooding verließ sie in Tränen aufgelöst ein Restaurant. Sie macht den Eindruck, als lebe sie ihr Leben am äußersten Rand ihres körperlichen und emotionalen Fassungsvermögens. Ihr enger Freund, Vertrauter und Stilberater William Baker bemerkte: »Jeder glaubt, sie ist die ganze Zeit über vergnügt und lächelt.«

Eine gewisse hübsche Ironie umgibt eine Szene aus der Serie *The Henderson Kids*, die, wie Kylie hat verlauten lassen, einen Wendepunkt in ihrer Karriere darstellte. Es war das erste Mal, dass sie auf dem Bildschirm weinen sollte. Sie hatte die Haare einer anderen Serienfigur färben wollen, dabei alles verdorben und rannte anschließend in die Büsche, wo sie in Tränen aufgelöst gefunden wurde. Kylie erinnerte sich: »Ich war wirklich nervös, aber dann habe ich gemerkt, dass ich das schaffe. Die Szene ist richtig gut geworden. Jetzt kann ich mich diesen emotionalen Augenblicken stellen und sie gestalten.«

Das Problem, berühmt zu sein, besteht darin, dass man sich ständig in einer Show befindet, auch dann noch, wenn man sich müde, ausgelaugt oder schlecht gelaunt fühlt. Einmal hatte sie Schwierigkeiten mit ihrem damaligen Freund und weinte in aller Öffentlichkeit in einer Straße von Melbourne, als ein Mann sich ihr ohne jede Hemmung näherte, ihr auf die Schulter tippte, ihr dann ein zerknittertes Stück Papier unter die Nase hielt und ein Autogramm verlangte. Kylie war derartig schockiert, dass sie einfach ihre Unterschrift darauf setzte, damit er ging und sie in Ruhe ließ.

Kylies körperliche Verfassung hatte immer Anlass zur Sorge gegeben. Als sie noch in *Neighbours* spielte, hatten ihre Ärzte des physischen Stresses wegen, den ihr zierlich gebauter Körper aushalten musste, und aufgrund ihres ständigen Gewichtsverlusts, einen speziellen Ernährungsplan entwickelt. Diese »Brauner-Reis«-Diät war nicht gerade dazu angetan, ihr Vergnügen zu bereiten, vor allem weil während dieser Periode Gerüchte aufkamen, sie litte an Magersucht. Dies ist eine der wenigen Unwahrheiten, die ihr tatsächlich unter die Haut gegangen sind. Die Faszination, die ihr Gewicht offenbar ausübt, dauert seit Jahren an. Es bewegt sich zwischen 38 und 44 Kilo. Ihre Ernährung wurde im Laufe der Jahre zu einem Problem. Während der 90er Jahre hatte Kylie sich sieben Jahre lang vegetarisch ernährt, bis Ernährungsspezialisten darauf bestanden, sie müsse Fleisch essen, weil der Stress, der mit ihren Auftritten einherginge, in Verbindung mit ihrem leichten Knochenbau dazu führte, dass sie wenig Reserven hatte und innerhalb von zwei Tagen an Gewicht verlor.

Das Jahr 2001 mochte, was ihre Karriere – und ein geregeltes Liebesleben – betraf, eines der erfolgreichsten in Kylies Leben gewesen sein, aber im Gesundheitsbereich sah es nicht gut aus. Sie hatte keinerlei Energie, und die Stimme brach ihr unter der Belastung weg. Ein Stimmtrainer – und nicht etwa ein Arzt – kam auf den Gedanken, dass möglicherweise ein Problem mit ihrer Eiweißaufnahme bestand. Er riet ihr, während des Tages regelmäßig Hühnerfleisch zu essen, um ihre Eiweißspeicher aufzufüllen. Im Ergebnis begann sie, sich gegen Ende des Jahres wesentlich besser zu fühlen.

Zu den amüsanten Nebeneffekten dieser beständigen Untersuchungen ihres körperlichen Zustandes gehört es, dass Kylie in den meisten ihrer Interviews entweder etwas isst oder aber übers Essen spricht. Wenn sie wirklich derartig viel Essbares verputzen würde, dann würde ihr berühmter Po inzwischen wohl schon über den Boden schleifen.

Februar 1988: Jane Oddy bemerkt, dass Kylie sich »kalorien-reiche Windbeutel schmecken« ließ. Im selben Monat fügte die *Melbourne Sun* in ihrer Gratulation, die die Zeitungen ihr zum ersten Platz in den britischen Charts aussprach, an, dass sie »an einem Sandwich knabberte, nachdem sie sich beim Fotografie-ren über Hunger beklagte«. Sorgen, weil sie inzwischen nur noch 38 Kilo wog, wischte sie beiseite: »Ich bin nun mal rappeldürr, das ist alles.«

Februar 1989: Ein Jahr ist vergangen, und jetzt erklärt sie *Smash Hits*, dass sie versuche, sich gesund zu ernähren. »Ich bin keine Vegetarierin«, beharrt sie, »aber ich bemühe mich, keine Sachen zu essen, die zu viel Fett oder Zucker enthalten.« Dann aber fährt sie fort, indem sie ein Rezept für einen »leckeren« Ba-nanen-Creme-Kuchen weitergibt, dessen Hauptbestandteil Zu-cker ist. Zur gleichen Zeit nippt sie an einem Soja-Milchshake mit Erdbeergeschmack.

Mai 1989: Kylie befindet sich bei den Dreharbeiten zu *The Delinquents* in Thailand und erklärt einem Zeitschriftenjourna-listen am Telefon: »O mein Gott, gerade ist Erdbeerkuchen ge-bracht worden.«

Oktober 1996: Die *Daily Mail* äußert sich schockiert dar-über, wie »schrecklich abgemagert, ja sogar krank Kylie wirkt, während sie in einem Salat herumstochert«.

August 1997: Kylie trifft sich mit David Thomas vom *Daily Telegraph* in dem In-Restaurant Soho House in London. Sie »verdrückte eine übergroße Portion Ravioli, ehe sie sich über ei-nen Teller Penne und eine *Creme Brulée* hermachte.«

September 1997: In einem privaten Raum in einem exklusi-ven Club in Soho wird Kylie von der Zeitschrift *MixMag* dabei beobachtet, wie sie »einem Teller voller Nouvelle-Cuisine-Nu-deln den Garaus macht, während sie über Zeitungsberichte ki-chert, die verkünden, sie litte an Magersucht«.

Oktober 1997: Im Soho House spricht sie mit Journalisten von der Zeitschrift *Esquire*. Dieses Mal »bestellt sie sich eine kleine Portion Tagliatelle, isst ein halbes Dutzend Happen und schiebt den Teller zur Seite«.

November 1997: Kylie, so berichtet die Zeitschrift *Cleo* in Australien, befindet sich in der Küche und »nascht heimlich an einem Nudelgericht«.

Juni 1998: Kylie erzählt der schwedischen Zeitschrift *Solo*, sie gehe gern zum Abendessen in das angesagte Londoner Restaurant Nobu. Dort esse sie regelmäßig ein Gelbschwanz-Sashimi mit Jalapeno-Schoten.

Juni 1999: Für die Zeitschrift *Esquire* geben Kylie und Dannii gemeinsam ein Interview. Kylie wechselt von der Suppe zum Schokoladenkuchen, Dannii dagegen isst Käse.

Oktober 1999: Kylie erzählt *UK Style:* »Ich koche heute Abend ein Familienabendessen, deshalb muss ich unterwegs noch ein paar Thunfisch-Steaks und Wein besorgen.«

Juni 2000: Das Obdachlosen-Magazin *Big Issue* berichtet: »Sie stopft sich Fruchtsalat in den Mund und tut so, als könnte sie dabei sprechen.«

Juni 2000: Die australische Zeitschrift *Who Weekly* berichtet: »Kylie spielt im Lunasa, einer stilvollen Bar im Londoner Bezirk Fulham, mit ihren Penne in Tomaten- und Kräuter-Soße herum.«

Juli 2000: Sie erklärt Tony Romando vom *Minx*, sie habe sich nach sieben Jahren als Vegetarierin entschlossen, jetzt doch wieder Fleisch zu essen. »Ich fühle mich wesentlich gesünder«, gesteht sie.

September 2001: Der *Daily Mirror* enthüllt: »Trotz ihres kindlichen Körperbaus verfügt sie dennoch über den Appetit eines Mammuts: Gerade erst hat sie ein gewaltiges Steak und eine Portion Pommes frites vertilgt.«

Oktober 2001: Kylie schildert in *Time Out* Erinnerungen an ihren Campingurlaub, den sie 18 Monate zuvor verbracht hatte: Dabei habe sie die ganze Zeit »Eier und Schinken am offenen Feuer gebraten«.

Oktober 2001: Sie informiert den *Rolling Stone* darüber, dass sie liebend gern in Peter Gabriels Studio in Bath arbeitet – wegen der Küche. Begeistert lässt sie wissen: »Da gibt es richtig gutes Essen.«

Dezember 2001: Ein großer Bericht erscheint in der Zeitung *The Face:* Man führt zwei Tage lang Gespräche mit Kylie. Kylie fängt die Sache an, indem sie einen Apfel kaut, sie isst Toast, während ihr Haar frisiert wird, zum Mittag isst sie Huhn, dann, als ihr Flugzeug in Richtung Deutschland startet, ein Schinken-Sandwich. In einem Berliner Restaurant bestellt sie sich ein Rumpsteak, knabbert an Hühnerfleischstückchen, um ihren Energiehaushalt konstant zu halten, und zur Abrundung gesteht sie, dass sie mit Begeisterung Würstchen mit Kartoffelbrei isst.

Winter 2001: Die Zeitschrift *Now* enthüllt, dass Kylie keine spezielle Diät einhält. »Ich esse auch Ungesundes, wie Pommes frites und Eiscreme«, gesteht sie.

Dezember 2001: Die Zeitschrift *TV Hits* fragt Kylie, was sie isst. »Ich neige dazu, während des Tages kleine Portionen von allem und jedem zu essen, aber es gibt auch Gelegenheiten, da bestelle ich mir ein Gericht mit allem Drum und Dran, und am Ende starren mich alle Leute absolut schockiert an.«

Februar 2002: Kylie erzählt der Zeitschrift *heat*, sie esse jetzt nach einer Diät mit dem Namen »Essen Sie sich schlank«. Dabei dürfe man so viel essen, wie man wolle, solange man bestimmte Lebensmittel meide.

Februar 2002: In einem anderen Interview erzählt Kylie der Zeitschrift *heat*, sie habe am Abend zuvor einen Bitterschokolade-Trüffel-Kuchen gegessen. »Mein Hauptgericht war nicht besonders gut, also habe ich gleich mit dem Dessert weitergemacht.«

Wie um alles in der Welt kommt Kylie überhaupt noch zum Singen und zum Auftreten, wenn sie so viel Zeit schon aufs Essen verwendet?

Diese obsessive Berichterstattung über Kylies Essgewohnheiten hat jedoch auch eine ernste Seite: Sie muss regelmäßig essen, um ihre alten Feinde, die Müdigkeit und die Erschöpfung, in Schach zu halten. Und in je mehr Artikeln ihr Appetit erwähnt wird, desto unwahrscheinlicher ist es, dass das gefürchtete Thema Magersucht je wieder in den Medien auftaucht.

Kylie verletzlich: »In der Tat, ich esse sehr gerne.«

Kylie – *unerwartet*

Kylie war untröstlich. Ihre Freunde versuchten, ihr so gut sie nur irgend konnten zu helfen, aber sie hatte das Gefühl, ihr Herz sei gebrochen. Sogar diejenigen, die für sie kaum mehr als Arbeitskollegen waren, standen plötzlich bereit und boten ihr eine Schulter zum Ausweinen an. Einer, der zuvor nicht einmal ein einziges richtiges Gespräch mit der Sängerin geführt hatte, erinnerte sich: »Kylie weinte sich tatsächlich an meiner Schulter aus. Das war äußerst ungewöhnlich für sie, denn sie ist einfach nicht die Art von Mensch, aber für mich war das in gewisser Weise ein ganz besonderer Augenblick, in dem sie mit mir sprach, weil sie das sonst eben nicht tat, weil sie von Natur aus nicht so aufgeschlossen war – sie hatte ihren erwählten Kreis von Leuten, denen sie sich anvertraute, und ich gehörte nicht dazu. Offensichtlich war sie total am Boden zerstört, sodass sie sich an mich wandte. Sie fing an mit: ›Mir geht's nicht gut‹, und von da ging es weiter.«

Der Grund für Kylies Verzweiflung war die Auflösung ihrer Beziehung mit dem Mann, der die Liebe ihres Lebens war, dem Rocksänger und Sexgott Michael Hutchence. Der Leiter der australischen Rockband INXS strahlte Erotik und Charisma ohne Ende aus. Mit seiner Präsenz konnte er ein Stadion füllen, mit seiner Schlagfertigkeit und seinem Charme einen Saal und – bekanntermaßen – sein Bett. Ihn zu kennen war ebenso gefährlich wie erregend, und nicht ganz zwei Jahre zuvor hatte er sich ein Mädchen aus der Vorstadt von Melbourne als seine nächste Eroberung auserkoren – eine Entscheidung, die ihr gesamtes Leben auf den Kopf stellen sollte. Kein Wunder, dass Kylie dermaßen unglücklich war, als sie herausfand, dass er seinen Hosenschlitz einfach nicht geschlossen halten konnte.

Um die verheerende Wirkung zu begreifen, die der Wuschelkopf Hutchence auf Kylie ausübte, ist es wichtig, einen Schritt zurückzugehen und einen Blick darauf zu werfen, wo beide Stars mit ihrer jeweiligen Karriere zu der Zeit standen und wie sie zu ihrem Ruhm gekommen waren. Die vereinfachte Sichtweise, die von Klatschblättern gerne eingenommen wurde, machte aus Kylie das jungfräuliche Mädchen von nebenan, das sich selbst auf dem Altar der Perversion dem dämonischen Hutchence als Opfer darbrachte. Um Hutchence hatten sich schon immer die wildesten Legenden gerankt. Es wurde gemunkelt, er stehe auf einen flotten Dreier, sei mehr als nur gelinde fasziniert von Sadomasochismus und habe eine Schwäche für Heroin. Gewiss hatte er seiner Familie anvertraut, dass er Heroin probiert hatte. Was jedoch seine sexuellen Vorlieben betraf, so pflegte er selbst die Geschichte von der 17-jährigen Nymphe zu erzählen, die ihm einmal während einer Tournee präsentiert worden war und die nichts als ein Hundehalsband und eine Leine trug. Zum größten Teil stammt das alles vom Hörensagen und aus der Gerüchteküche, zumeist aus dritter oder vierter Hand – der übliche Stoff, aus dem Rock-Mythen gesponnen werden. Für abartige Gelüste seinerseits gibt es so gut wie keinen handfesten Beweis. Zeitungsartikel und Bücher über den verstorbenen Star quellen nicht gerade von viel sagenden Geschichten über, welche die allgemein beliebte Ansicht über seinen Lebensstil untermauern würden.

Und Kylie war keine Jungfrau – tatsächlich war sie bereits eher so etwas wie eine Expertin. Sie hatte eine ausgefüllte Beziehung mit Jason Donovan sowie im Teenie-Alter kurze Affären mit anderen Jungen genossen. Vielleicht war sie gerade dabei, an der gefährlichen Seite des Sex Gefallen zu finden, an dem erregenden Moment des Erwischtwerdens. Sie war wie ein ungezogenes Schulmädchen mit einem Lutscher im Mund und dem

Kamasutra im Ranzen. Damit soll nicht etwa angedeutet werden, sie sei fasziniert vom Marquis de Sade gewesen – viel mehr geht es um den Wunsch, die Gelegenheit zu nutzen, wann immer die Leidenschaft sie ihr bot. Die treffendste Bemerkung, die Kylie über ihre Beziehung mit Hutchence äußerte, ist und bleibt: »Michael war überhaupt nicht so schlimm, wie alle dachten, und ich war nicht so gut. Wir haben uns irgendwo in der Mitte getroffen.«

Michael Hutchence entsprach dem klassischen Frontman einer Rockband. Er genoss es, unter Mädchen und Drogen wählen zu können. Er legte die Arroganz und den Exhibitionismus eines geborenen Performers an den Tag, aber er kleidete beides in eine nahezu kindliche Begeisterungsfähigkeit, die es zum Vergnügen werden ließ, mit ihm zusammen zu sein. Als er Kylie zum ersten Mal in einem gerade angesagten Nachtclub in King's Cross in Sydney begegnete, brachte er sie völlig aus der Fassung, indem er eine unverschämte sexuelle Andeutung vom Stapel ließ. Es war die Art von unverfrorener Bemerkung, an der viele halbwüchsige Jungen sich einmal versucht haben, nur um sich für ihre Dreistigkeit eine Ohrfeige einzufangen. Hutchence aber war kein Teenager mehr. Er war 27 Jahre alt und einer der berühmtesten Rockstars Australiens. Der genaue Wortlaut seiner Bemerkung gehört zu jenen modernen Mythen, die sich jedes Mal, wenn sie erzählt werden, ein wenig verändern. In einer bereinigten Version heißt es, Kylie habe schüchtern, von Bodyguards umgeben, an einer Wand gelehnt, als Hutchence sich ihr in seiner üblichen abgerissenen Aufmachung näherte und tönte: »Ich frage mich, was wir zuerst machen sollten – zu Mittag essen oder Sex.« Kylie verschlug es vollständig die Sprache. Sie war nicht im mindesten darauf vorbereitet, mit einem derartigen Annäherungsversuch von einem so berühmten Mann umgehen zu können: »Ich konnte einfach nicht fassen, dass er mit mir sprach, und ich konnte genauso wenig erfassen, was er gerade gesagt hatte. Ich war sprachlos.«

Kylie war ein vorstädtisches junges Mädchen aus einer Stadt, die zu jener Zeit nicht gerade zur Avantgarde gehörte. Ihre schauspielerische Karriere hatte ihr eine Teenagerzeit beschert, die nicht der Norm entsprach. Eine junge Schauspielerin, ja beinahe ein Kinderstar zu sein, entspricht dem Fußballgenie bei Jungen – auf einmal lebt man nicht mehr in der wirklichen Welt, sondern in einer merkwürdigen, zeitlosen Umgebung, in der man in Watte gepackt und abgeschirmt wird. Kylie besaß die Eigenschaften einer jugendlichen Naiven. Damit hatte sie Hutchence fasziniert. Bevor sich die Wege der beiden kreuzten, hatte er ihren Namen bereits in einem Interview mit der Zeitschrift *Smash Hits* erwähnt: »Kylie Minogue ... hmmmm ... sie hat eine grauenhafte Stimme ... tatsächlich bin ich ihr schon mal begegnet, und sie war ausgesprochen niedlich.«

Während Kylie beschützt in dem Melbourner Vorort Camberwell herangewachsen war, hatte Michael Hutchence bereits die Welt bereist und eine höchst kosmopolitische und aufgeklärte Erziehung genossen. Er war am 22. Januar 1960 als Michael Kelland John Hutchence in Sydney zur Welt gekommen. Den Namen Kelland hatte er zu Ehren seines Vaters Kell erhalten, eines international tätigen Geschäftsmannes, der eine flüchtige Ähnlichkeit mit David Niven aufweist. Seine glamouröse Mutter Patricia war als Model tätig und leitete außerdem eine Modelschule in der Stadt. Als Michael vier Jahre alt war, nahm sein Vater eine Anstellung als geschäftsführender Direktor einer Firma an, die Whisky und Champagner für Restaurants in Hongkong importierte. Dies hatte einschneidende Veränderungen für seine Familie zur Folge.

Es war eine äußerst urbane Emigrantenwelt, in der Michael, sein jüngerer Bruder Rhett und seine Stiefschwester Tina sich wiederfanden. Nach einem neunstündigen Flug aus der Januarsonne von Sydney in die pulsierende, feuchtwarme Metropole des Fernen Ostens checkte die Familie im Hongkong Hilton-Hotel ein. Michael Hutchence scheint einen ziemlich großen Teil seines Lebens in der unpersönlichen Umgebung teurer Hotel-zimmer verbracht zu haben. Die Familie gewöhnte sich an ein Leben, das sich um Cocktailpartys und nachmittägliche Teeeinladungen herum gestaltete. Und um Soulmusik. Michael erinnerte sich: »Es gab jede Menge Partys und tolle Musik, wie zum Beispiel die von James Brown und Aretha Franklin. Meine Eltern waren sehr aufgeschlossen.« Seine Mutter fand Arbeit als Maskenbildnerin bei Filmen, die in Hongkong gedreht wurden. Die Schauspielerin Nastassja Kinski war im selben Alter wie Michael und erschien als Gast auf der Party zu seinem sechsten Geburtstag, während ihr Vater gerade einen Film mit dem Titel *Sumuru, die Tochter des Satans* drehte. Als die Familie schließlich in eine eigene Wohnung umzog, stellten sie zwei Hausangestellte ein, die den kleinen Michael mit »Master« anredeten.

Er mag vielleicht kein »Mann von Welt« gewesen sein, aber ein »Junge von Welt« war Michael zweifellos, als die Familie Ende 1972 nach Sydney zurückkehrte. Damals war er 12 Jahre alt. Er war viel eher ein Weltbürger als ein Bürger Australiens. Der Zeitschrift *Spin* gegenüber erklärte er: »Ich hatte ein Problem mit Australien. Am Anfang habe ich es gehasst. Ich hatte ganz genau dieselben Vorurteile im Kopf, die die Engländer über das Land haben – Sie wissen schon, Hüte, an denen Korken baumeln, um die Fliegen und die Kängurus fern zu halten. Als ich dann erst mal da war, wurde mir klar, dass es so nicht war, aber ich konnte die Leute, mit denen ich zusammen zur Schule ging, nicht fassen. Ich habe den Ort einfach gehasst.« Erleichtert wurde ihm sein Los zumindest dadurch, dass in der Schule Andrew Farriss zu seinem besten Freund wurde, ein Junge, der ebenso schüchtern und sogar noch ernster war als er selber und der später zusammen mit Michael bei der Gruppe INXS zu Ruhm gelangen sollte. Das Gespann führte stundenlange Gespräche und diskutierte über Musik und Poesie.

Michael, der sowieso schon schüchtern war und zudem ein wenig lispelte, zog sich noch tiefer in die Welt der Bücher zurück und widmete sich insbesondere der Lyrik, die eine dauerhafte Liebe seines Lebens bleiben sollte. Schon bald sollte er neuerliche Umwälzungen zu erleiden haben. Die Ehe seiner Eltern, die bereits in Hongkong brüchig gewesen war, zerbrach nun endgültig: Patricia verließ die Familie und brach mit Michael, nun ein leicht zu beeindruckender 15-Jähriger, im Schlepptau nach Los Angeles auf. Michael gewöhnte sich an das Leben in Los Angeles so rasch wie ein Fisch ans Wasser – hier begann seine lebenslange Leidenschaft für Mädchen und Marihuana. Mit 17 Jahren jedoch war Michael bereits wieder in Sydney und war zu dem Schluss gekommen, eine Musik-Karriere sei das Richtige für ihn, vor allem nachdem er entdeckt hatte, wie leicht es für den Sänger einer Band war, an Mädchen heranzukommen. Am 16. August 1977, dem Tag, an dem Elvis Presley starb, hatte er seinen ersten Gig. Sie nannten sich die Farris Brothers, ein reichlich phantasieloser Name, der später zugunsten von INXS fallen gelassen wurde. Sobald er noch im selben Jahr die Schule beendet hatte, war Michael bereits wieder unterwegs, dieses Mal nach Perth, im Westen Australiens, begleitet von Andrew und den übrigen »Brothers«. Ein neues Jahr, ein neues Zuhause.

Zu der Zeit, in die sein 20. Geburtstag fiel, hatte INXS sich einen Namen gemacht und gab Abend für Abend Gigs in ganz Australien. Michael lebte in Sydney mit einem Mädchen namens Vicky zusammen. Er hatte jedoch ein anderes Mädchen kennen gelernt, mit dem er sieben Jahre verbringen sollte. Seine Beziehung mit Michele Bennett – einer hoch gewachsenen, langbeinigen Brünetten – war vermutlich die wichtigste seines Lebens. Sie wohnten zusammen in einem Reihenhaus, das Michael in der Paddington-Gegend in Sydney gekauft hatte. Die Beziehung war äußerst stabil und liebevoll, obwohl Michael nicht gerade treu war. Für seinen Ruf als grandioser Schürzenjäger und Herzensbrecher hatte Michael eine erstaunliche Anzahl stabiler, wichtiger Beziehungen in seinem kurzen Leben hinter sich gebracht. Michaels Freunde und seine Familie gingen davon aus, dass er und Michele eines Tages heiraten würden. Verräterischerweise beruhte sein legendärer Status als Serien-Verführer während der Tourneen mit INXS zu einem großen Teil auf seiner Furcht vor dem Alleinsein. Sogar noch nach seiner Trennung von Michele blieb er in ständigem Kontakt mit ihr und rief sie – auch in der Nacht, in der er starb – von überall in der Welt aus an, um sich von ihr beruhigen und dabei helfen zu lassen, endlich schlafen zu können. Seine Mutter Patricia erinnerte sich, dass er bereits ruhiger wurde, wenn er nur ihre Stimme hörte. Zudem beschreibt sie in ihren ihrem Sohn gewidmeten Erinnerungen *Just A Man* in ergreifender Weise, wie Michael ihr von der Trennung erzählt hatte: »Ich sah, wie er von dannen ging, er wirkte so furchtbar einsam, und irgendwie beschlich mich das Gefühl, dass er und Michele ihre Beziehung niemals völlig beenden würden. Ich sollte Recht behalten, sie haben es nie getan. Bis zu dem Tag, an dem er starb, hat Michael sie geliebt.«

Im Hinblick auf seine spätere Trennung von Kylie ist interessant, dass seine Untreue lediglich einen Teil der Probleme, die er mit Michele hatte, ausmachte. Sie wollte sich um ihre Karriere als Video- und Filmproduzentin kümmern, er hingegen wollte jemanden, der bei ihm war, der sich 24 Stunden am Tag um seine Bedürfnisse kümmerte. Diese Person konnte Michele Bennett nicht sein – und gewiss erst recht nicht die ehrgeizige Kylie Minogue. Seine letzte Liebe Paula Yates hätte diese Rolle womöglich ausfüllen können, aber das Schicksal fuhr auf grausame Weise dazwischen.

Hutchence schleppte zu der Zeit, als er in jenem Club in King's Cross in Kylie hineinstolperte, bereits ein gerüttelt Maß emotionaler Belastungen mit sich herum. Er war kein oberflächlicher Casanova. Er war äußerst belesen, ein Pop-Philosoph und ein Sammler von Kunstwerken und schönen Dingen. Kylie Minogue war ein ausgesprochenes Sammlerstück. Der Club, in dem sie sich trafen, fungierte als Veranstalter der Party im Anschluss an die jährliche Verleihung der Countdown Music Awards, dem australischen Pendant zu den Grammys oder den Brit Awards. INXS hatte bereits einen Sack voller Auszeichnungen eingeheimst, Kylie aber war musikalisch eine Unbekannte. Sie hatte für ihre Rolle in *Neighbours* den TV-Logie als beliebteste australische Schauspielerin gewonnen, zu dieser Veranstaltung war sie jedoch eingeladen worden, weil ihre erste in Australien erschienene Single ›The Loco-Motion‹ derzeit auf Platz 1 der Charts stand. INXS dagegen hatte mit ihrem bleibenden Rock-Meisterwerk *Kick* eines der weltweit bekanntesten Alben des Jahres 1987 vorgestellt, das acht Millionen Mal verkauft worden war. Hutchence, der in der Öffentlichkeit nicht gerade zu Selbstzweifeln neigte, hatte einem Journalisten gegenüber einmal geprahlt: »Ich bin ein verdammt großer Rockstar.« Und das war er. Kein Wunder, dass Kylie von ihm schier erschlagen war. Erstaunlicherweise aber war es Kylie, die aus Michael Hutchence einen »Prominenten« machte.

Nach dieser unvergesslichen ersten Begegnung sollte es noch ein Jahr dauern, bis Kylie und Michael sich wiedersahen, dieses Mal in Melbourne. Es war Ende des Jahres 1988, und die Mammut-Tournee, die INXS mit *Kick* unternommen hatte, ging ihrem Ende entgegen. Kylies Karriere hatte sich im Laufe des vergangenen Jahres mit Überschallgeschwindigkeit entwickelt, und ihre Verbindung mit Stock, Aitken und Waterman in Großbritannien weckte ein enormes Presseinteresse. Ihre britische Debüt-Single ›I Should Be So Lucky‹ war die meistverkaufte Schallplatte des Jahres in den britischen Charts. Auch Hutchence hatte nicht auf der faulen Haut gelegen. Die passend betitelte Single ›Need You Tonight‹ stand auf Platz 1 in den Vereinigten Staaten und erreichte in Großbritannien Platz 2 (um bei den Verkaufszahlen zwei Wochen später von ›Especially For You‹ von Kylie und Jason überholt zu werden). Kylie hatte in einem Kurzporträt sogar zugegeben, dass INXS ihre Lieblingsband sei.

Auf Veranstaltungen mit Prominenten bewegte Kylie sich noch immer nicht ungezwungen, als habe sie in gewisser Weise kein Recht, sich unter so viele berühmte Leute zu mischen. In ihrer Zurückhaltung lag schon deshalb einige Ironie, weil sie und Jason, das einst verheiratete Paar aus *Neighbours*, die Einzigen waren, die in jedem Supermarkt des Landes – und vermutlich auf der ganzen Welt – erkannt worden wären.

Ihre zweite Begegnung verlief zivilisierter. Hutchence entschuldigte sich für die abfälligen Bemerkungen, die er über Kylies Musik gemacht hatte, und knipste dann seinen Charme an wie eine 200-Watt-Glühbirne. Mit dem knochigen Körperbau eines Rockstars, der mächtig mit Drogen zugange ist, war er nicht gerade gut aussehend zu nennen. Sein Konsum hatte im Laufe der Tournee merklich zugenommen, und er war dabei beobachtet worden, wie er buchstäblich eine Hand voll Ecstasy-Tabletten hinunterschlang, ehe er die Bühne betrat. Sein Gesicht war von den verblassten Pockennarben gezeichnet, die von einer schlimmen Akne stammten und ihm den wenig schmeichelhaften Spitznamen »Crater Face« eingetragen hatten. Mit der sportlich-blonden Attraktivität eines Jason Donovan konnte er nicht mithalten. Trotzdem vermochten nur wenige Frauen seinen traurigen Augen zu widerstehen, geschweige denn dem Gefühl, das er ihnen gab, wenn er mit ihnen sprach, nämlich dem, der Mittelpunkt des Universums zu sein.

Kylie hatte noch nie viel getrunken, und während alle anderen im Übermaß von dem Drogenangebot an Substanzen Gebrauch machten, erlaubte sie Hutchence, ihr einen Bailey's zu holen, an dem sie nippte. Zu diesem Zeitpunkt war Kylie noch nicht Hals über Kopf verliebt. Dies war eine Rockparty, und sie fühlte sich einfach nicht völlig entspannt. Michaels Mutter Patricia erinnerte sich: »Jason und Kylie in ihrer gesunden Einfachheit wirkten unter diesen ganzen schweren Jungs des Rock 'n' Roll so vollkommen fehl am Platz.« Amüsanterweise machte sie eine Ausnahme von einem ein Leben lang gehaltenen Prinzip und bat Jason und Kylie um ein Autogramm. Zutiefst verlegen musste sie feststellen, dass die beiden sich mitten im schönsten

Streit befanden. So stand es also um ›Especially for you‹ – nur für dich?

Die Romanze war bisher derart schleppend in Gang gekommen, dass sie Ähnlichkeit mit halbherzigen Begegnungen in dem Film *Harry und Sally* aufwies. Tatsächlich wurde Kylie im folgenden Mai von einer Teenager-Zeitschrift gebeten, einen Kommentar über den neuen, kürzeren Haarschnitt des Sängers von INXS abzugeben: »Ich glaube, die Leute haben seine langen Haare wirklich gern gemocht. Ich interessiere mich eigentlich nicht für Michael Hutchence, aber ich bin sicher, die Leute werden sich schon daran gewöhnen.«

Als Michael Kylie das nächste Mal begegnete, kamen die Dinge endlich in Bewegung. Es war Ende September 1989, und der Ort war diesmal Hongkong. Bemerkenswerterweise hatte Kylie zuvor im selben Monat ein Interview gegeben, in dem sie gestand, sie würde gern mit mehr Popstars zusammentreffen, da es interessant sein müsse, mit anderen Menschen zu sprechen, die in derselben Branche tätig seien. Aber nicht über die Arbeit, so betonte sie: »Über die Arbeit zu reden ist ja so langweilig!« Sie sollte ihre Chance dazu bald bekommen. Michaels letzte Beziehung mit dem amerikanischen Model Jonnie war gerade zu Ende gegangen: Er war abgereist und hatte sie am Boden zerstört in New York zurückgelassen. Er besaß ein Haus in Hongkong, einen willkommenen Hafen, in den er vor dem gleißenden Ruhm der westlichen Welt fliehen und sich seiner Leidenschaft für Opium hingeben konnte.

Aus heiterem Himmel erfuhr er durch einen gemeinsamen Freund, dass Kylie auf ihrem Weg nach Japan, wo sie vier Konzerte geben sollte, auch nach Hongkong kommen würde. Er fegte seinen Terminkalender leer, um sicherzugehen, dass er da sein würde, wenn sie zu Besuch käme. Eine Verabredung zum Abendessen wurde getroffen, und Kylie wartete geduldig in ihrer Hotelsuite, wo der Sänger sie abholen sollte. Sie wartete und wartete. Hutchence war noch nie zu irgendeinem Termin pünktlich erschienen, und er hatte keineswegs vor, gerade jetzt damit anzufangen. Das kam bei ›Kylie Minogue Limited‹, die ihren üblichen, beschützenden Schild um sie errichtet hatten, nicht eben gut an. Als Hutchence schließlich auftauchte, wurde er von einer Reihe zorniger Gesichter begrüßt – Kylies Mutter Carol, ihrem Manager Terry Blamey, einem persönlichen Assistenten und vier Tänzern. Die frostige Atmosphäre schreckte den Rockstar jedoch nicht ab; er entführte Kylie in ein nahe gelegenes Restaurant und wickelte sie mit seinem Charme völlig um den Finger, obwohl die Mahlzeit ihr Übelkeit bereitete. »Trotz dieses fürchterlichen Anfangs hatten wir einen wundervollen Abend«, berichtete sie. »Wir redeten und redeten bis tief in die Nacht hinein, und man musste uns buchstäblich voneinander trennen.«

Kylie war gerade erst 21, zwar berühmt, aber kein bisschen weltgewandt und somit von der Ausdrucksfähigkeit und dem Wissen ihres Begleiters fasziniert und überwältigt. Hutchence hatte zu jedem Thema eine Ansicht oder eine schlagfertige Bemerkung parat, und Kylie war wie eine leere Leinwand, auf der er arbeiten konnte. Dieses Mal hatte er Kylie ganz und gar an seiner Angel. Überraschender aber war: Ihm ging es mit ihr nicht anders. Er empfand sie als unterhaltsam, erfrischend und aufrichtig in einer Welt voller Falschheit. »Sie ist eine Persönlichkeit, die stark unterschätzt wird. Sie sieht einfach fabelhaft aus, sie ist sehr ehrlich, sie ist kein bisschen anmaßend, und stumpfsinnig ist sie auch nicht. Ich habe einen Haufen Leute in ihrer Position kennen gelernt, und mit denen würde ich keine dreißig Sekunden verbringen wollen. Es gibt nichts Schlimmeres als erfolgreiche Leute, die sich miserabel verhalten.«

Nach einigen Besichtigungstouren in Hongkong, bei denen Michael sich als der perfekte Gentleman und Fremdenführer erwies, zog der Kylie-Zirkus weiter nach Japan, wo sie im Tokio Dome vor 38 000 Fans ein Konzert gab. Sie war und ist ein ungeheuer beliebter Star in Japan. Nach der Show kehrte sie zurück in ihr Hotelzimmer, wo sie sich zusammen mit ihrem Gefolge entspannte, als Michael Hutchence hereinmarschierte. Er war Kylie von Hongkong gefolgt, was einen deutlichen Hinweis auf seine Absichten gab. Alle beschlossen, noch in einen Club zu gehen. In romantischer Weise versuchte Michael wie ein liebestoller Teenager, Kylies Hand zu halten, und Kylie entzog sie ihm auf spielerische Weise. Am Ende des Abends jedoch war ihr Widerstand geschmolzen. Diese Nacht stellt den Beginn einer Beziehung dar, die blühen und gedeihen und das Jahr 1990 zum glücklichsten in Kylies Leben machen sollte. Sie verliebte sich aus tiefstem Herzen in den Rockstar. Ihm seinerseits ging es, wie seine Mutter Patricia es so weise beschrieb: »Michael liebte es, verliebt zu sein.«

Gerüchte, dass Michael und Kylie jetzt ein Paar seien, machten rasch in der Musikwelt die Runde. Keiner konnte es glauben. In den Augen der Öffentlichkeit galt Michael als total cool, während Kylie als das genaue Gegenteil von cool galt. »Es war ein Schock für alle«, gab sie zu. »Auch für mich selbst.« Sogar ihre beiden Familien taten die Gerüchte zunächst als dummes Gerede ab. Zu Weihnachten desselben Jahres aber wusste jeder Bescheid. Das berühmte Paar hatte bereits eine Partie Katz und Maus mit den Paparazzi der Welt gespielt: Fotos der beiden zusammen wurden für ungeheure Summen gekauft und wieder verkauft. Kylie war an diese tägliche Störung bereits gewöhnt, für Michael aber war sie neu. Während seiner berüchtigten späteren Beziehung mit Bob Geldofs Frau Paula Yates sollte er sich jedoch sogar in noch stärkerem Maße als Zielobjekt der Kameraobjektive wiederfinden.

Während Kylies Romanze mit Michael aufblühte, wurde Jason Donovan als eine Art von gehörntem Trottel dargestellt. Dies ist Kylie gegenüber äußerst unfair, da ihre Beziehung zu Jason ins Schleudern geraten war, seit beider Popkarrieren explosionsartig in ihr Leben eingedrungen waren. Jason hat zugegeben: »Ich fand es zu jener Zeit wirklich schwierig, mit ihrem Ruhm zurechtzukommen. Wir trennten uns, sie kam mit Michael zusammen, und das wurde überall breitgetreten. Ich war derjenige, der das auszubaden hatte. Es war eine schwere Zeit für mich, weil ich selbst mit ihr zusammen gewesen war und sie dann eben zu dem Typen weiterzog, der ich gern gewesen wäre. Das war ganz schön happig.« Kylies Freunde bestehen auf dem Fact, dass ihre Beziehung mit Jason bereits zu Ende war, bevor ihre Affäre mit Hutchence in Gang kam. Einer erklärte: »Kylie ist ziemlich moralisch.« Kylie traf Jason, kurz nachdem sie sich in Michael Hutchence verliebt hatte. Es war bei der Aufnahme zu ›Do They Know It's Christmas‹ in der Version von Band Aid II, die als Nummer 1 für die Weihnachtszeit 1989 vorgesehen war. Ein Augenzeuge beobachtete, dass sowohl Kylie wie Jason Tränen in den Augen hatten. »Es herrschte ziemliche Verlegenheit, weil sie einander seit einiger Zeit nicht mehr gesehen hatten. Es war ziemlich emotional.« Kylie und Jason hatten das Jahr mit ›Especially For You‹ gemeinsam auf dem höchsten Gipfel begonnen, jetzt aber brachten sie es getrennt zu Ende. Kylie war mit Michael zusammen und eine andere Frau. Ein wenig grausame Ironie liegt darin, dass Jason im Laufe des Jahres seinen ersten Solo-Hit auf Platz 1 landen konnte – ›Too Many Broken Hearts‹. Auch Kylie hatte einen Spitzenreiter mit ›Hand to Your Heart‹, eine Bitte an einen Geliebten einzugestehen, dass ihre Beziehung im Grunde vorüber ist. Popmusik, der man so oft vorwirft, sie sei oberflächlich, kann oft einen Kommentar über das wirkliche Leben liefern, wie Kylie schon bald mit ›Better The Devil You Know‹ erneut beweisen sollte – einem Lied, das ein Bild von Michael Hutchence zu enthalten schien.

Kylie benahm sich wie ein verliebter Teenager, obwohl sie schon bald 22 werden würde. Sie hatte Verpflichtungen in Großbritannien zu erfüllen, darunter eine kurze Tournee, aber sie stand in ständiger telefonischer Verbindung mit Michael und brachte eine Mischung aus Erregung und Unsicherheit zum Ausdruck. Der Fairness halber muss angemerkt werden, dass auch Michael sich mit Anrufen nicht zurückhielt, und Kylies Tross gewöhnte sich allmählich an seinen üblichen Begrüßungsruf: »Hi Babe«, den sie zu hören bekamen, wenn einer von ihnen den Hörer abnahm, weil Kylie beschäftigt war. Wenn Kylie sich das Telefon schnappte, verließ sie stets den Raum, sodass sie allein mit ihm sprechen konnte. Niemandem entging Kylies plötzliche Veränderung. Sie selbst sagte, ihr seien die Scheuklappen abgenommen worden. Im Laufe der folgenden sechs Monate begann sie unter Michaels Einfluss ihr Leben umzuformen und die Kontrolle über ihr Schicksal in eigene Hände zu nehmen. Gerade in dieser Zeit, in der so viele zu der Ansicht gelangten, Kylie sei völlig vom Weg abgekommen, wurden in Wahrheit die Samen für ihr Überleben gesät. Bei ihrer Rückkehr nach London bemerkte man bei PWL die tief greifenden Veränderungen ihrer Persönlichkeit: »Nachdem sie Michael kennen gelernt hatte, konnte man sehen, dass sie stärker geworden war. Vorher hatte sie vielleicht mal geäußert, dass sie eine Idee nicht für so besonders gut hielt, hinterher aber würde sie sich einfach weigern, sie auszuführen.« Hutchences Philosophie besagte, sie sei ein Star, *der* Star, und jeder in ihrer Umgebung müsse ihr zu Diensten sein, nicht etwa umgekehrt. Er beschrieb dies als das Tragen einer »Ego-Jacke« – wann immer sie etwas nicht richtig machte, war das nicht ihre Schuld, sondern die der Person in der Jacke.

Nachdem ihre Verpflichtungen in London erfüllt waren, konnte Kylie endlich einige Zeit in Frieden mit Michael in Hongkong verbringen, ehe beide für die Weihnachtsfeiertage zu ihm nach Hause nach Sydney flogen. Ihre Romanze war längst in Allgemeinbesitz übergegangen, etwas, das ihren Fans während ihrer Beziehung mit Jason Donovan vorenthalten worden war. Kylie war an die hartnäckige Dauerbeobachtung durch die Presse gewöhnt und war während ihrer Zeit bei *Neighbours* erfolgreich damit umgegangen. Hutchence dagegen hasste es. Er wäre am liebsten im Boden versunken, als sie heimlich im Centennial Park in Sydney dabei fotografiert wurden, wie sie ihre Zeit miteinander genossen. Die australische Zeitschrift *Women's Day* widmete ihnen einen dreiseitigen Bericht und eine Fotoserie, die das Paar in glücklicher Umarmung zeigt, während Kylie in einem Bikinioberteil ein Sonnenbad nahm. Dieselben Fotos erschienen in den *News of the World*.

Die Kameras folgten ihnen überallhin – wenn sie auf Michaels Harley Davidson Fahrten in die Stadt unternahmen, wenn sie ins Kino gingen oder einfach ein bisschen Zeit in Cafés, Bars und Clubs vertrödelten. Michael empfahl Bücher, die Kylie lesen sollte, oder er lieh klassische Filme wie *Casablanca* und *Citizen Kane* aus, die sie sich gemeinsam in seiner minimalistisch eingerichteten Wohnung anschauten. Kylie schwelgte in der eher kosmopolitischen Kultur von Sydney, und wo immer sie den Kameras entging, amüsierte sie sich wie nie zuvor in ihrem Leben. Der Einfluss ihres Geliebten war so stark, dass sie sogar ihr persönliches Prinzip, niemals Drogen zu nehmen, brach. Es handelte sich nicht um die Art von Konsum, bei dem die Drogenentzugskliniken bereits ihre Pforten öffnen, sondern beschränkte sich auf nicht mehr als ein bisschen Dope und hin und wieder eine Ecstasy-Tablette. Das aber verhinderte nicht, dass das berüchtigte falsche Gerücht sich ausbreitete, Kylie sei in höchster Eile ins Krankenhaus geschafft worden, nachdem eines ihrer Experimente schief gegangen sei. Sie war zutiefst verärgert und hat erst im vergangenen Jahr noch einmal kategorisch festgehalten: »Ich bin zu der Zeit noch nicht einmal im Land gewesen!«

Drogen haben zu keiner Zeit eine bedeutende Rolle in Kylies Leben gespielt. Sie war nicht glücklich darüber, dass Jason Drogen konsumierte, und selbst unter dem Einfluss von Hutchence machte sie niemals eine Opiumhöhlenphase durch. Sie akzeptierte jedoch die Ansicht ihres Liebhabers, wenn es um die Entscheidungsfreiheit ging. Drogen – und ganz besonders Ecstasy – waren in den 90er Jahren ein schier unumgänglicher Bestandteil des Lebensstils eines Rockstars, und Hutchence und seine Freunde nahmen in Sydney reichlich davon, ehe sie sich in die Clubs aufmachten und bis zum frühen Morgen unterwegs waren. Es war anstrengend und wiederholte sich ständig, wie Kylie der Zeitschrift Q gegenüber erklärte. »Ich habe ein bisschen was ausprobiert, das stimmt. Über manche Dinge kann man erst mitreden, wenn man selbst einmal Erfahrungen damit gemacht hat – deshalb bin ich für diese Erfahrungen dankbar. Aber ich würde jetzt die Drogen nicht pauschal verteufeln. Ich nehme an, jedes Jahrzehnt hat seine eigene Droge, und die Droge dieses Jahrzehnts ist eben Ecstasy.«

Diejenigen, die Michaels Einfluss auf Kylie an einem einzigen Punkt festmachen wollen, sehen am Wesentlichen vorbei. Es ging nicht nur darum, ein paar Pillen einzuwerfen oder ein abenteuerlicheres Sexleben zu führen. Das gehörte auch dazu – nicht zuletzt, als aus Kylies Gepäck bei einer Sicherheitskontrolle auf dem Flughafen ein Paar Handschellen zum Vorschein kam. Es ging um ein anderes Leben. Kylie mochte ihre neuen Freunde. Durch Hutchence lernte sie zum Beispiel Nick Cave kennen, den Dichter und der Schauerromantik entsprungenen Prinzen der Dunkelheit, der Mitte der 90er Jahre einen enormen künstlerischen Einfluss auf Kylie ausüben sollte. Dieser neue Kreis nahm Kylie mit offenen Armen auf. Sie behandelten sie nicht wie eine Barbie-Puppe oder eine Trophäe für Michael. Sie fanden sie intelligent, unterhaltsam und für ihre abgestumpften Sinne erfrischend. Tim Farriss, der Gitarrist von INXS und der Bruder von Andrew, ließ dem Musikjournalisten Adrian Deevoy gegenüber verlauten: »Kylie ist ein nettes Mädchen, und Michael liebt sie wirklich. Wenn Sie also mit dem Gedanken spielen, irgendwelchen Dreck über die beiden zu schreiben, dann bereiten Sie sich darauf vor, dass man Ihnen auf langsame, schmerzhafte Weise die Beine brechen wird.«

Der Rest der Welt bemerkte die Veränderungen, die in Kylie vorgegangen waren, auf der australischen Premiere von *The Delinquents*, dem ersten Spielfilm, in dem sie eine Hauptrolle spielte. Hutchence war anwesend und wirkte von Kopf bis Fuß wie der typische abgerissene Rockstar, mit Flicken übersäten Hosen, einer Weste statt eines Hemdes und einem Paar schlecht sitzender Armeestiefel. An seiner Seite befand sich ein Mädchen, das niemand erkannte, zweifellos seine neueste Eroberung. Sie war zierlich, wirkte fit, trug eine Kurzhaar-»Wasserstoff-Blondinen«-Perücke und ein winziges Kleid mit einem Muster aus Nullen und Kreuzen. Die Fotografen machten in der gelangweilten Art und Weise, die sie für namenlose Newcomer reservierten, ein paar Fotos von ihr, bis plötzlich ein Lauffeuer die Runde machte: Es war Kylie! Verschwunden waren die Lockenfrisur, die bequemen Teenagerklamotten im Jeanslook und das zurückhaltende, freundliche Lächeln. Hier war eine Sexbombe auf einer Premiere, Jahre bevor Liz Hurley und ihresgleichen solche Gelegenheiten benutzten, um gesehen zu werden. Es war eine tollkühne, rebellische Proklamation, die nicht nur die Wahrnehmung in Frage stellte, die in der Öffentlichkeit von Kylie und ihren Fans herrschte, sondern auch die Mächtigen von PWL dazu brachte, vor Schreck in ihren Sesseln hochzufahren und ihren Morgentee wieder auszuspucken. Es war ein weichenstellender Augenblick in Kylies Karriere, und Hutchence verlieh ihr die Courage, sich dabei nicht aufhalten zu lassen.

Dies war einer der Momente in Kylies Laufbahn, in dem ihr privates und öffentliches Leben reibungslos miteinander Hand in Hand gingen. Sie wollte, dass jedermann sie sah und wahrnahm, dass sie jetzt mit Michael Hutchence zusammen war: Eine neue, unabhängige, erwachsen gewordene Kylie. Schon bald sollten ihrer beider Karrieren fordern, dass sie mehr Zeit getrennt als zusammen verbrachten. Kylie bereitete sich auf ihre erste richtige Tournee vor, auf der sie live mit einer kompletten Band singen sollte statt auf Background-Aufnahmen zurückzugreifen. Sie verbrachte Weihnachten, wie sie es immer am liebsten tat, mit ihrer Familie in Melbourne und tauchte dann in die Proben für den ersten Auftritt ihrer Tournee ein, der im Brisbane Entertainment Centre stattfinden sollte. Sie ließ jedoch alles stehen und liegen, um zu der Party zu Michals 30. Geburtstag nach Sydney zu fliegen und mitzuhelfen, diese in einem riesigen Lagerhaus, einem beliebten Ort für Rock-Veranstaltungen, vorzubereiten. Ihre Schwester Dannii hatte ihr beim Backen eines besonderen Schokoladenkuchens geholfen, den Kylie mit brennenden Kerzen in den Raum trug, gefolgt von lautem Jubel der mehr als 200 Partygäste.

Kylie erklärte Pete Waterman, dass sie Anfang 1990 einige Zeit Urlaub von den Aufnahmen nehmen wolle. Sie blieb in Sydney, während Michael mit INXS an einem neuen Album arbeitete, das später den Namen X erhalten sollte. Kylie verbrachte ihre Tage zum größten Teil im Studio und nutzte die Gelegenheit, um zuzusehen und neue Dinge zu lernen, was ihr in den Studios von Stock, Aitken und Waterman nie zuvor erlaubt worden war. Die beiden nahmen sich frei, um wieder nach Hongkong zu fahren, und machten außerdem Urlaub auf der Great Keppel Insel vor der idyllischen nordöstlichen Küste Australiens. Kylie reiste mit Terry Blamey, aber ohne Michael nach Los Angeles, um dort mit einigen amerikanischen Produzenten an Songs für ein neues Album zu arbeiten. Sie widmete einen der Songs, der den Titel ›Count The Days‹ trug, ihrem Geliebten, nach dem sie sich sehnte.

Schon bald musste Kylie zu den Frühjahrs-Tourneeterminen zurück nach Großbritannien fliegen, und jetzt wurde das ganze Ausmaß ihrer »Veränderung« sichtbar. Im Mai sollte ihre neue Single ›Better The Devil You Know‹ erscheinen, und zum ersten Mal kontrollierte Kylie ihr Image. Sie präsentierte Stock, Aitken und Waterman ein Video, das sie in Los Angeles für den Song aufgenommen hatte, und ihnen blieb kaum eine Wahl als es zu akzeptieren. Bemerkenswert war es, weil es die neue, erotischere Kylie zeigte, die verführerisch in den Armen eines muskulösen schwarzen Tänzers tanzte, zudem schien sie einen großen Ring bei jeder Gelegenheit direkt in die Kameras zu halten. Er war ein Geschenk von Michael und verziert mit dem Buchstaben M.

Am Ende ihrer Tournee kam Michael zu ihr nach London. Es sah aus, als würde die Beziehung von Dauer sein, und das Paar startete seinen Europa-Urlaub mit einer Reise im romantischen Orientexpress. Kylie half Michael beim Aussuchen einer Villa, die er sich zum Preis von $ 500 000 in dem französischen Dorf Roquefort les Pins an der Riviera zwischen Nizza und Cannes kaufte. Es war ein wunderschönes, 400 Jahre altes Bauernhaus mit fünf Zimmern. Kylie und Michael flitzten auf einem Motorrad die Küste hinauf und hinunter. Wieder in London, waren sie in Gefahr, sich zu einem der üblichen Showbusiness-Paare zu entwickeln. Michael lud Kylie ein, sich John Malkovich in *Burn This* anzusehen, einer theatralischen *tour de force* und einem der West-End-Hits des Jahres. Zuschauer berichteten, Michael habe den größten Teil der Vorstellung damit zugebracht, mit Kylies BH-Träger zu spielen. Es dauerte noch eine Weile, bis eine andere legendäre Geschichte an die Oberfläche kam: Dieses Mal wurde behauptet, Michael und Kylie seien dem »Mile-high Club« (Leute, die in einem Flugzeug Sex hatten) in einem Jumbojet beigetreten, als der australische Premierminister Bob Hawke nur eine Reihe vor ihnen saß. Laut Berichten von einem Mitglied aus Michaels Entourage bedeckte nur eine Decke ihre nackten Körper. Kylie ist zwar zierlich, aber dennoch sollte man so etwas auf Plätzen der zweiten Klasse besser nicht ausprobieren. Der ganze Vorfall wurde mit komödiantischer Würze ausgeschmückt: Es hieß, Mr. Hawke habe sich umgedreht und den beiden zugezwinkert.

Kylies Leben hätte perfekter nicht sein können, oder zumindest schien es so. Sie hatte jetzt zum ersten Mal die Kontrolle über ihre Karriere. Sie war eine Multimillionärin. Und sie war verliebt. Nur eine einzige Wolke zeigte sich am Horizont: Michael war wieder einmal auf Tournee, um für das neue INXS-Album zu promoten. Die Tournee begann in Europa, doch im Laufe der kommenden Monate würde sie ihn um die ganze Welt führen und die beiden voneinander trennen. Im Angesicht des

Rufes, den er sich in der Vergangenheit erworben hatte, ist es verzeihlich, dass Kylie sich nicht besonders sicher fühlte. Das Paar verbrachte Weihnachten in dem Bauernhaus, und Michael überreichte ihr eine Armbanduhr von Gucci als Geschenk. Der Musikerkollege Chris Bailey und seine Frau Pearl, alte Freunde aus der Zeit, in der Michael noch mit Michele Bennett zusammen gewesen war, schlossen sich ihnen an. Kylie kochte für alle und tat ihr Bestes, um die Zeit festlich und fröhlich zu gestalten, auch wenn sie zum ersten Mal die Feiertage fern von Melbourne verbrachte und ihre Familie sehr vermisste.

Kylie konnte nicht ahnen, dass der berühmte Prominenten-Fotograf Herb Ritts Michael mit dem atemberaubend schönen, erst 19 Jahre alten dänischen Supermodel Helena Christensen bekannt machte. Nachdem er den Atlantik wieder überquert hatte, um zu Januarterminen in Mexiko und den Vereinigten Staaten zu reisen, verbrachte er beinahe so viel Zeit beim Telefonieren mit Helena wie mit Kylie. Gerüchte über seine Eroberungen – darunter die der Sängerin Belinda Carlisle – und Bilder, die ihn an der Seite glamouröser Begleiterinnen zeigten, machten die Sache nicht besser. Es ist immer wieder eine bestimmte Fixierung, die sich als größte Gefahr für eine Beziehung erweist: Michael liebte es, »verliebt« zu sein. Kylie, die Promotion für ihr neues Album *Rhythm of Love* betrieb, war jetzt unabhängiger als zur Zeit ihrer ersten Begegnung mit Hutchence. Brauchte sie ihn noch immer in gleichem Maße wie im vergangenen Jahr? Oder sollte Helena etwa sein nächstes »Projekt in Arbeit« werden?

Im Februar in New York nahmen die Dinge eine noch kompliziertere Wendung, da sich sowohl Helena als auch Kylie zur selben Zeit in der Stadt befanden. Michaels Mutter Patricia erinnerte sich daran, dass sie Helena auf dem INXS-Konzert in Meadowlands begegnet war – dem ersten Liveauftritt, den das Model erlebte. Am nächsten Tag erwartete Patricia Michael und Miss Christensen zum Mittagessen und war sehr erstaunt, als er stattdessen mit Kylie erschien. Die Atmosphäre während der Mahlzeit fiel entschieden frostig aus. Patricia sollte Kylie nicht wiedersehen. Michael und Helena blieben vier Jahre lang zusammen, bis Paula Yates auf der Bühne erschien. Auch wenn Kylie durch das, was geschehen war, am Boden zerstört war und monatelang nicht mit Michael sprach, ging sie aus der Beziehung als ein stärkerer Mensch hervor.

An einem Morgen Ende November 1997 wurde Kylie um vier Uhr früh von ihrem hartnäckig schrillenden Telefon aus dem Schlaf gerissen. Anrufe um diese Tageszeit bedeuten so gut wie nie gute Nachrichten. Michael Hutchence war tot, gestorben im Alter von 37 Jahren. Es war das erste Mal, dass ein Mensch, den sie geliebt hatte, gestorben war, und verständlicherweise war sie völlig verzweifelt. Michael war nackt, auf dem Boden kniend, hinter der Tür seines Hotelzimmers in dem beliebten Hotel Ritz Carlton in Double Bay, Sydney, gefunden worden. Er trug seinen Gürtel um den Hals. Die Schnalle war unter der Last seines Gewichts offenbar zerbrochen, als er von dem Haken an der Innenseite der Tür herunterhing. Damals gab es – und bis zum heutigen Tag sind sie nicht verstummt – intensive Spekulationen über die Gründe für seinen Tod. Die umstrittenste besagt, es habe sich um einen Akt sexueller Selbstbefriedigung gehandelt, bei dem etwas schief gegangen war.

Derek Hand, der Untersuchungsrichter von New South Wales, beschied, eine Untersuchung der Todesursache im vollen Umfang sei nicht nötig. In seinem Bericht heißt es: »Ich bin in befriedigendem Maße davon überzeugt worden, dass die Schlussfolgerung, bei diesem Todesfall habe es sich um Suizid gehandelt, in der erforderlichen Weise untermauert worden ist.« Hutchences Blut enthielt einen Cocktail aus Kokain, Alkohol, Prozac und anderen verschreibungspflichtigen Medikamenten. Er war in einen schwierigen Sorgerechtsstreit mit Bob Geldof wegen Paula Yates'

Kindern verwickelt. Einer der traurigsten Aspekte der Tragödie liegt darin, dass er zweimal versucht hatte, seine große Liebe Michele Bennett zu erreichen, aber beide Male nur auf ihren Anrufbeantworter sprechen konnte. Als sie die Nachrichten später abhörte und bemerkte, wie verzweifelt seine Stimme klang, eilte Michele zum Hotel, konnte ihn aber nicht wecken, als sie an seine Zimmertür hämmerte. Widerstrebend hinterließ sie eine Nachricht an der Rezeption und ging nach Hause zurück.

Die zu frühen Tode der Helden des Rock scheinen die Zeit still stehen zu lassen: John Lennon, Kurt Cobain, Jim Morrison und Jimi Hendrix sind nur einige Namen auf einer Liste, die nun für immer auch den Namen von Michael Hutchence enthalten wird. Wenn es sich bei seinem Tod tatsächlich um Selbstmord handelte, so ist dies umso grauenhafter, weil er Tiger Lily, die 18 Monate alte kleine Tochter, die er mit Paula Yates hatte, zurückließ. Nur kurze Zeit vor jener schicksalhaften Nacht hatte er der Journalistin Sharon Klum gegenüber erklärt, er würde »für meine Tochter vor einen fahrenden Zug springen«. Kylie ist einmal gefragt worden, was sie von dem Gedanken hielte, Hutchence sei vielleicht nur auf der Jagd nach einem Orgasmus gewesen, etwas, das zuweilen von dem Medikament Prozac verhindert wurde. Sie fand, es sei leichter anzunehmen, er sei aus diesem Grund gestorben, statt sich selbst zu töten, weil er solche Schmerzen gelitten habe.

Wenn man zum Kreis der Prominenten gehört, wird einem nie gestattet, eine Beziehung zu vergessen. Nicht eine einzige. Kylie würde Michael Hutchence zwar nie vergessen wollen, im Laufe der letzten zehn Jahre jedoch hat sie – weder vor noch nach seinem Tod – kaum je ein Interview gegeben, in dem sein Name nicht erwähnt wurde. Die einzige intimere Begegnung, zu der es Berichten nach seit ihrer Trennung gekommen war, ereignete sich 1994 im Anschluss an ein INXS-Konzert, als sie auf der anschließenden Party gesehen wurden, wie sie fast eine Stunde lang in einer Toilettenkabine verschwanden. Möglich ist, dass es sich um eine sexuelle Begegnung handelte. Möglich ist aber auch, dass Michael einfach nur mit Kylie reden wollte, während er auf die Wirkung der einen oder anderen Droge wartete. In seinem Gedächtnis war sie inzwischen fest unter »F« wie »Freundschaft« abgelegt. Tatsächlich begegneten sie einander mit ziemlicher Regelmäßigkeit und unterhielten bis zu seinem Tode freundschaftlichen Kontakt. Kylie hat immer in höflicher Weise zu verstehen gegeben, dass Michael einen großen Einfluss auf ihr Leben ausgeübt und ihr bei der Entwicklung vom Mädchen zur Frau sehr geholfen hat. Viele Tränen sind vergossen worden, manche in der Öffentlichkeit und manche im Geheimen. Aber nicht eine aus Bitterkeit.

Der wehmütigste Augenblick der Erinnerung überkam Kylie am Neujahrsabend 1998, den sie mit ihrem damaligen Freund Stephane Sednaoui in dem kanadischen Ort Whistler feierte. Aus heiterem Himmel wurde im Radio eine Platte von INXS gespielt, und sie hörte noch einmal Michaels Stimme. Laut rief sie aus: »Natürlich – ausgerechnet jetzt musst du auftauchen!« Seit seinem Tod hat sie bei verschiedenen Gelegenheiten seine Nähe gespürt. Hutchence ist und bleibt in ihrem Leben in starkem Maße gegenwärtig, ein wenig wie ein Schutzengel, aber noch mehr wie eine unumstößliche Versicherung, dass das Leben sich weiter zum Besten entwickeln wird, wenn sie sich die Kontrolle über ihr Schicksal nicht aus der Hand nehmen lässt. Zu Kevin O'Sullivan vom *Daily Mirror* sagte sie: »Ich habe nichts dagegen, über Michael zu sprechen, aber bitte behaupten Sie nicht, ich hätte geweint. Ich bin inzwischen ein großes Mädchen.«

Auf Michaels Beerdigung verhielt Kylie sich still und würdevoll und tat ihr Bestes, um seiner trauernden Familie Trost zu geben. Mit einer meisterhaften Zeitplanung, an der Hutchence seine Freude gehabt hätte, riss der Himmel auf und ein hallender Donnerschlag grüßte die Ankunft seines Sarges. Kylie rang sich über diese himmlische Intervention sogar ein Lächeln ab. Michael Hutchence war ohne Zweifel kein Heiliger gewesen, aber ein Teufel war er ebenso wenig. Sein hingeworfener Spruch, »Kylie zu verderben« sei sein Hobby, war mit größter Sicherheit nichts weiter als eine Provokation. Kylie ist nachweisbar ein stärkerer, auf Ziele konzentrierterer Mensch, als er je gewesen ist. Ironischerweise erwies sich ihre Romanze mit Hutchence als brillanter Schritt für ihre Karriere, etwas, das man sich zu jener Zeit wohl kaum hätte vorstellen können.

Kylie unerwartet: »*Ich würde unsere Beziehung für nichts auf der Welt ungeschehen machen wollen. Er fehlt mir.*«

Kylie – stilvoll

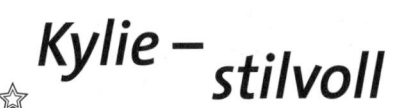

Die Operation lief verdeckt ab: Zu einem Fototermin wurde Kylie in Raymond's Revue Bar, die Heimat der berühmten Soho Sexshow, geschmuggelt. Zwar wurde sie nicht gerade unter einer Decke versteckt, aber die ganze Überraschung wäre zerstört gewesen, wenn die Zeitungen einen Wink erhalten hätten, dass sie beim Hineingehen gesehen worden war. Kylie war um die eine oder andere Überraschung ja nie verlegen gewesen, aber dies war der letzte Ort, an denen man den Star von Stock, Aitken und Waterman erwartet hätte. Kylie war mächtig aufgeregt der ganzen Sache wegen. Dies sollten ihre ersten Modeaufnahmen für die *Vogue* sein und sie wünschte sich nichts mehr, als Erfolg damit zu haben. Die Titelseite der *Vogue* würde zumindest einige Aussagekraft in der Welt der Mode besitzen. Und sie würde ihrem gerade gestarteten Versuch, sich in Amerika einen Namen zu machen, einiges an Gewicht verleihen. Nicht zuletzt würde sie ihrem bevorstehenden Absprung von PWL den nötigen Schwung geben.

Die Idee, Kylie in einer leicht anrüchigen Umgebung zu fotografieren, mutete abenteuerlich an. Sie warf sich selbst in eine Reihe von Posen und trug ein alarmierend heißes Arrangement aus Federn. Als die Zeitschrift endlich in die Geschäfte kam, war jeder gespannt darauf, das fertige Ergebnis zu sehen, ganz besonders das Bild, das für die Titelseite ausgewählt worden war. Zur allgemeinen Enttäuschung erschien die Ausgabe mit einem üblichen, glanzvoll aufgemachten Model. Die arme Kylie war auf die Innenseiten verbannt worden, auch wenn sie dort ganze acht

Seiten einnahm. Jemand aus ihrem Kreis erinnerte sich: »Sie konnte einfach nicht verstehen, warum. Aber die Zeitschrift schien auf dem Standpunkt zu stehen: ›Wir machen die Fotos, und wenn kein passendes für die Titelseite dabei ist, nehmen wir eben etwas anderes.‹ Kylie war enttäuscht. Als sie die Aufnahmen machte, waren wir alle davon ausgegangen, dass sie für die Titelseite gedacht waren.«

Allein während ihres ersten Jahres bei *Neighbours* hatte Kylies Bild mehr als 20-mal die Titelseiten australischer Zeitschriften geschmückt. Sie war somit nicht daran gewöhnt, sich mit den Innenseiten begnügen zu müssen. Heute, nahezu zehn Jahre später, wo Kylies Bild zu den ganz wenigen gehört, mit denen sich die Verkaufszahlen eines Presseerzeugnisses in die Höhe treiben lassen, mutet die Entscheidung schier unglaublich an. Zu jener Zeit war Diana, die Prinzessin von Wales, die Königin der Titelseiten. Seit ihrem Tod im Jahre 1997 ist jedoch allein Kylie so weit gekommen, einen Anspruch auf ihre Krone erheben zu dürfen. Thronanwärterinnen wie Victoria Beckham und Geri Halliwell hat das Publikum sich mit der Zeit übergesehen. Kylies große Stärke aber liegt darin, dass sie auf Männer und Frauen gleichermaßen anziehend wirkt.

Die führende Mode-Autorin Alison-Jane Reid hat das folgendermaßen erklärt: »Kylie ist ideales Material für die Titelseiten, denn sie ist ein etablierter Star, der sich selbst mit Hilfe der weltbesten Designer und Stylisten neu erfunden hat. Sie ist sexy und fraulich und fühlt sich rundum wohl in ihrer eigenen Haut. Kürzlich ist sie einmal als kesses Pin-up Girl aus den 40er Jahren aufgetreten. Das ist ein Image, das ihr wirklich gut steht.«

Die Kamera ist schon immer in Kylie verliebt gewesen. Dies gehört zu den Dingen, die Jan Russ, dem Besetzungsleiter von *Neighbours*, bei ihrem ersten Casting ganz besonders ins Auge sprangen. Das unauffällige, mäuschenhafte Mädchen hatte sich in dem Augenblick, in dem ihr Bild auf dem Fernsehmonitor erschien, vollkommen verwandelt. Kylie hat stets die Begabung

17 Aufgenommen in London nach ihrer Ankunft zu einer
Preisverleihung der Zeitschrift Q.

19   Kylies überragende Darbietung auf der Abschlussfeier
der Olympischen Sommerspiele in Sydney 2000.

20 ›Marilyn‹ Minogue?

21 Auf der Schwulen- und Lesben-Mardi Gras Parade in Sydney ...

22 … in ihren berühmten goldenen Hot Pants.

24　Auf der Smash Hits-Party für die Sieger der Publikums-
abstimmung, 2001.

25 ...und auf der Smash Hits-Party im Dezember 2000.

23 Live im Hammersmith Apollo in London im März 2001.

Kylies Kontraste ...

26 ... bei einem Auftritt als »das
brave Mädchen von nebenan«.

27 ... und von Kopf bis Fuß sexy aufgemacht
auf dem One Big Sunday Konzert der BBC in
Leicester, Februar 2000.

besessen, mit der Kamera flirten zu können. Genauso war es, als sie nach London kam. Ein Stylist erinnerte sich: »Stellen Sie Kylie vor eine Kamera, und sie erwacht zum Leben. Sie macht Liebe mit der Kamera. Sie kann sich phantastisch in Pose setzen, als sei dies das Natürlichste von der Welt. Es hilft sehr, wenn man seinem Körper gegenüber überhaupt keine Hemmungen hat.«

Es überrascht nicht, dass Kylie enge Beziehungen mit Fotografen geschlossen hat, nicht nur mit ihrem Exfreund Stephane Sednaoui – einen großen Teil ihrer Posen hat sie von ihm gelernt –, sondern auch mit Katerina Jebb, die sie Anfang der 90er Jahre in Paris kennen lernte, und mit der sie ein phantastisches Verhältnis hat. Kat, wie sie von ihren Freunden genannt wird, hat einige der aufrührendsten und erotischsten Bilder von Kylie gemacht.

Die Kamera schert sich nicht darum, ob Kylie hoch gewachsen oder kurz geraten, ob sie kurvenreich oder schlank ist. Ihre Posen sollen ihren Stil ausstrahlen. Kylies körperliche Erscheinung wirkt auf den ersten Blick für eine Ikone des Stils alles andere als viel versprechend. Für gewöhnlich sind Models elegant, langbeinig und graziös, was natürlich alles auf Prinzessin Diana zutrifft. Kylies Beine sind so kurz, dass Sport zu den Dingen gehörte, die sie in der Schule um jeden Preis zu vermeiden suchte. »Es war für mich das Schlimmste überhaupt«, erklärte sie. Immer fand sie sich in der Rolle der schwächlichen Kleinen, die als Letzte für jegliche Mannschaft ausgewählt wurde.

Kylie hat höchstwahrscheinlich mehr spitze Bemerkungen – und vermeintlich witzige Anspielungen – über ihre Größe ertragen müssen als jeder andere Star. Sie musste alle erdenklichen Beschreibungen für ihre geringe Körpergröße über sich ergehen lassen: »Halbliter-Hitparadenstürmerin«, »Mini-Diva«, »Pop-Zwerg«, »perfekte Winzigkeit«, »Pop-Schmuckstückchen«, »winzigkleine Kylie«, »Miniatur-Madonna« und – nicht verwunderlich – die reichlich abgenutzte Bemerkung, sie sei immer die

Letzte, der auffiele, dass es regnet. Zuweilen kann Kylie mit ihrer tatsächlichen Größe ganz hübsch kokettieren und mit Nachdruck versichern, dass »sie variiere«. In Wirklichkeit ist sie 152 Zentimeter groß, eine Größe, die sie mit ihrer Mutter Carol teilt. Ihre Schwester Dannii ist ebenfalls zierlich. Kylie hasste es, so klein zu sein, besonders, weil sie auf Schulfotografien so leicht zu entdecken war. »Ich war normalerweise die, die das verflixte Schild vor der Brust hielt.« Kylie ist alles andere als der einzige Popstar, der eher klein geraten ist, aber nur bei ihr wird ihre Körpergröße in nahezu jedem Zeitungsartikel, angefangen bei den Zeiten von ›I Should Be So Lucky‹ bis zum heutigen Tag, erwähnt. Niemand weiß jedoch zu sagen, wie groß man tatsächlich ist, wenn man als einziger Mensch vor einer Kamera steht, und mit der Zeit wurde Kylie bewusst, dass sie sich dadurch, dass sie so klein war, tatsächlich aus der Masse abhob.

Als Kylie zum ersten Mal nach London kam, hatte noch die PWL-Mannschaft die Kontrolle über ihr Aussehen, genau wie dies in einem Hollywoodstudio der Fall gewesen sein mag. Kylie hat ihr Image bereits so viele Male verändert, dass es unmöglich ist, damit Schritt zu halten. 20 Minuten, bevor sie auf die Bühne kommt, mag sie beschließen, dass ihr Aussehen eine Veränderung verträgt.

Der Mann, der für Kylies Image verantwortlich zeichnet, ist William Baker, ihr Stil-Guru und der Mann, der ihre plötzlichen Einfälle in die Realität umsetzt. Der mächtig aufgemotzte und mächtig schwule Baker hat Kylies Liebhaber kommen sehen, er aber ist immer mit einer Sicherheitsnadel, einem Perückenklebestreifen oder einer Paillette zur Stelle. Seine Freunde nennen ihn Joan, ein Tribut an seine eigene, persönliche Heldin Joan Collins. Auf der Gehaltsliste ist er als Kylies »Kreativdirektor« vermerkt und sie gibt zu, eine derart enge Beziehung mit ihm zu unterhalten, dass sie »praktisch an den Hüften miteinander verwachsen sind«. Er ist die kleine Schwester, eine Rolle, die auszufüllen Dannii nie Zeit gehabt hatte.

Baker hatte Kylie 1993 kennen gelernt, als er neunzehn Jahre alt und im Vivienne-Westwood-Geschäft in Chelsea beschäftigt gewesen war. Streng genommen war er noch immer an einer Londoner Universität für das Studium der Theologie eingeschrieben, aber er jobbte samstags in einem Laden und träumte von einem Durchbruch in der Modewelt. Kylie hatte bereits einen Namen in Schwulenkreisen. Baker war begeistert von dem Video zu dem immer währenden Lieblingsstück der Schwulen ›What Do I Have To Do?‹, in dem Kylie beim Bügeln zu sehen ist. Er liebte die Vorstellung von einem Superstar, der Hausarbeit verrichtet. Aus einer Laune heraus rief er bei Kylies Plattenfirma deConstruction an und erkundigte sich, ob sie vielleicht einen Stylisten brauchte, nur um zu erfahren, dass sie sich außer Landes befand. Er hinterließ seinen Namen, seine Nummer und den Namen des Geschäftes, erwartete aber nicht, noch einmal etwas zu hören. Drei Wochen später kam Kylie in aller Seelenruhe in das Geschäft spaziert. William glaubte seinen Augen nicht zu trauen, doch tollkühn ergriff er die Gelegenheit: »Ich sprang hinter dem Ladentisch hervor, bombardierte sie mit meinen Ideen und überredete sie irgendwie, mit mir einen Kaffee trinken zu gehen.« Das Gespann zog in ein Café gegenüber um und Kylie hörte intensiv zu, während William ihr seine Ideen darlegte. »Sie dachte vermutlich, ich sei verrückt«, ließ er Kylies Website *Limbo* wissen. Glücklicherweise dachte sie überhaupt nichts dergleichen. Kylie, auch wenn sie sich eingangs reserviert verhielt, verfügt über einen äußerst sicheren Instinkt, wenn es um die Einschätzung von Menschen geht und darum, zu beurteilen, wer ihr von Nutzen sein könnte, und der aufgeweckte, schlagfertige und begeisterungsfähige Baker wirkte wie eine viel versprechende Ergänzung des »Teams Kylie« in der Epoche nach Stock, Aitken und Waterman.

Kylie schlug vor, Baker könne doch ihre Freundin Katerina Jebb kennen lernen, die zu jener Zeit mit Aufnahmen von Kylie beschäftigt war. Diesem Treffen entstammte die Idee einer Fotoserie rund um das Vorbild Debbie Harrys – der glamourösen Sängerin von Blondie, die Kylie seit langem bewundert und regelmäßig in alten Videos betrachtet hatte. Baker eilte nach Hause und durchwühlte die alte, aus der Punk-Ära stammende Garderobe seines Liebhabers nach Kostümen für Kylie. Er entschied sich schließlich für ein Paar zerrissener Strumpfhosen und ein ärmelloses Marilyn-Monroe-T-Shirt, das einst einem Mädchen gehört hatte, das in den frühen 70er Jahren in Andy Warhols Factory beschäftigt gewesen war. Kylie war begeistert von den Aufnahmen, die künstlerisch genug waren, um in die Gesamtstrategie zu passen, die sie für ihre Schaffensphase Mitte der 90er Jahre entwickelt hatte. Sie erschienen in einem Buch in einer kleinen, limitierten Auflage, das die Herausgabe des Albums *Kylie Minogue* begleitete.

Baker und Kylie wurden enge Freunde und Vertraute. Sie nennt ihn Willie. Er ist in der Lage, sich auf ihre künstlerische Wellenlänge einzustellen und teilt zudem ihren Sinn für Extravagantes. Sie liebt Federn und Strass und motzt sich mit Vergnügen auf. Ihre Mutter Carol, die beim Designen der Kostüme hilft, wenn Kylie auf Tournee geht, ist ebenfalls vernarrt in William. Während der alle Kassenrekorde sprengenden *Intimate And Live-Tournee* durch Australien 1998 genossen ihre Mutter und William hinter der Bühne einen Drink. »Schließlich«, so erinnerte er sich, »war ja *Absolut Wodka* der Sponsor der Sache.« Sie kamen auf die Idee, es wäre ein toller Gag, sich mit Perücken und Kostümen zu verkleiden – Carol wurde zu Baby Spice und William zu Boy George, den er, als er jünger war, überallhin verfolgt hatte. Kylie rannte von der Bühne, um von diesen beiden »Stars« begrüßt zu werden, die sich aufführten wie ein Paar Dragqueens. Sie lachte so sehr, dass man sie zu einer Zugabe zurück auf die Bühne schubsen musste.

Kylie nimmt sich selbst bei weitem nicht so ernst, wie manch ein Beobachter glaubt. Ihre Karriere nimmt sie wesentlich ernster als sich selbst. Die Bilder, die sie und Baker sich im Laufe der

Jahre einfallen ließen, sind oft nicht mehr als übertriebene Persiflagen einer Aufmachung, die sie beim Sehen einer alten Folge von *Dynasty* oder sogar *Doctor Who* im Fernsehen aufgeschnappt haben. Die beiden sind stilistische Elstern – wenn etwas amüsant oder einfach anders erscheint, warum sollte man es nicht ausprobieren? Baker hat ihre Vorgehensweise mit dem ironischen Stil einer Hollywoodschauspielerin in B-Produktionen verglichen. Auf dem Konzert zur Feier des 20-jährigen Jubiläums von Mushroom Records in Melbourne entstieg Kylie als Geisha langsam einem rosafarben glitzernden Geburtstagskuchen, wobei sie sang: »You will like my sense of style … You will like my sense of style.« Das war Extravaganz auf höchster Stufe.

Abgesehen von seinem Sinn für Humor, den Baker in die Mannschaft bringt, legt er seiner Freundin und Style-Mitarbeiterin gegenüber auch einen ausgeprägten Beschützerinstinkt an den Tag. Er schäumte vor Wut über den Spottnamen ›IndieKylie‹ (Indie ist ein Slangwort für bei kleinen, unabhängigen – independent – Plattenfirmen erschienene Musik, Anm. d. Übers.), ein Etikett, das Kylie während des Projektes Impossible Princess anhängen sollte. Seine Ansichten glichen denen von Steve Anderson von Brothers In Rhythm, der die Meinung vertrat, die Plattenfirma lege zu viel Betonung auf ihre Stücke aus *Manic Street Preachers*, die für das Gesamtwerk nicht repräsentativ wären. In ihrer diplomatischen Art hat Kylie es diesen beiden Freunden und Ratgebern überlassen, in die Debatte einzugreifen. Baker erklärte: »Kylie ist nie ›indie‹ gewesen und wird es auch nie sein.«

Eine der eher populären Erklärungen für »Kylie, das Chamäleon« besteht in der Behauptung, sie definiere sich ständig durch ihre jeweiligen Liebhaber. Das trifft in Wahrheit lediglich auf Michael Hutchence und Stephane Sednaoui zu, zwei von nicht mehr als drei Männern, zu denen sie ihre Liebe öffentlich erklärt hat (der dritte ist James Gooding). Sie konnten Einfluss auf sie ausüben, weil sie zu ihnen aufschaute. Kylie aber ist immer eine Frau mit eigenem Kopf gewesen, die Ideen von anderen aufgegriffen und ihnen ihre eigene Note verliehen hat. Das erotisch-rebellische Auftreten der Hutchence-Ära hatte in ihr bereits gegärt, bevor die beiden ein Paar wurden. Die kurvenreichere Figur ihrer *Street Fighter*-Ära war dem Training in asiatischen Kampftechniken zu verdanken. Sie brauchte einen drei Nummern größeren BH, was prompt zu den üblichen Spekulationen führte, sie habe sie kosmetisch vergrößern lassen. Ihr vielleicht am wenigstens erfolgreicher Look war der als Straßenkind zu jener Zeit, als sie mit Stephane zusammen war. In gewissem Maße entsprach dies dem »Heroin-Schick«, aber jeder nahm an, sie litte an einer Krankheit. Zumindest aber war es etwas anderes, und sie sah nicht wie Madonna aus.

Zur Zeit der Tournee von 1998 hatte Kylies Image einen Tritt in ihr höchst berühmtes Hinterteil nötig. Die Kylie, die sie und William Baker der Welt schließlich präsentierten, war eine klassische aufgemotzte Schwuchtel, und ihre Bühnenshow glich einem extravaganten Kabarett in Las Vegas und nicht im mindesten einem normalen Popkonzert. Das Album *Impossible Princess* war eine musikalische Herausforderung und das Interessanteste, das sie je produziert hatte. Dennoch wurde es enttäuschend aufgenommen und konnte nicht so aufregend wie üblich präsentiert werden. Es war grüblerisch und nach innen gerichtet und nicht im mindesten mit Liza Minnelli zu vergleichen. Kylie begann ihre Show mit einem Ausschnitt aus dem Album mit einer düsteren Wiedergabe von ›Too Far‹. Kylie, in Schwarz gekleidet, stieg mit unmöglich hohen Absätzen ein silbernes Treppenhaus hinauf. Das sensationell Neue an der Show aber kam in Fahrt, als sie unter einem glitzernden, rosafarbenen ›K‹ auftauchte, bekleidet mit einem winzigen, mit Pailletten besetzten Showgirl-Kleidchen, das ihre perfekt proportionierten Beine sehen ließ, und ›I Should Be So Lucky‹ sang. Aber sie sang ›Lucky‹ nicht einfach so aus sich heraus, wie sie es Tausende von Malen zuvor getan hatte. Hier war ein neues, verjazztes Arrangement zu hören, eine Broadway-Ballade, mit der sich eine auf-

regende Show abziehen ließ. Es versetzte auf jedem Konzert der
Tournee, vom Palais Theatre in Melbourne bis zum Shepherd's
Bush Empire in West-London, das Publikum in Begeisterung. Es
war nicht nur amüsant und kitschig, sondern es war auch brillant in der Durchführung und erregte die Aufmerksamkeit sogar
des abgestumpftesten Kritikers. Der *Independent on Sunday*
schwärmte: »Es war phantastisch. Ein inspiriertes Arrangement,
und Kylie hat es sogar gut gesungen.«

Kylie forderte ihr Publikum zurück, jene Fans, von denen sie
gesagt hatte, sie seien mit ihr erwachsen geworden. Ihr Image
und ihre Musik waren endlich zu einer Einheit verschmolzen,
und genau darin besteht das entscheidende Element, das ihr innerhalb der letzten vier Jahre zu ihrem rasanten Aufstieg zur Ikone des Trends verhalf.

Nach ›Lucky‹ ging es in der Show nahtlos mit Abba's ›Dancing Queen‹ weiter, das, seit es in dem Film *Muriel's Hochzeit*
gesungen wurde, so etwas wie eine australische Ehren-National-
hymne darstellt. Kylie wurde von zwei Tänzern flankiert und
trug nichts als ein paar Pfauenfedern und ein Paar leuchtend
rosafarbene Shorts, die nichts der Phantasie überließen. Sie entsprachen ganz und gar Baker, der zu jener Zeit zufällig der Geliebte eines der gut gebauten, muskulösen Jungen war – der Fa-
bulous Baker Boys. Ironische Neuaufnahmen von ›Shocked‹ und
›Better The Devil You Know‹ wurden von ihrer ergebenen Fangemeinde begeistert aufgenommen, ehe schließlich ›Confide In
Me‹, das man als ihren bis heute stärksten Song bezeichnen
könnte, für eine düstere Zugabe sorgte. Die Show erwies sich als
triumphaler Erfolg und stellte klar, dass Kylie wieder da war. Es
war ein tollkühnes Auflaufen zur Höchstform und demonstrierte, dass die 33-jährige Kylie über die Reife verfügte, in jedem
Design, das William Baker ihr vor die Füße warf, eine gute Figur
zu machen.

Die Größe der Veranstaltungsorte in Australien ließ Kylie
genug Platz, ihre eigenen Ideen wie die von Baker voll und ganz

auszuleben. Sie hatten all die verschiedenen Images oder Inkarnationen, die Kylie im Laufe der Jahre zum Leben erweckt hatte, darstellen wollen – die Rock-Schlampe, das Zirkuspferdchen, die Stripperin und sogar das Cowgirl mit dem Song ›Cowboy Style‹, lange bevor Madonna sich im Jahr 2000 dieses Looks bediente. Baker hatte höchstpersönlich mit äußerster Sorgfalt sämtliche Hüte mit Pailletten und silbernem Flitter bestickt. Er vergaß nicht, einige davon an die australischen Kylie-Fans zu verschenken, die zu jeder einzelnen Show kamen, ganz vorn standen und ihrer Heldin zujubelten.

Nicht alles lief reibungslos ab. An einem denkwürdigen Abend hatte Baker es versäumt, den Reißverschluss, der Kylies Cowgirl-Kostüm zusammenhielt, ordentlich zu verschließen. Der Reißverschluss begann ganz allmählich sich zu öffnen, sodass das Kostüm sacht in Richtung Boden glitt. Darunter war Kylie »verdammt splitternackt«, wodurch Baker und Carol sich in einem Zustand höchster Panik befanden. Glücklicherweise ergriff Kylies persönliche Assistentin Natalie die Initiative und stürmte auf die Bühne, um die Ehre ihrer Arbeitgeberin zu retten – womit sie für eine gewaltige Enttäuschung bei der überwältigenden Mehrheit des Publikums sorgte.

Die *Intimate And Alive*-Tournee war von enormer Bedeutung für Kylies Karriere und wie sie in der Öffentlichkeit wahrgenommen wurde, denn sie gestattete ihr, sich auf dem Markt neu zu positionieren. Es war ihre erste größere Tournee seit sieben Jahren, und sie konnte die Gegenwart vorstellen, ohne die Vergangenheit zu verraten. Früher waren ihr die jeweiligen Verkörperungen eher peinlich gewesen, jetzt aber schwelgte sie in ihnen. Sie verfügte über genug Selbstbewusstsein, um zu ›I Should Be So Lucky‹ zu stehen, auch wenn sie dieser Gelegenheit bei ›The Loco-Motion‹ eine Grenze zog. Steve Anderson, der die Show produzierte, war fest entschlossen, keinen Song zuzulassen, bei dem es nötig war, mit den Armen wie in einem Kinderlied eine Lokomotive zu spielen, ja er drohte sogar, in

Großbritannien zu bleiben, wenn das Lied doch noch eingebaut würde.

Als die triumphale Tournee vorüber war, sah Kylie sich der Frage gegenüber, wie sie aus ihrem Erfolg Kapital schlagen konnte. Sie hatte ihre Fangemeinde unter den Schwulen neu begründet – ihnen gefielen die aufgemotzten Versionen der Songs, die sie sowieso bereits als Klassiker betrachteten, noch besser. Sie hatte zahlreiche neue Fans hinzugewonnen, die von der Häme, die einst über die Songs aus der Produktion von Stock, Aitken und Waterman ausgeschüttet worden war, keine Ahnung hatten. Aber es gab kein Hit-Album, mit dem sich ihre wieder entdeckte Popularität hätte abfangen lassen. Stattdessen überredete Baker Kylie dazu, als Nächstes ein Buch zu machen. Schließlich redete doch alle Welt ständig davon, was für ein Chamäleon Kylie wäre, warum also diese vielen wechselnden Images nicht einmal in einem Prachtband mit Fotografien präsentieren? Es würde eine wahre Entdeckungsreise werden und die Tournee zusammenfassen – namentlich die Tatsache, dass Kylie eine viel geliebte Institution darstellte, die völlig selbstbewusst zu all ihren früheren Images stand.

Das Buch *Kylie* – die Titelgebung gehörte noch nie zu ihren starken Seiten – war mit seinen Bildern, die den gesamten Verlauf ihres Lebens und ihrer Karriere nachzeichneten, eine Studie der Verwandlungen und brachte Nahaufnahmen von den meisten ihrer Körperteile, viele davon in Lebensgröße, einschließlich eines Armes, Fußes, ihrer Ohren und ihres Pos. Das fertige Produkt enthüllte, dass Kylie sich mit ihrer Vergangenheit versöhnt hatte. Auf zahlreichen der zuvor noch nie gezeigten Fotografien, die zu weiten Teilen von Baker, Sednaoui und Jebb aufgenommen worden waren, sieht Kylie absolut fabelhaft aus. Sie bemerkte, dass sie bereits in den Anfangstagen ihrer Karriere hatte

»lernen« müssen, wie man sich fotografieren ließ. Sie kennt auch ihre Schokoladenseite – eine äußerst wichtige Erkenntnis für Stars:»Jahrelange Erfahrung hat mir beigebracht, dass solche Seiten tatsächlich existieren – jeder hat sie. Manchmal habe ich mit Fotografen zu tun, die dieses oder jenes ausprobieren wollen, und dann sage ich etwas in der Art wie: ›Entschuldigung, ich möchte nicht unfreundlich sein, aber fotografieren Sie mich bitte von vorne und ein bisschen seitlich und sonst nichts.‹ Die Leute sagen, ich mache diese Sache mit der gefurchten Augenbraue absichtlich, aber das passiert einfach.« Kylie persönlich gefallen die Bilder von sich selbst am besten, auf denen sie lacht.

Das Projekt war mehr für ihr eigenes Ego und ausschließlich für ergebene Fans gedacht, aber es besitzt einigen Wert als soziales Dokument. Ebenso interessant wie die Fotos war der Text – schwärmerische Skizzen von Freunden und Bewunderern, darunter Baz Luhrmann, Nick Cave, Julie Burchill und Katerina Jebb. Der Geigenvirtuose Nigel Kennedy verriet, er habe seine Geige ›Kylie‹ getauft, weil diese »klein, schön und leicht zu tragen« sei. Baker sang Kylies Loblied aus vollem Halse und versicherte, dass es sich bei ihren Image-Veränderungen nicht um clever vorbereitete Inszenierungen fürs Publikum handelte. Weit treffender wies er darauf hin, dass die Mode sich verändert hatte, und dass manches, was in den 90er Jahren als banal abgetan wurde, inzwischen als großartig galt. Genau dies widerfuhr Kylie gegen Ende des Jahrzehnts. In dem Buch *Kylie* drehte sich alles um Bilder und um ein Leben unter den Augen der Öffentlichkeit, aber das Ganze wirkte zu gestellt. Private Informationen gab es nur wenige.

Im Juli 1999 begab sich Kylie auf einer Wohltätigkeitsmodenschau, die zugunsten der Aids-Hilfe in Wien stattfand, sogar auf den Laufsteg. Den größten Teil des Jahres über war sie jedoch mit der Arbeit an ihrem neuen Album beschäftigt, mit dem sie hoffte, die Erinnerungen an *Impossible Princess* hinter sich lassen zu können – einen Titel, der sogar noch vor dem zu frühen Tod von Prinzessin Diana andeutete, dass Kylie eine Art launenhafte Primadonna sei.

Will man eine Ikone des Stils sein, so besteht ein Teil des Geheimnisses darin, eine Mode oder einen Trend vorauszuahnen, sodass man selbst als Anführerin erscheint und alle anderen, die danach kommen, als Nachahmer gelten. Madonna hat sich auf diesem Gebiet stets als Expertin erwiesen, ob sie sich nun als die Schlampe von ›Like A Virgin‹ zeigte oder im Spitztüten-BH auftrat. Kylie wählte sich als nächste Verkörperung die einer Disco-Diva für ihr Retro-Album *Light Years*. Die erste Single ›Spinning Around‹ landete in Großbritannien geradewegs auf Platz 1, und von dieser starken Startposition aus wurde Kylie in ihrem neuen Look zum Traum-Titelbild einer jeden Zeitschrift. Baker hatte herausgefunden, dass Kylies Po ihr bestes Zugpferd darstellte, und dass von Vorteil war, ein Outfit zu tragen, das dieses herausstrich.

Disco war wieder einmal in Mode, solange der Stil mit einem Augenzwinkern in Richtung Publikum präsentiert wurde. Kylie stieg in den Trend ein, indem sie auf Ibiza im Privilege auftrat, welches sich rühmte, der größte Nachtclub der Welt zu sein. Die Tatsache, dass man Kylie live für die Eröffnung ausgewählt hatte, beweist, dass es inzwischen offiziell »okay« war, sich als Fan zu bekennen.

Das ›K‹ der Intimate And Liveshow war durch den in blauen Neonbirnen und ganz und gar im Disco-Stil der 70er Jahre gehaltenen Schriftzug ersetzt worden. Ihre in Schwarz gekleideten Tänzer vollführten roboterhafte Bewegungen in der Nähe des Swimmingpools an der Vorderbühne. Und da war auch schon Kylie, oben auf der Treppe, bekleidet mit einer rosafarbenen Vinyl-Jacke, einem winzigen rosafarbenen, hinten geschlitzten Röckchen und kleinen rosa Stiefeln – so schenkte sie ihrem Publikum ein breites, strahlendes ›Lucky‹-Grinsen. Wie hatten sich die Zeiten geändert! Hatten sie das wirklich? 1990, genau zehn Jahre zuvor, war Kylie gefragt worden, welches das letzte Kleidungsstück gewesen sei, das sie sich gekauft habe – und die Antwort lautete: ein Paar rosafarbene Hot Pants aus Straußenfedern. Vielleicht war Kylie in jenen Tagen für ein solches Outfit einfach noch nicht »cool« genug gewesen.

Zum letzten Mal hatte es 1988 Livemusik in dem mediterranen Discjockey-Mekka Ibiza gegeben, und damals hätte man darauf wetten können, dass es niemandem auch nur im Traum eingefallen wäre, sich einen Auftritt von Kylie Minogue mit ihrem grässlichen Stock-, Aitken- und Waterman-Zeug anzutun. Diese Insel ist stolz auf ihren hedonistischen Ruf, und Kylie war zu jener Zeit einfach zu lahm dafür – aber das galt inzwischen nicht mehr. Den Höhepunkt bildete das Stück ›Your Disco Needs You‹, das mit seinem leicht anrüchigen Spaß die Gruppe Village People noch übertraf. Die Tänzer legten ihre Oberteile ab und legten ölig glänzende Muskeln (Männer) und gepuderte, mit schwarzen Quasten verzierte Brüste (Frauen) frei. Kylie hatte in der Zwischenzeit ein goldenes Bikini-Oberteil und gerüschte Hot Pants angezogen. Es herrschte die dekadente Atmosphäre von *Cabaret* ohne die bedrohlichen Untertöne. Ein Kritiker hielt fest: »Niemand tanzt wirklich während Kylies Vorführung – sie sind alle viel zu sehr damit beschäftigt, nichts zu übersehen.«

Nach *Light Years*, ihrem ersten Album für die große Plattenfirma Parlophone, sollte es kaum ein Jahr dauern, bis Kylie sich mit *Fever* sowie mit der Single, die ihre Karriere wieder einmal völlig verwandeln sollte, zurückmeldete. Im Anschluss an den unglaublichen Erfolg von ›Can't Get You Out Of My Head‹ ist Kylie zur Nummer 1 unter den Fashion-Ikonen des Landes geworden. Ihre Bühnenkostüme werden sogar noch ausgefallener – das berühmte, enthüllende weiße Etwas für das Video wirkt wie die Parodie eines Kleidungsstücks, das ein Polizeibeamter bei einem Tatorteinsatz tragen mag. Die Fernsehsendung *An Audience With Kylie Minogue* begann sie mit ›Spinning Around‹, ausgestattet mit einer exotischen Kopfbedeckung, die einem Busby-Berkeley-Film aus den 30er Jahren entsprungen wirkte. Noch bedeutender aber war, dass Kylie inzwischen für das, was sie außerhalb der Bühne trug, auf den Modeseiten landete. Ihrem Kleidergeschmack fiel bei jeglicher Gelegenheit jene Aufmerksamkeit zu, die in der Vergangenheit der Prinzessin von Wales vorbehalten geblieben war.

Kylies Team

Kylies erste Stylistin in London war Kelly Cooper Barr, die die gesamte Truppe von Stock, Aitken und Waterman – welche sich zu keiner Zeit durch stilistischen Glanz hervortat – betreute. Ihr wurde ein frisch geschrubbtes Mädchen mit unbändigem Haar übergeben, das aussah, als sei es ungefähr 12. Sie erhielt die Anweisung, dieses Mädchen »in die nächste Olivia Newton-John zu verwandeln«. Kylie wäre außer sich vor Freude gewesen, dem Star aus *Grease*, einer Heldin ihrer Kindheit, nachzueifern, aber zwischen der birkenschlanken Newton-John und der kleinwüchsigen Kylie lagen Welten. »Ich weiß noch, wie ich mir Kylie ansah«, berichtete Cooper Barr, »und wie ich dachte: Das wird nie was. Sie war der Star einer Soap, und ich konnte mir einfach nicht vorstellen, dass sie je so groß wie die Newton-John werden würde.« Aber sie hatte nun einmal ihre Anweisungen und war entschlossen, ihr Bestes zu geben, auch wenn es ihr nie in den Sinn kam, Kylie in irgendeiner Weise sexy herauszuputzen. »Ich bemühte mich verzweifelt, dieses kindliche Figürchen in irgendetwas zu verwandeln, das einem Star ähnelte.« Kylie war so zierlich – zuweilen war sogar Größe 34 zu groß für sie –, dass es Probleme gab, Outfits für sie zu finden: In den meisten Fällen hielt man sich an eng anliegendes Lycra, gekrönt von riesigen Plateauschuhen und Kniestrümpfen. Heute ist Kylie in der Lage, darüber zu lachen, doch zu jener Zeit bot sie wahrlich ein Bild für Götter.

Kelly und Kylie gingen in den späten 80er Jahren häufig zusammen in Clubs, und immer war es die Maskenbildnerin, die angesprochen wurde, denn die hungrigen Wölfe auf der Tanzfläche nahmen grundsätzlich an, sie sei der berühmte Popstar. Niemand erkannte Kylie. Nahezu 15 Jahre später vertritt Cooper Barr die Ansicht, das Geheimnis von Kylies derzeitiger Unwiderstehlichkeit beruhe auf ihrem Alter. Sie erklärte: »Die meisten Frauen haben nichts Glühendes an sich, ehe sie Anfang Dreißig sind und damit ihre sexuelle Reife erreichen.« In anderen Worten, ihr Sexappeal hat Kylie zu Stil verholfen. Und ihr Stil verhalf ihr zu Sexappeal.

Im Rahmen der Style-Auszeichnungen von *Elle* wurde sie als »Stil-Ikone« des Jahres 2001 genannt, die Zeitschrift *heat* wählte sie für ein Outfit, das sie auf einer »It's Fashion«-Wohltätigkeitsparty trug, auf der sie auch ungehemmt mit Prinz Charles plauderte, zur stilbewusstesten Frau des Jahres. Ihr von Ungaro entworfenes, mit Perlen besetztes und mit Blumen verziertes Kleid schwebte einfach über dem Boden, auch wenn manch einer sich gewundert haben mag, wie Kylie es schaffte, in Schuhen mit derartig hohen Absätzen zu laufen. Sie ließ Alltagsmode gleichzeitig wundervoll und erschwinglich wirken – das heißt natürlich das, was man als Alltagsmode bezeichnet, wenn man sich Ungaro, Dolce & Gabbana und Colette Dinnigan leisten kann.

Alison-Jane Reid bemerkte: »Wenn ein Star gut aussieht und mit ihrer Karriere alles gut läuft, will die ganze Welt diesen Star anziehen. Und genau das ist Kylie passiert.«

Kylie hat einen perfekt proportionierten Körper, auch wenn er nur 57 Prozent der Normalgröße aufweist – perfekt ist er dennoch. Sie passt zwar nur in Größe 32–34, aber jetzt, wo Modedesigner ganz speziell für sie arbeiten, sitzt jedes Stück wie angegossen. Sie kann Aufsehen erregend und bescheiden wirken, aufgedonnert, aber niemals vulgär. Sogar das durchsichtige Togakleid, in dem sie auf den MTV Awards erschien, wurde als akzeptabel angesehen, weil es eben »unsere Kylie« war, die es trug. Eleonore Crompton von der Zeitschrift *heat* hielt fest: »Sie gehört zu der Art von Mädchen, bei denen man sicher ist, dass sie sich jeden Tag zusammenpassende Schlüpfer und Büstenhalter anziehen.«

Zu Kylies Lieblingsdesignern gehören ihr Freund Julien Macdonald, Chloë, Mark Jacobs und der Meister der Haute Couture Ungaro, dessen romantische und zugleich sinnliche Kleider perfekt für moderne Göttinnen sind. Sie gab £ 6000 für ein von Macdonald entworfenes Lurex-Kleid aus, in dessen Stoff ein 24-karätiger Goldfaden sowie Edelsteine eingewebt worden waren. Sie ist ein großer Fan von Colette Dinnigan, der hippen australischen Designerin, die auch Nicole Kidman und Cate Blanchett lieben. Colette entwarf das umwerfend hübsche schwarze und beigefarbene Paillettenkleid, mit dem Kylie auf der Londoner Premiere von *Moulin Rouge* erschien. Ihr wichtigster Lieferant aber ist die Firma Dolce & Gabbana, wo Fiona Doran hart daran arbeitet, so manche von William Bakers ausgefallenen Ideen in die Tat umzusetzen. Die in Mailand ansässigen Modeschöpfer Domenico Dolce und Stefano Gabbana wurden zur beliebtesten Adresse, nachdem Madonna einen ihrer Röcke – ein Geschenk von Warren Beatty – in ihrem Film *Truth Or Dare / In Bed With Madonna* trug. Sie fand, die beiden machten Kleider »für einen fraulichen Körper«. Doran entwarf das weiße Kapuzenkleid, das Kylie in dem Video zu ›Can't Get You Out Of My Head‹ vom Körper fiel. Das Kleid, das sie bei der Brit Awards 2002 auf der Bühne trug, war wiederum eine Kreation von D&G, die £ 1000 kostete, aus mehr Luft als Stoff bestand und das Minoguesche Hinterteil plus Schenkel ins rechte Licht rückte.

Nur zufällig wurde sie im Juni 2001, acht Monate vor den Brit Awards, von der *Vogue* gefragt, welches ihr liebstes Outfit aller Zeiten sei. Sie gab zur Antwort: »Ein Latz-Minikleid aus Vinyl mit dazu passenden kniehohen Stiefeln, bei denen ›Smiley‹ auf den Zehen stand – das hatte ich an, als ich vier Jahre alt war.« Die Stiefel, die Kylie auf den Brit Awards trug, waren ein zurechtgemachtes Paar Reißverschluss-Stiefel für £ 900 von Jimmy Coo, die William Baker mit Silberfarbe eingesprüht hatte, sodass Kylie ein zusammenpassendes Paar neuer Stiefel und Schlüpfer haben würde. Kylie hat so winzige Füße, dass eine Menge Schuhe dem jeweiligen Outfit angepasst werden müssen. Sie mag zwar keine Sammlerin in der Größenordnung von Imelda Marcos sein, aber sie liebt und hortet Schuhe, die ihre größte Schwäche im Modebereich darstellen. Ihr Lieblings-Schuhdesigner ist Manolo Blahnik, der so in Mode ist, weil das angebetete Schuhwerk der Mädchen in *Sex And The City* von ihm stammt, einer Fernsehsendung, die Kylie sich zufällig auch gerne ansieht. Kylie hält übrigens ihre hübschen Füße und nicht etwa ihr berühmtes Hinterteil für ihr bestes Körperteil.

Kylie hat den Dusty-Springfield-Look mit den enormen falschen Wimpern, der ihr in den schlimmen alten Tagen ihrer Phase als Rock-Neuling so gefiel, hinter sich gelassen. Ihre Augen werden für gewöhnlich schwarz umrandet, um ihre Mandelform zu betonen. Ansonsten aber konzentriert ihr Make-up sich in erster Linie auf ihre Lippen und ihre unglaublich hohen Wangenknochen. Es ist höchst unwahrscheinlich, dass Behauptungen, sie habe sich einer Schönheitsoperation unterzogen, je bewiesen werden können. Sie hatte schon immer phantastische Lippen, und die kühnen Lippenstift-Farben, die sie auswählt, verleihen ihr ein strahlendes, durch und durch akzentuiertes Aussehen. Kylies faltenlose Haut gibt noch immer zu Spekulationen Anlass, sie sei die »Königin des Botox«, einer Reihe von Injektionen, die die Haut einfrieren, sodass sie sich nicht mehr furchen lässt und somit auch keine Falten entstehen können. Anders als englische Frauen, für die die Sonne eine Rarität darstellt und die sich gern rösten lassen, sobald sie einem Ferienstrand auch nur nahe kommen, ist Kylie als Australierin in einem sonnigen Klima aufgewachsen, in dem man an den meisten Tagen des Jahres in Shorts herumlaufen kann. Demzufolge ist sie eine leidenschaftliche Benutzerin von Sonnencreme, trägt grundsätzlich den höchsten Sonnenschutzfaktor auf und macht ihrem Freund James Gooding das Leben schwer, wenn er auch nur den Versuch unternimmt, etwas Sonnenbräune zu ergattern. Kylie kauft mit Begeisterung Lotionen und Tinkturen ein. Ihre größte Extravaganz ist die fermentierte, auf der Basis von Meeresalgen hergestellte Feuchtigkeitscreme Creme De La Mer, von der ein 60-ml-Topf £ 135 kostet. Kylie mag auf ihrer Haut am liebsten einen tauähnlichen Schimmer und vermeidet schwere Grundierungen.

Wir leben in einem zynischen Zeitalter, und Kylie ist im Jahr 2002 34 geworden – also wird sie, je unglaublicher sie aussieht, desto mehr hämische Andeutungen über sich ergehen lassen müssen. Sie scheint nicht die geringste Spur von Cellulite zu haben. Die Haarstylistin Caroline Barnes, die mit Kylie gearbeitet hat, bemerkte: »Es ist zum Wahnsinnigwerden, aber an ihrem ganzen Körper lässt sich kein einziges Fetzchen Orangenhaut finden.« Bei einer Gelegenheit überlegte Kylie, ob sie eine Anti-Cellulite-Creme ausprobieren sollte, aber Caroline riet ihr: »Das kannst du ja machen, wenn du Lust hast, nur hast du es absolut nicht nötig.«

Kylie stilvoll: »Ich habe mein Image so oft verändert, weil es das Einzige war, das ich kontrollieren konnte.«

Kylie – wählerisch

Die Szene war ausgesprochen typisch für Hollywood. Kylie Minogue, die zwar berühmt, aber jenseits des Atlantiks noch nicht in aller Munde war, aß in einem beliebten Restaurant in Beverly Hills zu Mittag, als sie gefragt wurde, ob sie sich an einen anderen Tisch setzen würde, wo sie sich mit dem Filmstar Jim Carrey, dem Knetmasse-Gesicht aus *Dumm und Dümmer* unterhalten könne. Dies ist ein Beispiel für die gesellschaftlichen Freundlichkeiten, die im Top-Ranking der Film-Hauptstadt ständig zum Einsatz kommen – ein Fall von guten VIP-Manieren: Man erkennt ein anderes bekanntes Gesicht in der Öffentlichkeit, lässt seine Leute kurz mit den Leuten des anderen alles besprechen, und wenn das Treffen dann schließlich stattfindet, wirkt es ganz spontan und endlose Begrüßungsküsschen werden ausgetauscht. Es ist nichts als ein Spiel. Von den Medien wurde Carrey unverzüglich zum neuen Mann in Kylies Leben ernannt, auch wenn dieses höchst öffentlich stattfindende Mittagessen, das sie noch nicht einmal unter sich einnahmen, die erste und einzige Gelegenheit gewesen ist, bei der er und Kylie sich jemals begegnet sind.

Die Faszination, die ihr Liebesleben auf die Öffentlichkeit ausübt, gehört zu den Dingen, mit denen sich Kylie von jeher abfinden musste. Inzwischen ist sie 34 Jahre alt und noch immer nicht verheiratet. Wenn sie, wie wir mittlerweile ja wissen, mit sechzehn bereits Erfahrungen gesammelt hatte, dann ergibt das in etwa 18 Jahre, die sie jung, frei und noch zu haben ist. Es wäre in der Tat zutiefst traurig, wenn sie in all den Jahren wie eine

Nonne gelebt hätte. Glücklicherweise ist dies jedoch nicht der Fall, und Kylie legt, wie sie selbst es gern ausdrückt, einen »gesunden Appetit auf die meisten Dinge« an den Tag. Sie steht auf Sex und gab sich selbst einmal eine Beurteilung mit sieben von zehn Punkten – bei guten Gelegenheiten sogar acht –, sodass es immer noch Möglichkeiten zur Verbesserung gab. Bis jetzt schienen zwei Jahre die Höchstgrenze für sämtliche Beziehungen darzustellen, auch wenn ihre 15 Monate während Affäre mit Michael Hutchence eine überproportionale Bedeutung in ihrem Leben einnimmt. Jason Donovan war um einiges länger an Bord, aber heutzutage scheint Kylie sich dieser Sache fast ein wenig zu schämen, als sei diese Romanze etwas, auf das sie sich eingelassen hatte, als sie nichts weiter als ein junges Mädchen war, lange, ehe sie zur Frau wurde. Vielleicht ist Jason daran selbst Schuld, weil er vor zwei Jahren damit herausplatzte, er und Kylie hätten »viel, viel Sex« gehabt, »wirklich genug Sex für vier Jahre«.

Noch schlimmer war, dass Jason auch Michael Hutchence mit ins Spiel brachte, indem er erklärte: »Er war mein Held, der Mann, der ich gern sein wollte. Ich kann nur eines sagen, und das ist fürchterlich, aber ich war schon vor ihm drinnen. Ich kann Talente besser entdecken als die meisten.« Jason mag ja schon vor Hutchence »drinnen« gewesen sein, aber der Erste war auch er nicht. Seine Bemerkungen erscheinen eher wie jugendliche Prahlerei und machten seinem Ruf als netter Junge nicht gerade Ehre. Als er bei einem früheren Anlass zu Kylie und Michael befragt worden war, hatte er sich eine diplomatischere Antwort einfallen lassen: »Ich wünsche den beiden Glück, irgendwelche eifersüchtigen Gedanken gehen mir nicht mal flüchtig durch den Kopf«, ein Gefühl, das er später widerrief. Rick Sky, der Kylie und Jason bei vielen Gelegenheiten interviewt hat, fand immer, er sei im Umgang der Einfachere von beiden: »Jason ist ein liebenswerter Kerl, er ist viel sanfter als Kylie und auch viel großzügiger.« Vielleicht war Jason letzten Endes einfach zu sanft für Kylie. Er hat erklärt, er ziehe schwierige, ja sogar dominante

Frauen vor: »Ich verhalte mich ein bisschen wie ein Trottel, wenn mir jemand das Leben schwer macht. Vielleicht bin ich ja ein Masochist. Wenn einen jemand an seinen Fäden hat, dann wird man noch schärfer, oder etwa nicht?«

Kylies eigene Haltung Jason gegenüber gleicht dieser Tage der einer Tante, die ihren Neffen von Zeit zu Zeit einmal zu Gesicht bekommt. Sie bleiben in Verbindung, aber ihre Wege kreuzen sich nur noch äußerst selten. Sie hatte nicht einmal gewusst, dass er Vaterfreuden entgegensah, ehe sie ihm zufällig auf der Straße über den Weg lief.

Auf Kylies Liste von Männern, die, um Jasons elegante Formulierung zu bemühen, »drinnen« gewesen sein mögen, finden sich unter anderem das Model Zane O'Donnell (ständiges Hin und Her zwischen 1991 bis 1993), der Sänger Evan Dando (Eintagsfliege, 1993), der Sänger Lenny Kravitz (1993), Model und Schauspieler Mark Gerber (1994), Playboy Tim Jeffries (Gelegenheitsliebhaber 1993 / 94 und noch einmal 1998), der Comedian Pauly Shore (1995), Fotograf und Video-Regisseur Stephane Sednaoui (1995 bis 1997), Musik-Regisseur Cassius Coleman (1998 bis 1999), der Schauspieler Rupert Penry-Jones (1999) und das Model James Gooding (seit 2000). Zahlenmäßig hat sie damit mehr als die Jungfrau Maria und weniger als Marilyn Monroe aufzuweisen.

Es gibt noch ein paar Möglichkeiten, zum Beispiel Scott Bradley, Daniel Lapine und Brent Wahling, wesentlich unterhaltsamer aber ist die Liste der Männer, mit denen man ihr zwar eine Verbindung angedichtet hat, die aber definitiv *nicht* dazugehören: Jim Carrey, Chris Evans, Julian Lennon, Jay Kay, Roger Lloyd Pack und Prince. Enttäuschenderweise heißt es auch nein für Kylie und Robbie Williams, eine Verbindung, die beide in den Stand des Popadels erhoben und womöglich sogar David und Victoria Beckham von den englischen Titelseiten vertrieben hätte.

Und dann gibt es noch die Männer, über die wir nicht das Geringste wissen, die heimlichen Anbeter. Schon bald nach ihrer

Trennung von Hutchence wurde sie beim Verlassen ihrer Wohnung in Chelsea mit einem ihrer Tänzer gesehen. Das Paar, das lässig und eher abgerissen gekleidet wirkte, war kaum zwei Schritte weit die Straße hinunter gekommen, als ihnen ein Paparazzo schier ins Gesicht sprang und eifrig knipste, während eine hünenhafte, blonde Reporterin sie mit Fragen bombardierte. Kylie jagte in eine Richtung davon, der Tänzer stürzte in die andere. Rennen gehörte noch nie zu Kylies starken Seiten, und obwohl die Journalistin hochhackige Schuhe trug, hatte sie Kylie schon bald eingeholt und drängte sie mit dem Rücken gegen eine Mauer. »Passen Sie auf«, sagte die Reporterin. »Ich will nichts weiter als Ihnen ein paar simple Fragen stellen, es ist also nicht erst nötig, dass einer von uns außer Atem gerät, stimmt's?« Die arme Kylie hatte keine andere Wahl als sich zu fügen, und im *Daily Star* erschien somit ein Artikel. Es war einer der seltenen Einblicke in das verborgene Leben von Kylie, einer jungen Frau, die unter Pickeln litt und sich keine große Mühe mit ihren Haaren machte, wenn sie auf einen Sprung nach draußen ging, um den Tag mit einem Kaffee zu beginnen. Und warum um alles in der Welt hätte sie auch rund um die Uhr eine Show hinlegen sollen? Die Situation war mit jener zu vergleichen, in der sie sich auf dem Flughafen Heathrow befunden hatte, als sie von Jean Rook und Konsorten überfallen worden war. Die verborgene Kylie, wenn sie erwischt wird, ist wie ein Kaninchen, das gelähmt von einem Autoscheinwerfer in der Falle sitzt. Sie hat nichts dagegen, einen kleinen Teil ihres Privatlebens zu teilen – aber es muss stets zu ihren eigenen Bedingungen geschehen.

Die Männer in ihrem Leben lassen sich allem Anschein nach in zwei verschiedene Kategorien einordnen. Entweder sehen sie umwerfend aus oder sie sind auf andere Weise mehr als außergewöhnlich. Kylie sagt, die wichtigsten Eigenschaften, nach denen sie bei einem Mann sucht, sind Charisma und Humor, eine seltene Kombination. »Mir würde auch gefallen, wenn er ein künstlerischer Typ wäre. Und ich möchte, dass er mich vom Hocker reißt.« Es gibt ein weiteres Attribut, das zumindest drei ihrer Liebhaber gemeinsam haben – sie waren besser bekannt für das, was sie zwischen ihren Beinen hatten, als für das zwischen ihren Ohren.

O'Donnell begegnete Kylie während der Dreharbeiten für das Video zur Single ›What Do I Have To Do‹, einem in der Schwulenszene heiß geliebten Hit. Der auf einem Auge erblindete O'Donnell war ein umwerfend gut aussehendes, perfekt gebautes Model aus Südafrika, und vor allem dafür bekannt, dass er seinen Körper in einer Reklame für Levi-Jeans zur Schau stellte. Es ist ein amüsanter Zufall, dass mehrere von Kylies Liebhabern ihre Aufmerksamkeit erregten, nachdem sie sich der meisten (oder auch aller) ihrer Kleider vor einer Kamera entledigt hatten. Sogar Kylie ließ bezüglich seiner Anziehungskraft die Katze aus dem Sack, als sie zugab, sie hätten »den Sex entdeckt«. O'Donnell erfreute sich eines bemerkenswerten Rufes als Frauenheld. Er hatte seine Frau Lauren und den gemeinsamen kleinen Sohn verlassen, als seine Karriere in Gang kam. Lauren rächte sich in gewisser Weise, als sie erklärte: »Der einzige Weg, ihn davon abzuhalten sich mit andern Frauen herumzutreiben, wäre ihn zu kastrieren.«

Seine Beziehung mit Kylie verlief stürmisch, sie trennten sich, kamen wieder zusammen und erklärten ihre unzerstörbare Liebe füreinander. Einmal trennten sie sich an einem Valentinstag in Paris, wo Kylie gerade das Video zu ›Finer Feelings‹ aufnahm, ihrer 18. in Großbritannien erschienenen Single innerhalb von nur vier Jahren. Eine Vertraute bemerkte: »Sie sprachen lange miteinander. Ich denke, sie waren sich beide einig, aber Kylie war äußerst niedergeschlagen und von Zeit zu Zeit sogar den Tränen nah.«

Kylie, die öfter als ihr selbst gut tut ihr Herz auf der Zunge trägt, sobald sie mit jemandem zusammen ist, war ebenfalls in Tränen aufgelöst, als sie auf einer Party ihres australischen Landsmannes und ehemaligen Wimbledon-Siegers Pat Cash und seiner damaligen Frau Emily in Kingston upon Thames nahe London einen heftigen Streit ausgetragen hatten. Eine Freundin von Kylie verriet, wie verzweifelt diese war, weil sie sich wirklich wünschte, dass die Dinge besser liefen: »Sie mag ihn immer noch furchtbar gerne. Aber die Beziehung zwischen ihnen funktioniert einfach nicht.«

Dieser spezielle Streit fand Ende 1992 statt, kurz vor Kylies Abflug zu ihrem jährlichen Weihnachtsurlaub in Melbourne. In Wahrheit war es das Ende für ihre Beziehung. Aus O'Donnells Karriere ist anschließend nicht mehr viel geworden, und er fand lediglich noch einmal Erwähnung in der Presse, als er Gott für sich entdeckte, die Jeans-Werbung hinter sich ließ und stattdessen eine Kampagne startete, mit der junge Leute für die Kirche geworben werden sollten.

Für jemanden, der sein Privatleben mit so viel Sorgfalt hütet, legt Kylie zuweilen eine erstaunliche Indiskretion an den Tag. Es ist, als spüre sie von Zeit zu Zeit ein kleines Teufelchen in sich und pfeife auf die Konsequenzen. Da gab es den Sex, den sie mit Paul Marcolin in einem Durchgang neben einem Haus, in dem eine Party in vollem Gange war, genoss. Da war der komplette Geschlechtsakt mit Michael Hutchence in einem Flugzeug, in Sichtweite des australischen Premierministers, und dann war da schließlich der Lemonheads-Sänger Evan Dando, mit dem sie auf einer Party auf der Toilette verschwand. Dieser Vorfall sollte schon bald einen legendären Status erhalten.

1993 hatte es so ausgesehen, als könne Evan Dando auf dem Weg zum Gott des Rock in Michael Hutchences Fußstapfen treten. Nach dem Erscheinen seines Albums *Come On Feel The Lemonheads* – und damit der klassischen Rockballade ›Into Your Arms‹ – war er das Gesprächsthema des Monats und wurde beständig zusammen mit Johnny Depp und Courtney Love genannt. Abgesehen von Kylie hatte er noch eine weitere Leidenschaft mit Hutchence gemeinsam – die Leidenschaft für harte Drogen. Er hat einmal gestanden, er habe während einer Sauftour so viel Crack geraucht, dass seine Stimme für Wochen ruiniert gewesen sei. Dando stammte aus Boston, verbrachte jedoch einen großen Teil der 90er Jahre in Australien. Inzwischen lebt er wieder in New York, plant ein weiteres Comeback und wurde ein paar Mal in der Presse erwähnt, weil er nur fünf Häuser entfernt von den zerstörten Twin Towers wohnt, aber sonst ist es ziemlich still um ihn.

Kylie hat zugegeben, dass eine gewisse Wahrheit in der Evan-Dando-Geschichte liegt, auch wenn sie nie ein richtiges Liebespaar waren. Sie hatten aber auch keine Affäre für eine Nacht – eher für eine Stunde. Als sie das letzte Mal über diese Sache befragt wurde, errötete sie und begann zu kichern. »Was soll ich dazu denn nun sagen? Es war ein bisschen frivol.«

Prinz hatte zu den Kindheitshelden der Kylie Minogue gehört. In allen frühen Interviews mit Fan-Magazinen antwortet sie auf die häufig gestellte Frage: »Wer sind deine Pop-Idole?« stets mit einer Anerkennung des kleinen Lilafarbenen. Er mag zwar ihr Held gewesen und Charisma im Überfluss besessen haben, es gibt aber keinerlei Beweis dafür, dass Kylie tatsächlich auf ihn stand, auch wenn sie ihn bekanntermaßen einmal als »Sex am Stiel« beschrieb. Als selbst kleinwüchsiges Mädchen bevorzugt Kylie in der Regel größere, gut gebaute Männer – Tom Cruise braucht sich also gar nicht erst zu bewerben.

Sie begegnete Prince hinter der Bühne bei einem seiner Londoner Konzerte, nachdem ein Chauffeur, der beide in London gefahren hatte, sie miteinander bekannt machte. Kylie war in den USA das ›Loco-Motion‹-Mädchen – sodass Prince nicht völlig klar war, was für einen großen Star er vor sich hatte. »Ich denke nicht, dass er viel von mir wusste«, gestand sie. Zu dieser Zeit, nach ihrem Bruch mit Stock, Aitken und Waterman und ihrer neuen Verbindung mit deConstruction Records, befand sich

Kylie auf der Jagd nach mehr künstlerischer Glaubwürdigkeit. Somit würde es nicht schaden, wenn die Medien sie im Dunstkreis von Prince ansiedelten. Sie besuchte ihn in seinen Londoner Studios, wo er halb im Spaß vorschlug, sie solle doch ein paar Texte für ihn schreiben. Kylie mag zwar auf ein wenig professionelle Anerkennung von Prince gehofft haben, schließlich war das derselbe Mann, der Sheena Easton unter seine Fittiche genommen hatte.

Auch wenn Kylie immer darauf beharrt hat, zwischen ihr und Prince sei niemals etwas gewesen, hielt sie das nicht davon ab, den Gerüchten selbst neuen Zündstoff zu geben, indem sie einige der für Prominente typischen Verhaltensweisen an den Tag legte. Sie unterhielten sich eine halbe Stunde lang miteinander in dem Nachtclub Tramp im Londoner Westend, ehe jeder von ihnen seiner Wege ging. Prince brach auf dem Rücksitz einer riesigen, von einem Chauffeur gesteuerten Limousine zu seinem Hotel, dem Conrad in Chelsea Harbour, auf. Etwa 100 Schritte weiter fuhr das Auto an den Straßenrand, Kylie stürzte aus dem Dunkel und sprang hinein. Vor seinem Hotel stiegen sie beide zusammen aus. Obwohl man, um Kylie kein Unrecht zu tun, anmerken muss, dass sie nur zehn Minuten weit entfernt wohnte, hätte sie allmählich doch genug davon haben müssen, das Selbstbewusstsein eines Mannes zu streicheln.

Sie machte einen Besuch in seinem berühmten Haus Paisley Park in Minneapolis, besteht aber hartnäckig darauf, sie sei nicht zu einer weiteren Eroberung geworden. Mit Sicherheit wollte sie sich auf diese Liste nicht setzen lassen. Die beiden amüsierten sich stattdessen bei einer Partie Tischtennis miteinander: »Er spielt sehr gut. Ich halte mich selbst für nicht schlecht im Pool Billard und im Tischtennis, aber er spielte mich in Grund und Boden. Ich war von mir selbst enttäuscht. Ich weiß noch, dass ich einen phantastischen Luftsprung machte und glanzvoll unterging.«

Kylie fand den richtigen Augenblick, um Prince den Text zu präsentieren, den sie für einen Song mit dem Titel ›Baby Doll‹

geschrieben hatte und der recht gut gelungen war, auch wenn er nicht gerade in die Klasse von Lennon und McCartney gehörte. Prince nahm ihn und improvisierte eine Melodie, die dazu passte. Der Song wartet jedoch bis heute darauf, auf einem Album das Licht der Welt zu erblicken.

Mehr oder weniger zufällig hatte Kylie eine kleinere Affäre mit Lenny Kravitz, einem weiteren ebenso begabten wie charismatischen schwarzen Künstler. Aber auch dieses Mal ließen sich daraus keine künstlerischen Funken schlagen. Er war dafür vorgesehen, einen Song für Kylies erstes Album bei deConstruction zu schreiben. Der Song tauchte jedoch niemals auf, und Kylie gestand, dass »ein kleines bisschen Wahrheit« in den Gerüchten lag, die beiden seien einander auf einer rein körperlichen Ebene begegnet. Zufällig war Kravitz ein guter Freund von Michael Hutchence und ein regelmäßiger Besucher in dessen französischer Villa gewesen. Wie alle Rockstars pflegt auch Kravitz ein gewisses Image vom wilden Mann, aber er ist einer der ganz wenigen, von denen bekannt ist, dass er seinen Großvater mit auf Tournee nimmt.

Sowohl Prince als auch Lenny Kravitz haben sich im Laufe der Jahre einen mächtigen Ruf als Don Juans des Rock erworben, aber selbst diese beiden müssen vor Tim Jeffries oder ›Tim Wer?‹, wie er sich vielleicht besser beschreiben lässt, den Hut ziehen. Der »nette Tim« hat angeblich nichts in seinem Lebenslauf aufzuweisen, bis man zu der Seite kommt, auf der die Geliebten aufgelistet sind. Dann aber kann er sich unter anderem der Namen von Koo Stark, Elle Macpherson, Claudia Schiffer und Kylie rühmen. In Wahrheit ist Jeffries ein amüsanter, sympathischer Gesellschafter, der als Leiter einer Londoner Fotogalerie durchaus harte Arbeit leistet. Er ist ein enger Freund des Modeschöpfers Valentino und bewegt sich ungezwungen in der Welt der Mode und Fotografie, die beide zu Kylies brennenden Interessen gehören. Das Etikett »Playboy« ist ihm ein Gräuel, aber es hängt ihm an: »Ein Playboy ist ein Überbleibsel aus den

50er Jahren, der unglaublichen Reichtum genießt, nicht zu arbeiten braucht und in einem Privatflugzeug um die Welt reist – nichts davon trifft auf mich zu. Ich bin kein Playboy – ich bin ein hart arbeitender Kunsthändler.«

Soweit es seine Eroberungen betrifft, weist Jeffries eine unschätzbare Eigenschaft auf: Er ist absolut diskret und hat sich nie ein Wort über die schönen Frauen, mit denen er zusammen war, entschlüpfen lassen. Mitte der 90er Jahre begann Kylie, sich von der Welt des Rock zu entfernen, zugunsten eines kreativeren, mehr in der Modewelt angesiedelten Freundeskreises – Leute, die ihrer nicht enden wollenden Begeisterung für Bilder etwas zu bieten hatten. Jeffries gehörte zu diesen Freunden, die Kylie die Türen in diese neue Welt zu öffnen vermochten.

Kylies nächste Eroberung war ein früheres Model, der inzwischen als Schauspieler tätige Mark Gerber, der eine flüchtige Ähnlichkeit mit Zane O'Donnell aufwies und zudem in dem hochgelobten australischen Film *Sirens*, in dem er sich in seiner Rolle als Stallbursche seiner Kleider entledigte, eine immense Begabung gezeigt hatte. Zufällig spielte in dem Film auch Tim Jeffries' Exfreundin Elle Macpherson eine Rolle. Kylie rief Gerber an, nachdem sie den Film gesehen hatte, und fand heraus, dass er in London war. Sie schlug vor, zusammen die Eröffnungsparty von Donna Karans Boutique in London zu besuchen, und dort funkte es zwischen den beiden. Als Kylie zu einem Besuch nach Australien kam, trafen sie sich wieder. Aus der Romanze wurde nicht viel mehr als eine Urlaubsaffäre. Die beiden wurden zusammen auf verschiedenen gesellschaftlichen Ereignissen rund um Sydney gesehen, darunter auf Gigs der Rockband Flaming Boa, auf denen Kylie für kurze Zeit in die Rolle der begeisterten Newcomerin schlüpfte. Als Kylie Australien jedoch verließ, um ihren beruflichen Verpflichtungen nachzukommen, versickerte ihre Affäre im Sand. Kylies Kommentar zu der Beziehung lautete: »Das ist eine Romanze über eine weite Entfernung, und im Moment steht meine Karriere, bei allem was ich mache, im Vordergrund. Jegliche Beziehung ist dabei zweitrangig.« Das sind Worte, die zu denken geben, zumal ihr Geburtshoroskop enthüllt: »Ihr stark ausgeprägter Ehrgeiz vernebelt ihre Vorstellung von Liebe.«

Pauly Shore lässt sich in die Kategorie »vom Erhabenen ins Lächerliche« einordnen. Er war durch und durch ein Produkt der US-amerikanischen Comedy der 90er Jahre – der höchst gewinnträchtigen Bananenschale. Er begegnete Kylie bei den Dreharbeiten zu dem Film *Bio Dome*, in dem auch Stephen Baldwin spielte und der sich derselben Produktionsmannschaft wie *Dumm und Dümmer* rühmen durfte. Kylie spielte eine australische Meeresforscherin namens Petra, eine Rolle, die Shore als »Baby-Wissenschaftlerin« bezeichnete. Er sprach von ihr auch als »Barbie, die Garnelen untersucht«. Bevor er mit Kylie zusammenkam, war seine bekannteste Geliebte eine Porno-Königin namens Savannah, die Selbstmord beging. Es gehört nicht gerade zu Kylies Gewohnheiten, mit Männern, mit denen sie zusammenarbeitet, etwas anzufangen. In Paulys Fall jedoch begann eine etwa vier Monate währende Beziehung, nachdem die Dreharbeiten auf den Bahamas abgeschlossen waren. Kylie hat diese Beziehung als »zusammen herumhängen« beschrieben und ließ ihn sitzen, sobald sie dem Zauber des französischen Fotografen und Video-Regisseurs Stephane Sednaoui verfiel, vermutlich die zweitwichtigste Liebe ihres Lebens – nach der zu Michael Hutchence. Pauly verstand die Botschaft, nachdem er nach London geflogen war, um sie zu sehen – nur um feststellen zu müssen, dass ihre Flugzeuge sich über dem Atlantik offenbar gekreuzt hatten: Sie war mit Stephane in Richtung Vereinigte Staaten geflogen. Pauly Shore hatte einen bedeutenden Namen in den USA, er war regelmäßig in Spitzensendungen wie denen von David Letterman und Howard Stern zu Gast. Zu Kylies Pech half ihr Verhältnis mit Pauly nicht im Geringsten dabei, ihren Status in Amerika zu verbessern. Und dass *Bio Dome* sich als Flop entpuppte, half dabei zweifellos erst recht nicht.

Endlich hatte Kylie nun jemanden kennen gelernt, der ihr den Atem nahm – nicht seines Aussehens wegen, sondern aufgrund der rohen Kraft seiner künstlerischen Persönlichkeit. Sednaoui war gewiss nicht im traditionellen Sinne gut aussehend. Aber genau wie Michael Hutchence machte er sofort Eindruck auf Kylie, indem er sich unverschämt benahm. Er ließ keine gewagte Bemerkung fallen, sondern packte Kylie, als sie einander auf einer Party begegneten, und wirbelte sie über seinem Kopf herum, was sie mit Sicherheit beeindruckte. »Etwas zieht mich an«, erklärte sie. »Aber was, das weiß ich noch nicht.« Es war Mitte 1995, und Kylie trat, ermutigt von dem Rock-Poeten Nick Cave, in ihre kreativste Phase ein. Stephane wurde zu einem Bestandteil dieser Phase und zusammen mit Cave zu einem der beiden wichtigsten Mentoren im mittleren Abschnitt von Kylies Karriere.

Sednaoui war spontan und gefährlich. Eine Zeitung deutete an, er bevorzuge Sex in aller Öffentlichkeit. Seine berühmteste Freundin vor Kylie war die unberechenbare, eigentümliche isländische Sängerin Björk. Schon bald nach ihrem Kennenlernen beschloss Kylie, mit ihm zu einer Fahrt quer durch Amerika aufzubrechen. Sie hatten sich bisher erst zweimal getroffen, aber sie zögerte nicht, Jack Kerouacs *On The Road*-Reise mit einem Mann, den sie kaum kannte, nachzuempfinden. Am Ende der Reise hatte es Kylie erwischt: »Wir haben drei Wochen miteinander in einem Auto verbracht, und das hat uns wirklich zusammengeschweißt. Wir sind verliebt.« Im Laufe der Reise hatte Sednaoui zahlreiche Fotos gemacht. Eines aber, das Kylie zeigt, wie sie während einer Rast in Nord-Carolina aus einem silbernen Kabriolett schaut, hielt ganz besonders jenen verletzlichen, natürlichen Eindruck fest, den Kylie während der Zeit, die sie mit Stephane verbrachte, am liebsten vermittelte. Es ist ein nackter, unverhüllter Eindruck.

Stephane regte sie dazu an, die Dinge auf andere Weise zu betrachten. Er erfreute sich eines wachsenden Rufes als experimenteller Fotograf, ein Image, das durch seine Verbindung mit Madonna noch gestärkt wurde. Kylie ist und bleibt eine große Bewunderin von Madonna und war beeindruckt von dem Video, das Sednaoui 1993 für ihren unter den ersten Zehn platzierten Hit ›Fever‹ gedreht hatte, und von seiner Arbeit an ihrem Kurzfilm *Justify My Love*. Sednaouis Firma Clip-Video gehörte zu den Begehrtesten der 90er Jahre. Er hat mit den Red Hot Chili Peppers, The Smashing Pumpkins, Ricky, U2, Tina Turner, Alanis Morisette und natürlich mit Björk gearbeitet – an ihrem Klassiker ›Bit Time Sensuality‹. Für Kylie führte er 1996 bei ihrer Zusammenarbeit mit Towa Tei unter dem Titel ›GBI‹ (›German Bold Italic‹ – Schriftbezeichnung, Anm. d. Übers.) Regie, während ihrer am wenigsten kommerziell ausgerichteten Phase.

Bei allem Respekt für die Models, mit denen Kylie zusammen war – die bisher wichtigsten Männer in Kylies Leben würden sich höchstens über ihre Leiche auf Modeschauen beim Vorführen von Boxer-Shorts sehen lassen – es sei denn als Bestandteil einer ironischen Inszenierung. Interessanterweise wurde sowohl in ihrer Zeit mit Michael Hutchence als auch in der mit Stephane Sednaoui befürchtet, Kylies Gesundheit könne leiden. Kommentatoren bemerkten, dass sie an Gewicht verlor und furchtbar aussah. Ein Bild veranlasste die *Daily Mail* zu der Bemerkung: »Es war nicht nur das mäuschenhafte Haar – kurz geschnitten und auf dem Oberkopf zusammengedrückt – oder das Fehlen jeglichen Make-ups. Wirklich schockiert hat uns, wie grauenhaft abgemagert, ja sogar krank Kylie aussah …« Auf diesem Bild trägt Sednaoui Armeehosen und eine Kapuze, die er so um sein Gesicht zieht, dass nur ein einziges, herausstarrendes Auge zu sehen ist. Er lachte: »Das wird lustig. Die Leute werden sich fragen: Wer ist denn dieser verrückte Typ, mit dem die Kylie sich da herumtreibt?« Er sollte Recht behalten. Die Leute stellten sich diese Frage, aber sie fragten ebenso nach dem Warum.

Das Paar unternahm ausgedehnte Reisen – nach Australien, Hongkong, Tokio, Seoul, Los Angeles –, außerdem reisten sie zwischen ihren jeweiligen Wohnorten Paris und London hin und her. Aber einen beträchtlichen Teil ihrer Zeit mussten sie auch getrennt verbringen, und Kylie saß häufig an ihrem PC, wo sie vergeblich versuchte, eine Beziehung »über den Chat« zu führen. Kylie nahm Stephane sogar mit nach Hause nach Melbourne, damit ihre Eltern ihn kennen lernten, auch wenn wir nie erfahren werden, was Ron Minogue von dem der Avantgarde zugehörigen Franzosen dachte, der zu jener Zeit einen interessanten Irokesen-Haarschnitt trug.

Das Aus für das Paar – Ende 1997 – kam ziemlich plötzlich. In einem Augenblick gab es noch Spekulationen über Hochzeit und Babys, und im nächsten waren die beiden schon getrennt. Im September ließ Kylie verlauten: »Stephane inspiriert mich gewaltig. Ich respektiere ihn als Künstler – er drückt allem, was er tut, seinen eigenen Stempel auf.« Im November erklärte dann die Zeitschrift *Cleo*: »Sie möchte zwar nicht darüber reden, aber es genügt vielleicht zu sagen: Es ist eine Menge Gerede über das schlechte Benehmen von Männern im Umlauf, und Kylie hat dem nichts entgegenzusetzen.«

Die offizielle Verlautbarung besagt, die Beziehung habe sich einfach totgelaufen, und das Paar bleibe in engem, freundschaftlichem Kontakt – ein vertraut klingendes Ergebnis, wenn es um Kylie und ihre verflossenen Liebhaber geht. Vielleicht sind Männer wie Hutchence und Sednaoui einfach zu anstrengend für Kylie. Oder vielleicht sind ihre Erwartungen zu hoch. Sie musste sich auch darum bemühen, ihre Karriere wieder in Gang zu bekommen, denn Ende 1997 hatte sie nach dem Erscheinen eines Albums, zu dem sie als Texterin einen entscheidenden Beitrag geleistet hatte, ein allgemeines Tief zu verzeichnen. Sednaoui ist in der künstlerischen Musikszene noch immer gefragt, und im Oktober 2001 ist er Vater geworden: Seine Freundin, das Cover-Girl Laetitia Casta, brachte eine kleine Tochter zur Welt. Die schöne Laetitia, die zehn Jahre jünger ist als Kylie, ist das »L'Oreal-Gesicht« und hat außerdem den Ehrgeiz, als Schauspie-

28 Ein plötzlicher Image-Wechsel: Kylie und ihr Begleiter
Michael Hutchence auf der Premiere von Kylies Film »The Delinquents«
in Sydney im Dezember 1989.

29   … mit Jason Donovan. Die drei Jahre während Affäre zwischen den beiden war bereits vorüber, als Kylie und Michael Hutchence ein Paar wurden.

30 ... mit ihrem Geliebten Michael
Hutchence, der vielleicht den größten
Einfluss auf ihr Leben ausübte.

31 ... und auf Hutchences Beerdigung in
der St. Andrew's Kathedrale in Sydney
im November 1997. Die beiden hatten
sich Anfang 1991 getrennt.

Und noch einmal Kylie liebenswert ...

32 ... mit Lenny Kravitz auf einer Vogue Party.

34 ... mit dem Fotografen Stephane Sednaoui – ihre Beziehung dauerte von 1995 bis 1997.

33 ... mit Tim Jeffries.

Und noch immer: Kylie liebenswert ...

37 ... mit dem britischen Schauspieler Rupert Penry-Jones.

35 … mit ihrem ›Tramp aus Essex‹, dem britischen Model James Gooding, auf der Preisverleihung von NRJ Music in Cannes im Januar 2002.

36 … noch einmal mit Gooding, dieses Mal auf der Königlichen Premiere von »Charlie's Angels« in London im November 2000.

Facettenreiche Kylie ...

38   ... auf der Ivor-Novello-Preisverleihung im Mai 1999.

lerin ebenso berühmt zu werden, wie sie es als Model bereits ist. Zufällig versuchte auch Kylie während der Zeit, in der sie mit Stephane zusammen war, ihre eigene schauspielerische Laufbahn wieder zu beleben, hatte aber keinen nennenswerten Erfolg.

Der November des Jahres 1997 war ein schlimmer Monat für Kylie Minogue. Sie verlor die beiden wichtigsten Lieben ihres Lebens. Zuerst beendete sie – womöglich widerstrebend – ihre Beziehung mit Stephane. Und dann erfuhr sie am 21. November die grauenhafte Neuigkeit von Michael Hutchences zu frühem Tod. Ihre Welt brach innerhalb von kürzester Zeit zusammen, aber Kylie Minogue verfügt über das, was Rick Sky als ein »kämpferisches, stahlhartes Inneres« beschreibt.

Die karibische Insel Barbados ist eine perfekte Umgebung für den Beginn einer neuen Romanze. Kylie war seit dem Bruch mit Stephane schon mit mehreren Männern ausgegangen, zu etwas Ernstem war es aber nicht gekommen. Eine Liaison mit dem Musik-Regisseur Cassius Coleman zog sich mehrmals abgebrochen und mehrmals neu begonnen über sechs Monate hin, aber ihre Karriere stand wie üblich an erster Stelle. Cassius gab sich zweifellos Mühe. Er flog nach Barbados, um Kylie zu besuchen, die dort in einer Produktion von Shakespeares *Sturm* als Miranda auf der Bühne stand. Zu Cassius' Pech hatte sich Kylie aber bereits in den männlichen Hauptdarsteller Rupert Penry-Jones verliebt. Er besaß all die Eigenschaften, die zu einem Herzensbrecher gehören, und darüber hinaus auch noch einen Funken Kreativität – eine ausgezeichnete Kombination für Kylie.

Wie der andere gut aussehende Blonde in ihrem Leben – Jason Donovan – entstammte auch Rupert einem im Showgeschäft heimischen Hintergrund. Seine Mutter Angela Thorne war Schauspielerin bei der britischen Fernsehserie *To The Manor*

Borne mit Penelope Keith, und sein Vater Peter Penry-Jones spielte in dem beliebten Fernsehdrama *Colditz* sowie in dem etwas neueren *Longitude*. Rupert genoss eine private Ausbildung am Dulwich College in London und enttäuschte seine Eltern ein wenig, indem er sich ebenfalls für den Beruf des Schauspielers entschied – enttäuscht waren sie vor allem, weil sie die Zeiten der finanziellen Engpässe, in die das führen mochte, nur allzu gut kannten. Der 1 Meter 86 große, blonde Rupert mit den stechenden blauen Augen begann seine Laufbahn mit einem Paukenschlag, als er im Alter von erst 17 Jahren von der Model-Agentur Storm entdeckt und nach Mailand auf den Laufsteg gelockt wurde. Daher besaß er Erfahrung in der Modewelt, die Kylie mit solcher Begeisterung erfüllt. Außerdem enthüllte auch er einen beeindruckenden Körperbau in dem Film *Virtual Sensuality-Cyber-Love per Click*, der so viele Sexszenen enthielt, dass Rupert eine ganze Woche lang nackt verbringen musste, ehe sie endlich alle abgedreht waren.

Penry-Jones hatte ernsthafte Ambitionen als Schauspieler. Er machte einen ersten Schritt, als er Mitte der 90er als Ersatz für Ralph Fiennes in einer Produktion von *Hamlet* fungierte. Seine karibische Odyssee half ihm, den Weg zu einer Hauptrolle bei der Royal Shakespeare Company zu bereiten – als der Titelheld in Schillers *Don Carlos*. Kylie trug ihren Teil bei, indem sie aus London nach Stratford-upon-Avon reiste, um ihn moralisch zu unterstützen. Sie wurde gesehen, wie sie sich graziös auf den Sozius seines Motorrads schwang – etwas, in dem sie seit der Fahrten auf dem Soziussitz von Michael Hutchences Harley jede Menge Übung besaß. Der einzige Unterschied bestand im englischen Wetter: Auf Ruperts Maschine trug Kylie Socken an den Händen, um sich vor der Kälte zu schützen.

Rupert war bis über beide Ohren in Kylie verliebt, und es fiel ihm schwer, sich an die übliche Regel der Geheimhaltung zu halten. »Wir sind sehr gute Freunde«, erklärte er wenig überzeugend. »Ein Liebespaar sind wir nicht. Wenn ich aber mit jemandem ein Liebespaar sein wollte, dann mit ihr.« In Wahrheit waren sie zehn Monate lang ein Liebespaar, aber er gestand es nie ein, auch wenn er der Journalistin Chrissy Iley anvertraute: »Ein Teil von mir wollte es von allen Dächern hinunterschreien!« Er nahm Kylie mit nach Hause, damit seine Eltern sie kennen lernten, und sie gefiel ihnen. Sie aßen an einem Sonntag zusammen zu Mittag, und Kylie unterhielt sich ungezwungen. Ihre Fähigkeit, anderen ganz entspannt zu begegnen, obwohl sie so berühmt ist, gehörte zu den Dingen, die Michael Hutchences Mutter auffielen, als ihr Sohn ihr Kylie vorstellte.

Schließlich fing die schon bekannte Geschichte von der Arbeit, die der Beziehung die Luft abdrückte, wieder an. Er war in Stratford, sie dagegen in Los Angeles oder Melbourne oder London. Es stellt unserer Gesellschaft ein trauriges Zeugnis aus, dass keiner der Männer in Kylies Leben bereit gewesen war, seine Karriere für sie zu opfern. Weder Jason noch Michael Hutchence, Stephane oder Rupert. Irgendein ungeschriebenes Gesetz scheint festzulegen, dass stets die Frau dieses Opfer zu bringen hat. Kylie ist bereit, einem Mann ihren Teil des Weges entgegenzukommen, aber weshalb hätte sie alles für eine ohnehin nicht dauerhafte Liebe aufgeben sollen? Es ist kein Wunder, dass so viele weibliche Popstars schließlich und endlich mit einem ihrer eigenen Tänzer zusammenkommen – zumindest wissen sie dann, dass sie einander an den meisten Tagen sehen werden. Zu Penry-Jones' Ehrenrettung aber muss angemerkt werden, dass er sich in begeisterten Lobeshymnen über seine Exgeliebte äußert: »Ich glaubte, ich sei einer der glücklichsten Männer der Erde, und um ehrlich zu sein, ich kann immer noch nicht fassen, dass es länger als eine Woche hielt.«

Obwohl Rupert Penry-Jones in der Fernsehserie *North Square* eine Rolle hatte, ist er noch immer in erster Linie als einer der Exliebhaber von Kylie berühmt. Er scheint sich daraus jedoch nicht allzu viel zu machen – das alles gehört zu dem Publicity-Spiel, mit dem man Werbung für seine neueste Rolle macht. Für Kylie ist es genau das Gleiche, wenn sie zum millionsten Mal eine Frage über *Neighbours*, über Jason, Michael oder Pete Waterman beantwortet. Die Person, die auf diese Frage antwortet, ist die öffentliche Kylie, die Leiterin von ›Kylie Minogue Limited‹. Es ist nicht die Person, von der Rupert Penry-Jones gesagt hat, sie sei ein freier Geist: »Ich glaube nicht, dass sie jemals irgendwem gehören wird.«

Eine Anzahl von Kylies Beziehungen scheinen kurz vor dem Jahreswechsel zu Ende zu gehen, als ob sie ihr Haus in Ordnung bringt, bevor sie zu ihrem üblichen Ferienmonat bei ihrer Familie aufbricht. Wieder einmal als Single zu Beginn des Jahres 2000 begegnete sie auf einer Pool-Party in Los Angeles, wo sie in den letzten Jahren zunehmend mehr Zeit verbracht hat und bei dieser Gelegenheit letzte Hand an ihr Comeback-Album *Light Years* legte, einem zum Sterben schönen, grüblerisch dreinschauenden männlichen Model. Es handelte sich um James Gooding, den »Tramp aus Essex«, der mit einem Freund dort war. Er wurde Kylie vorgestellt, die sofort weiche Knie bekam. Die Party war ein bisschen langweilig, sodass James, der zu jener Zeit in Los Angeles lebte, vorschlug, irgendwohin zu gehen und etwas zu essen. Sie stürzten sich jedoch nicht gleich kopfüber in eine ausgewachsene Affäre, sondern verabredeten sich zunächst häufig, um sich besser kennen zu lernen, was für Kylie eine erfrischende Abwechslung darstellte. In liebenswerter Weise erinnerte er sich: »Sie war einfach nur dieses kleine, amüsante, naive Mädchen, das ich richtig süß fand.«

Kylie schaffte es, ihre neue Romanze in Anbetracht ihrer Berühmtheit über einen unglaublich langen Zeitraum hinweg geheim zu halten. Sie gab zwar zu, dass es da jemanden gab, der eine besondere Rolle spielte, aber einen Namen nannte sie nicht, obwohl sie sagte, sie »genieße die Romanze«. Gooding zog zurück nach London, jedoch nicht mit in Kylies Millionärinnen-Haus ein. Kylies vorsichtige Herangehensweise mochte in gewissem Maße mit seinem Alter zusammenhängen. Er ist sieben

Jahre jünger als sie, aber er gehört bereits seit seinem 18. Lebensjahr der Modewelt an. Sein fotogenes Aussehen ist derartig gefragt, dass es ihm bereits den unwillkommenen Beinamen »Supermodel« eingetragen hat.

Zu den guten Eigenschaften von Gooding gehört, dass er ein ziemlich häuslicher Typ sein kann: Das ist positiv für Kylie, die auf die Energie raubenden Beziehungen, die sie mit Hutchence und Sednaoui durchmachte, nie allzu gut reagierte. Eines seiner Lieblingshobbys ist das Basteln kleiner Pappschachteln, in die er ein kleines Geschenk verpackt. Auf der Couch zusammengekuschelt sahen die beiden sich *Pop Idol* im Fernsehen an. Auf dem Balkon ihres Hauses in Chelsea nippen sie zusammen an Drinks. Beide betonen, was für gute Freunde sie sind. Irgendwie scheint er jedoch nicht aufregend genug für Kylie zu sein, die ihre Freundschaft als »eine angenehme, simple Romanze« beschreibt.

Kylie ist schon für einige Tage bei Goodings Mutter Jenny Young zu Besuch gewesen, die in einem bescheidenen Reihenhaus in dem malerischen Ort Kirby-le-Soken in Essex, nahe der Küstenregion von Walton-on-the-Naze, lebt. Als Kind verbrachte James seine Zeit abwechselnd in Essex und in Schottland, wo sein Vater David zu Hause war und wo er ein Internat in Rannoch besuchte. Jenny verstand sich gut mit Kylie, wie es alle Mütter tun, und anschließend musste sie den Spießrutenlauf der vielen Fragen ertragen: Jeder wollte wissen, ob Kylie und ihr Sohn eine Heirat planten. Interessanterweise fuhr Kylie über die Weihnachtsferien wieder nach Melbourne. James hat sie nicht begleitet.

Sie genossen jedoch Anfang November einen gemeinsamen Urlaub in Puerto Banus an der Costa Del Sol. Sie wurden gesehen, wie sie zusammen das Schaufenster eines Juweliers betrachteten, was eine Flut von Spekulationen über eine Verlobung auslöste. Und er war auch an ihrer Seite, als sie 2002 zur Verleihung der Brit Awards im Earl's Court erschien. Es bleibt abzuwarten, was die Zukunft für James und Kylie zu bieten hat. Sie legt Wert darauf, deutlich zu machen: »Wir leben nicht einmal zusammen!« Und James hat sich in Shoreditch, im Osten Londons, eine eigene Wohnung gekauft. Es gibt auch Bilder, die James mit anderen glamourösen Frauen, wie zum Beispiel Sophie Dahl und Beverley Bloom, zeigen, aber wenn man nach den Erfahrungen der Vergangenheit geht, hätte Kylie ihm sicher längst die rote Karte gezeigt, wenn er sich tatsächlich irgendwelcher nicht vorgesehener Spielereien schuldig gemacht hätte. Sie ist auch gesehen worden, wie sie in Tränen aufgelöst aus einem Restaurant stürmte, nachdem es dort offenbar zu einem Streit mit ihm gekommen war.

In der Zwischenzeit hat Gooding in seiner eigenen Laufbahn, unbeeindruckt von seiner Verbindung mit Kylie, einen Höhepunkt nach dem anderen verzeichnen können. Er ist in einer Reihe hochkarätiger Werbesendungen für Shampoo, Pfirsichschnaps, Parfüm und Peugeot-Autos aufgetreten. Nur ein einziges Mal hat er bisher die Kontrolle verloren, und zwar auf einem von Kylies Konzerten, als er seinen VIP-Ausweis vergessen hatte und ausfallend wurde, weil man ihm den Einlass verwehrte. Das größte Problem, mit dem er sich vermutlich in Zukunft konfrontiert sehen wird, besteht nicht nur darin, Kylies eigene Erwartungen zu erfüllen, sondern auch die ihres sie anbetenden Publikums.

Kylie wählerisch: »Ich brauche wirklich Platz für mich alleine, und wenn ich den nicht bekomme, ziehe ich mich einfach in mein Bad zurück.«

Kylie – kreativ

Sie sah nicht gerade wie eine Sex-Göttin aus. Ja, sie ähnelte nicht einmal dem Mädchen von nebenan. Das war die IndieKylie zerzaust, als käme sie gerade aus dem Bett: Sie trug keinerlei Makeup, dafür grüne Trainingshosen und ein sich damit beißendes violettes T-Shirt. Sie befand sich in der Royal Albert Hall in London hinter der Bühne, zusammen mit ihrem Freund und künstlerischen Mentor Nick Cave. Auf der Bühne las ein weißhaariger, alter Mann mit einem langen Bart Gedichte in Blindenschrift vor. Kylie überfielen einmal, zweimal, dreimal Zweifel, und schließlich wandte sie sich an Nick und rief aus: »Nick, da ist Gott auf der Bühne – was haben wir danach denn noch zu bieten?«

Schließlich war sie an der Reihe, und Cave musste seinen Schützling buchstäblich auf die Bühne schubsen. Nervös stand sie vor dem Mikrophon und begann zu sprechen: »In my imagination …« Es waren die ersten Worte von ›I Should Be So Lucky‹, und ohne irgendwelche musikalische Begleitung oder etwas Ähnliches sagte Kylie den vollständigen Text ihres bis heute meistverkauften Songs auf. Das war gewagt, tollkühn und raubte dem Publikum den Atem. Es war zugleich ein entscheidender Augenblick in Kylies Karriere, denn er gestattete ihr, ihre Vergangenheit anzunehmen, und verlieh ihr gleichzeitig das nötige Selbstbewusstsein, um den Blick nach vorn zu richten. Selbstbewusstsein ist schon immer Kylies bevorzugte »Droge« gewesen.

Kylie liebt es, für Überraschungen zu sorgen und zu schockieren. Sie hatte immer eine Neigung zum Exhibitionismus, doch seit ihrer Verbindung mit Cave schien sie die Grenzen, innerhalb derer sie arbeiten kann, akzeptiert zu haben. Kylie war auf der Lyrik-Olympiade von 1996 nicht angekündigt, eine weise Vorsichtsmaßnahme, da sich auf diese Weise die Kameras von der Veranstaltung fern halten ließen, die sich schließlich als demütigendes Erlebnis hätte entpuppen können. Sie gab zu, dass sie an diesem Abend nichts von ihrer gewöhnlichen Vorbereitung für einen Liveauftritt absolviert hatte. Sie legte auch die »Ego-Jacke«, die immer zu tragen Michael Hutchence ihr geraten hatte, nicht an. Sie erinnerte sich: »Ich habe viele Regeln gebrochen.« Kylie war sich der ganzen Sache so lange unsicher, bis sie tatsächlich dort draußen stand und die Worte aufsagte, die sie Tausende von Malen gesungen hatte. Bis zu jenem Abend hatte sie sich selbst stets von ihrer Zeit bei der Hit Factory distanziert, aber hier stand sie nun und verkündete laut vor aller Welt, dass dies einen Bestandteil ihrer Karriere und damit auch einen Bestandteil ihrer selbst darstellte. Ein zusätzlicher Reiz beim Rezitieren des Textes bestand darin, dass dieser ohne seine eingängige Melodie eine ironische Bedeutung annahm.

Ohne die Unterstützung von Nick Cave, einer außergewöhnlichen Persönlichkeit in der Welt des zeitgenössischen Kulturbetriebs, hätte Kylie niemals gewagt, so etwas zu tun. Cave ist ein dem Mittelstand entstammender Australier, der Sohn eines Lehrers. Zur Schule ist er in Melbourne gegangen, wo er eine Band gründete, aus der später The Boys Next Door hervorgehen sollten. Sie brachten in Australien ein Album heraus, ehe sie ihren Namen zu The Birthday Party umänderten und 1980 nach London zogen. Die Band verfügte über eine Art von roher Energie, während Caves Markenzeichen in einem hippen Nonkonformismus bestand, dem vor allem Hutchence versuchte nachzueifern. Cave war einfach gefährlich cool. Interessanterweise ist es genau diese charismatische Eigenschaft, die Kylie in ihren beiden bisher wichtigsten Beziehungen – der mit Hutchence und der mit Stephane Sednaoui – so unwiderstehlich fand.

Als die Band sich auflöste, zog Cave nach Westberlin, wo sich in den 80er Jahren an vorderster Front die experimentelle europäische Kultur finden ließ. Bis 1984 hatte er eine neue Band zusammengebracht, Nick Cave und The Bad Seeds, was eine Anspielung auf das Matthäus-Evangelium gewesen sein mochte. Cave war aufgrund seiner anglikanischen Erziehung von der Bibel beeinflusst worden. Der Musik-Autor Spencer Bright beobachtete: »Caves Name passt zu ihm (Cave = Höhle), denn er bewohnt eine Welt des Zwielichts, die irgendwo zwischen William Faulkner und William Burroughs angesiedelt ist. Er ist ein Intellektueller mit einer erbarmungslosen Haltung dem Leben und dem Tod gegenüber. Seine Songs bevölkert er mit apologetischen Gestalten und Ereignissen. In diesen Songs gibt es tonnenweise Mord und Lust, Rache und Vergeltung.«

Caves Texte waren immer poetisch gehalten, und 1989 erweiterte er seine schriftstellerische Tätigkeit schließlich um einen Roman mit dem Titel *Und die Eselin sah den Engel*. Größere Bedeutung innerhalb seiner Bemühung um ein breiteres Publikum erhielt der wunderschöne Wim Wenders-Film *Der Himmel über Berlin* von 1988, in dem zwei von Caves Songs zu hören sind. Der Film, in dem es um einen Engel geht, der sich auf der Erde in jemanden verliebt, ist und bleibt einer von Kylies Lieblingsfilmen, seit sie von Hutchence dazu überredet worden war, ihn sich das erste Mal anzusehen. Ein Jahr später produzierte Cave seinen eigenen Film *Ghosts … of the Civil Dead*, einen Gefängnisfilm, in dem Cave selbst eine Hauptrolle spielte, dessen Drehbuch er verfasst hatte und dessen Soundtrack von ihm stammte.

Die entscheidende Zutat, die der unheimlich wirkende Cave – der »Prinz der Dunkelheit« – seiner Kunst hinzufügt, ist der Aspekt der Herausforderung, etwas, von dem sowohl Michael Hutchence als auch Kylie Minogue sich angezogen fühlten. Kylie hat freimütig eingestanden, dass sie Ehrfurcht vor ihm empfindet: »Meiner Meinung nach ist Nick Cave wundervoll«, lauteten ihre schlichten Worte. Sie fand ihn »mild und sanft«, eine

Beschreibung, die eher nach einem Spülmittel als nach einer avantgardistischen Begabung klang.

Cave ist auch noch für etwas anderes, das Kylie bewundert, ein gutes Beispiel – er lässt sich in keine Schublade pressen. Sein Werk umfasst ein Gesamtkonzept – nicht nur Singen oder Komponieren, sondern auch Lyrik und Prosa, Fotografie und Film. Gemeinsam mit Hutchence und Sednaoui half er Kylie, die Grenzen zu überschreiten, die sie sich für sich selbst gesteckt hatte.

Nach ihrem Triumph auf der Lyrik-Olympiade erklärte Kylie der Zeitschrift *Cleo* in Australien: »Die Leute stecken einen mit Vorliebe in eine Schublade, ganz egal, was man macht. Sie stülpen eine Schachtel über einen, und darunter kommt man nicht mehr hervor. Aber ich habe es geschafft, mich ein bisschen auszustrecken, eine Seite der Schachtel zu heben und herauszulinsen, das Ganze hier und da ein bisschen aufzurütteln. Ich weiß nicht, wie ich das gemacht habe. Schließlich war ich ja nur als Eintagsfliegen-Wunder gedacht.«

Das Schicksal wollte es so, dass Kylie und Cave in Verbindung traten. Mitte der 90er Jahre, als er nach London zurückzog, wurde er einer von Hutchences engsten Freunden. Sie begründeten eine geschäftliche Verbindung, die niemand für möglich gehalten hätte: Partner beim Portobello Café, einem der beliebtesten Orte zum Sehen und Gesehenwerden. Kylie war zu jener Zeit häufig dort und in anderen Lokalen in Notting Hill, wenngleich sie noch immer in Fulham wohnte. Als Hutchence zusammen mit Paula Yates 1996 eine Tochter bekam, bat er seinen Freund Nick Cave, ihr Pate zu sein. Im folgenden Jahr sah man Cave wie Kylie auf Michaels Beerdigung, wo er auf Paulas Wunsch ›Into My Arms‹ (die Lemonheads-Ballade) sang. Es war ein bewegender Moment, der dadurch eine bizarre Note in bester Tradition von Cave und Hutchence erhielt, dass ein Mann drohte, sich vom Balkon zu stürzen, während Cave sang.

Beruflich tat sich Cave zum ersten Mal mit Kylie zusammen,

als er sie bat, auf seinem 1995 produzierten Album *Murder Ballads* zu singen, das ausschließlich Songs enthielt, die sich mit Mord befassten. Kylie sang mit ihm ein Duett mit dem Titel ›Where The Wild Roses Grow‹, das sie oft als ihr Lieblingsstück unter all ihren Songs bezeichnet hat – eine Wahl, die für Verblüffung unter ihren Fans sorgen mag. Bei dem Song handelt es sich um einen eindringlichen Dialog zwischen einem Mörder (Cave) und seinem Opfer (Kylie). Er schlägt sie mit einem Stein tot. Cave hatte schon immer einen Song mit Kylie zusammen aufnehmen wollen, weil er ihren natürlichen Charme und ihren Mangel an Zynismus faszinierend fand. Während der Rest der Welt ›Better The Devil You Know‹ für einen klassischen Popsong hielt, entdeckte Cave verborgene poetische Bedeutungen in der Kombination aus dem düsteren Text über eine kaputte, von Missbrauch gezeichnete Liebe und der Unschuld in Kylies Stimme. In seinen Augen war der Song ein schmerzliches Porträt von Menschlichkeit, das sich mit den Psalmen des Alten Testaments vergleichen ließ.

Cave hatte speziell an Kylie gedacht, als er ›Wild Roses‹ schrieb, und er gab zu, es sei »gefährlich für sie, dieses Lied zu singen«. Es funktionierte phantastisch: Caves Bariton im Stil von Scott Walker bildete einen kraftvollen Kontrast zu Kylies brüchiger Stimme. In dem Video, das zur Begleitung der Single erschien, ist Kylie bleich und hingestreckt in der Pose der toten Ophelia zu sehen. Zur Überraschung zahlreicher Kritiker erreichte der Song einen 2. Platz in den australischen Charts und einen äußerst bemerkenswerten elften Platz in Großbritannien. Tatsächlich war dies Kylies größter britischer Hit innerhalb der fünf Jahre zwischen Juli 1995 und Juli 2000, als ›Spinning Around‹ ankündigte, dass mit ihr wieder zu rechnen war.

Ihrer so ganz und gar nicht passenden Verbindung mit Nick Cave hat Kylie vor allem eines zu verdanken: Er machte sie »cool«. Diese Entwicklung zur »coolen Kylie« hatte zwar schon mit Michael Hutchence begonnen, Mitte der 90er Jahre aber standen die besten Künstler, die gern mit ihr zusammenarbeiten wollten, Schlange. Kylie hat zur Verbesserung ihres Images ihre beruflichen Partnerschaften immer mit Sorgfalt ausgewählt – sogar ›Especially For You‹ war zeitlich perfekt geplant. Ihre berühmteste Zusammenarbeit nach der mit Nick Cave war die mit den berühmten Manic Street Preachers. Diese hatten bereits seit langem zu Kylies Bewunderern gehört – der Bassist Nicky Wire behauptete, er sei in der Schule einmal verprügelt worden, weil er ein Kylie-T-Shirt getragen habe. Sie lernte den Sänger James Dean Bradfield auf einer Preisverleihung kennen und erfuhr, dass er bereits 1991 bei verschiedenen Gelegenheiten versucht hatte, mit ihr in Kontakt zu treten, um über eine Zusammenarbeit zu diskutieren. Er hatte sich gewünscht, dass sie in dem großartigen Manics-Song ›Little Baby Nothing‹ – über ein von Männern missbrauchtes Starlet – sang, hatte schließlich aber den Porno-Star Tracy Lords an ihrer Stelle verpflichtet, weil es ihm nicht gelungen war, Einlass »an den Toren des PWL-Himmels« zu erhalten.

Kylie und Bradfield beschlossen, sich bei ihm zu Hause zum Tee zu treffen. Kylie brachte Kirschen und außerdem einen ganzen Stapel Liedertexte mit. Sie wollte Bradfield dazu überreden, sie in einen richtigen Song für ihr zweites deConstruction-Album *Impossible Princess* zu verwandeln. In schönster Songwriter-Tradition klimperte er ein bisschen auf seiner Gitarre herum und schlug dann vor, sie solle die Texte bei ihm lassen. Er spielte ihr ein Stück vor, von dem sie meinte, dass es sich nach Tamla Motown anhörte, und von dem er fand, dass es zu Kylie passte. Sie glaubte, er versuche herauszufinden, wie ihr eigener Geschmack aussah. »Es war ein zündender Moment«, erinnerte sie sich. Dies war das Album, das die wahre, kreative Kylie enthüllen sollte. Sobald die Außenwelt von der Zusammenarbeit zwischen Kylie und Bradfield erfuhr, bekam sie den Spitznamen IndieKylie verpasst.

Das Ergebnis dieses ersten Treffens bestand darin, dass Bradfield ihr ein Demoband von ›I Don't Need Anyone‹ schickte. Kylie war begeistert, sie fand es stark und so völlig anders als alles, an dem sie bisher gearbeitet hatte. Bradfield bat sie um ein paar weitere Texte, und schließlich verschmolz er zwei Passagen zu einer und erhielt ›Some Kind Of Bliss‹, einen rockigen Pop-Klassiker. Beide Songs waren unverkennbar im Stil der Manics verfasst – Gitarrenklänge explodierten wie Knallfrösche rund um eine hymnenartige Melodie.

Der Song kam im September 1997 als Single heraus und erwies sich als Flop. Kylie hatte sich für die Veröffentlichung von ›Limbo‹ ausgesprochen, ein offenerer Dance-Zusammenschnitt mit einem Takt, der ein wenig an Republica erinnerte. Es war ihre erste Veröffentlichung seit der Gemeinschaftsproduktion von ›Wild Roses‹ zwei Jahre zuvor, daher waren die Ergebnisse zutiefst enttäuschend – nicht zuletzt für ihre Plattenfirma deConstruction. Bradfield zeigte sich reuevoll, er suchte die Schuld bei sich selbst: »Ich war begeistert von ihrer Stimme, habe mich gut mit ihr verstanden, und es ist mir äußerst unangenehm, dass ich sie so enttäuscht habe.« Der Song kam nicht höher als auf Platz 22 der britischen Charts, und der einzige Trost bestand darin, dass er zumindest eine bessere Position erreichte als die im selben Monat erschienene Neuaufnahme von ›Little Baby Nothing‹. In Australien lief es sogar noch schlechter. Die Hochburg von Kylies Fangemeinde schien sich von ihr abgewandt zu haben, und die Single schaffte nicht mehr als einen bedauernswerten 27. Platz.

Einige Kritiker stampften ›Some Kind Of Bliss‹ in Grund und Boden. *NME* bezeichnete es als »fürchterlich auf die Nerven gehend« und erklärte: »Kylie platzt mit dem Text heraus, als ob sie aus einem Teleprompter vorliest. Es gibt keine Spur von Seele in diesem Durcheinander aus wahllosen Blechklängen und einem miserablen Gitarrensolo, das auf einer Platte von Shakin' Stevens besser aufgehoben wäre.« Kylies Schwierigkeit bestand darin, dass sie trotz der Glaubwürdigkeit, die sie durch ihre Gemeinschaftsproduktionen gewann, noch immer als ein Mädchen wahrgenommen wurde, das sich an Dingen versuchte, die ein paar Nummern zu groß für sie waren. Oder noch schlimmer, als das Mädchen von nebenan, womit in einer ziemlich unfairen Weise angedeutet wurde, bei IndieKylie handle es sich um Betrug. Es schien wie eine Rückkehr in die schlimmen alten Tage der Stock-, Aitken- und Waterman-Epoche, als auf Kylie herumzutrampeln eine Art Nationalsport darstellte.

Diesmal hatte Kylie keinerlei Kontrolle über die Kette tragischer Ereignisse, die den großartigen Entwurf für das Album *Impossible Princess* zunichte machten. Sie hatte zwei Jahre lang an dem Projekt gearbeitet, und es war eine Arbeit aus Leidenschaft gewesen. Die Entstehungsperiode traf mit ihrer Beziehung mit Stephane zusammen, die sich als eine fruchtbare Grundlage für die bisher kreativste Phase in Kylies Laufbahn überhaupt erwies. Die Abfallbehälter sind voll mit den Karrieren erfolgreicher Popstars, die auf einmal meinen, sie könnten sich jetzt alles leisten, und die versuchen, ihre grauenhaften Songs und ihre Gefühlsduselei einem Publikum aufzuzwingen, das prompt die Nasen voll von ihnen hat. Für Kylie war es ein mutiger Karriereschritt. Der Abgrund, der zwischen der Kylie des Albums *Impossible Princess* und der Kylie der Hit Factory klafft, ist so breit, dass unglaublich scheint, dass es sich um ein und dieselbe Person handelt. Es beweist deutlich, dass Kylie bereit war, mit ihrem eigenen Talent ein Risiko einzugehen.

Sowohl Kylie als auch ihre Plattenfirma deConstruction – bei der es sich viel mehr um ein Dance- als um ein Indie-Label handelte – waren über die traurigen Verkaufszahlen von ›Some Kind Of Bliss‹ bestürzt. Durch eine unbarmherzige Wendung des Schicksals kam Prinzessin Diana in derselben Woche, in der der Song erschien, ums Leben. Obwohl es ständig im Radio gespielt wurde, fühlte sich die Allgemeinheit weit mehr veranlasst, Elton Johns Gedenkhymne ›Candle In The Wind‹ zu kaufen, die in dieser Woche 80 Prozent der Plattenverkäufe ausmachte. Die gesamte Marketingstrategie – eine Single, die den Boden für das Erscheinen eines Albums bereiten sollte – wurde über den Haufen geworfen. Kylie unternahm den mutigen Schritt, die Sache zu stoppen – nicht zuletzt, weil ein Album mit dem Titel *Impossible Princess* zu jener Zeit alles andere als taktvoll erschienen wäre. Beherzt gab Kylie bekannt, es wäre unsensibel gewesen, das Album herauzubringen, somit habe man das Erscheinen um drei Monate, bis nach Weihnachten aufgeschoben. »Es ist ganz und gar unmöglich, sich auf so etwas wie den Tod der Prinzessin eines Landes vorzubereiten. Es hat jeden völlig umgeworfen«, erklärte sie.

Zwar entspricht es durchaus der Wahrheit, dass der Tod von Prinzessin Diana für ein paar merkwürdige Wochen in der Plattenindustrie sorgte – von ›Candle In The Wind‹ wurden innerhalb von drei Monaten weltweit 33 Millionen Exemplare verkauft –, aber auch das ist keine Erklärung dafür, dass es ›Some Kind Of Bliss‹ nicht unter die ersten 20 schaffte. Immerhin gab es ja in dieser Woche 21 Singles in Großbritannien, die sich besser verkauften, und nur eine davon war ein Tribut an die Prinzessin von Wales. In der folgenden Woche fiel Kylies Single ganz aus den Charts heraus, was wohl kaum eine gute Werbung für das Album darstellte. Das Publikum investierte nichts in diese neue Kylie. Spencer Bright war der Meinung, die Platte gefalle sich in einer aufgesetzten Pose statt wahrhaftig widerzuspiegeln, wohin Kylie sich als Individuum hinbewegte, und sei demzufolge zum Scheitern verurteilt. Er erklärte: »Die Chemie stimmte einfach nicht. Und der größte Teil des Materials war dem von Stock, Aitken und Waterman in der Qualität unterlegen.« Das Erscheinen des Albums aufzuschieben war kommerziell eine höchst interessante Entscheidung, denn es bedeutete den Verlust des Weihnachtgeschäfts, der Zeit des Jahres, in der die meisten Platten gekauft werden.

Die neue Strategie bestand darin, eine weitere Single im neuen Jahr herauszubringen, wenn ein größerer Bekanntheitsgrad und eine höhere Position in den Charts mit niedrigeren Verkaufszahlen erreicht werden konnten. Leider aber lief ›Did It Again‹ nur wenig besser als ›Some Kind Of Bliss‹ und erreichte lediglich Platz 14 in den britischen Charts. Das Erscheinen des Albums wurde noch einmal verschoben, und eine dritte Single kam auf den Markt. ›Breathe‹ hatte ein kommerzielleres, schnelleres Remix als die Version auf dem Album, aber auch dieses kam nicht höher als Platz 14. Schließlich gelangte das Album (das nun kaum überraschend den Titel *Kylie Minogue in Europe* trug), Kylies ganzer Stolz und Freude, im März 1998 in die Plattengeschäfte. Es schleppte sich bis auf Platz 10 der Album-Charts, ehe es spurlos wieder in der Versenkung verschwand. Die ganze traurige Saga hatte für deConstruction einen Beigeschmack von Verzweiflung. Kylie blieb in der ganzen Angelegenheit professionell und höflich, aber sie war zutiefst enttäuscht.

Impossible Princess ist in mancherlei Hinsicht das anspruchsvollste Album von Kylie Minogue. Es bleibt dasjenige, zu dem sie den umfangreichsten persönlichen Beitrag geleistet hat, vor allem im Bereich der Texte, die eine verletzliche, melancholische und poetische Kylie enthüllen, die von dem glanzvollen Image von ›Kylie Minogue Limited‹ meilenweit entfernt ist. Auch wenn der Titel als eine ironische Anspielung auf Kylies Ruf – das Mädchen auf dem Zirkuspferdchen in der Manege – verstanden werden kann, stammt er in Wirklichkeit von einem Lyrikband – *Impossible Poems to Break the Harts [sic] of Impossible Princesses* (Unmögliche Gedichte, um die Herzen/Härten – [sic] – unmöglicher Prinzessinnen zu brechen, Anm. d. Übers.) –, den sie von dem Kultlyriker und Kinderbuchautor Billy Childish geschenkt bekommen hatte, einem weiteren avantgardistischen Fan, der Kylie cool fand.

Nick Cave hatte tief greifenden Einfluss auf das Album *Impossible Princess*: Er hatte ihr, wie Kylie selbst es ausdrückte, beigebracht, in ihrer Musik vollkommen aufrichtig zu sein und »den Kern meiner selbst« freizugeben. Die Ideen zu einem großen Teil der Texte waren ihr während ihrer dreiwöchigen Fahrt mit Stephane Sednaoui durch die USA gekommen. Dieses Mal war keine Auswahl diverser Outfits von Dolce & Gabbana der wichtigste Bestandteil von Kylies Gepäck, sondern ein altes Notizbuch, in das sie all die Gedanken und Gefühle über ihr Leben hineinkritzelte, die später einen Songtext ergeben mochten. Es war befreiend und reinigend. Sie selbst gestand: »Bei diesem Prozess habe ich mich wie betrunken gefühlt.«

Dem ursprünglichen Konzept nach hätte *Impossible Princess* eine Gemeinschaftsproduktion zwischen Kylie und den ultramodernen Produzenten Brothers In Rhythm (Steve Anderson und Dave Seaman) werden sollen. Kylie aber, die nach einer breiter gefassten musikalischen Grundlage suchte, entschied sich für eine Reihe von weiteren »supercoolen« Verbindungen – mit Rob D., auch bekannt als Clubbed To Death, Dave Ball, Ex-Soft Cell und nun The Grid, Rob Dougan von Mo' Wax. Ein Teil dieser Zusammenarbeit entstand im typischen Rockstil spontan. »Ich habe einen Freund namens Skinny, der im ganzen Haus Clubbed To Death spielte. Ich war hellauf begeistert, und aus heiterem Himmel sagte er, er kennt den Typen …« Und dann gab es die beiden Stücke mit den Manics. Im sicheren Rückblick mag dies als ein Fehler erscheinen, denn die Publicity, die diese so unerwartete Verbindung erzeugte, war dazu angetan, den Rest der Arbeit zu überschatten. Anderson gab unverblümt seiner Meinung Ausdruck, bei der Herausgabe von ›Some Kind Of Bliss‹ habe es sich um ein Ausweichmanöver zur Befriedigung der Medien gehandelt, die die Auskopplung dieser Single verlangt hatten. Seiner Ansicht nach waren ›Too Far‹ und ›Jump‹ weit eher repräsentativ für das Album.

Pläne für Kylies Verbindung mit den Brothers In Rhythm waren bereits vier Jahre zuvor geschmiedet worden, als sie durch eine unsichere Phase ihrer Karriere ging, nachdem sie sich endlich aus den Fängen von Stock, Aitken und Waterman befreit hatte. Sie unterzeichnete einen Vertrag mit deConstruction, der es gelungen war, mit der aus Manchester stammenden Gruppe M People in den Massenmarkt einzudringen. Die Band stand unter der Leitung von Heather Small, die einer schwarzen Carmen Miranda ähnelte und über eine einzigartige Stimme verfügte, von der es bald Tausende von Karaoke-Nachahmungen gab. Kylie war ihr Fan, und M People produzierte und arrangierte dann auch das letzte Stück von *Kylie Minogue*, dem ersten Album, das sie für deConstruction aufnahm.

Die Brothers In Rhythm überschlugen sich fast, um mit Kylie arbeiten zu dürfen, und luden sie zu einer Studio-Session ein. Dabei wurden ›Confide In Me‹ und ›Dangerous Game‹ geboren, von denen das Letztere einen glatteren, reiferen Sound aufwies. Steve Anderson machte Kylie ein Kompliment, eines, das ihr im Verlauf ihrer gesamten Karriere immer wieder gemacht worden ist – er erklärte sie zur professionellsten Person, mit der er je zusammengearbeitet hatte. Aus dem Respekt, den sie beide füreinander empfanden, entwickelte sich eine enge Freundschaft. Er gab ihr Vertrauen in ihre musikalischen Fähigkeiten, und sie ist im Verlauf dieser Übergangsperiode als Künstlerin gewachsen. Wie ihre besser bekannten Gemeinschaftsproduktionen mit Nick Cave und den Manic Street Preachers spielte auch die mit den Brothers In Rhythm eine Rolle dabei, Kylie »cool« zu machen. Und sie lieferten zudem eine gute Portion Selbstvertrauen.

›Confide In Me‹ war das erste Mal, dass die Leute aufhorchten und von Kylies Beitrag als Texterin Notiz nehmen mussten. Als das Stück als Single herauskam, wurden das mit Streichern überladene Arrangement, einer Spur Madonna-Stil und die durchdachte Arbeit mit viel versprechenden Äußerungen von seiten der Kritiker wie der Ladenkassen begrüßt. Das Stück erreichte Platz 2 in den britischen Charts und wurde von dem grauenhaften ›Saturday Night‹ von Whigfield, einem Ein-Hit-Wunder, wie es nur selten eines gibt, um den Spitzenplatz gebracht. Selbst das ›Loco-Motion-Girl‹ hätte vor ›Saturday Night‹

die Nase gerümpft. Zum Trost landete ›Confide In Me‹ in Australien, Neuseeland, der Türkei, Kroatien und in Finnland (wie üblich) auf Platz 1.

Anderson und Samuel waren zwei der innovativsten Produzenten in der gesamten Musikbranche. Somit ist es also als enormes Kompliment an Kylie zu verstehen, dass sie für ihr zweites deConstruction-Album ihre eigenen Vorstellungen verwarfen und es Kylie erlaubten, ihren künstlerischen Impetus einzubringen. Anderson erinnerte sich: »Sobald sie mit dem Schreiben begann, wurde klar, dass sie sich als Künstlerin entwickelte. Also gaben wir unseren ursprünglichen Plan auf und ließen die meisten Ideen von ihr kommen.«

Das Ergebnis ist ein auf düstere Weise autobiographisches Textblatt, das weit mehr über Kylie verrät als ein Interview in einem Hochglanzmagazin oder einer Tageszeitung. Die Standardantworten, die sie auf die immer gleichen alten Fragen gibt, sind nie mehr als höchstens von gelindem Interesse. Hier jedoch gab es keine klebrige Zuckerwatte im Stil von ›Your Arms Are In My Heart‹. Die Texte waren komplex, ernsthaft, nach innen gerichtet und stellten eine Herausforderung an den Hörer dar. Das alles trifft auf kein Stück mehr zu als auf ›Dreams‹, das von den Träumen einer unmöglichen Prinzessin erzählt, die sich wünscht, »jeden Augenblick auf der Zunge zu schmecken und alles auszuprobieren«.

Das herausragende Stück auf dem Album *Impossible Princess* ist – darüber herrscht allgemein Einigkeit – ›Too Far‹, in dem Kylie im Eiltempo zu einem intensiven Rhythmus von Bass und Schlagzeug flüstert.

Eine stimmgewaltige Lobby, die der gewaltigen Anhängerschaft des inoffiziellen Remix von den Brothers In Rhythm zu verdanken war, forderte eine Singleauskopplung dieses Songs. Das Remix war insofern inoffiziell, als deConstruction ursprünglich nichts davon wusste, obwohl Kylie, die immer bereit war, etwas Neues auszuprobieren, sich die Zeit nahm, den Gesangspart noch einmal aufzunehmen und ein paar Improvisationen hinzuzufügen. Es gibt buchstäblich nur einige wenige Werbeexemplare, die ein Vermögen einbringen würden, wenn sie je zum Verkauf stünden.

Kylies folgende Gemeinschaftsproduktion lief insgesamt weniger erfolgreich ab. Der in Japan geborene Experimentalist Towa Tei hatte in der New Yorker Clubszene dank seiner Arbeit mit Dee-Lite und der gemeinsamen Dance-Hymne ›Groove Is In The Heart‹ einen enormen Ruf. Seine Solo-Arbeiten hatten entschieden weniger Erfolg, aber Kylie, die stets wild darauf war, neue Wege zu beschreiten, hinterließ trotzdem eine Nachricht auf seinem Anrufbeantworter, in der sie schlicht erklärte: »Ich würde gerne mit dir arbeiten.« Towa rief zurück, und sie begannen, an ›GBI‹ zu arbeiten. Es war eine Idee, die zu jener Zeit amüsant erschienen sein mag. Kylie besuchte Towa in seinem Studio und hörte sich das Demoband des Instrumentalteils an. Er erinnerte sich: »Sie war sofort in der Lage, meine Ideen und meine Richtung zu verstehen, und so machten wir uns in ganz entspannter Stimmung daran, am Text zu arbeiten.« Dem äußerst abstrakten Konzept nach sollte Kylie mit koketter Stimme vorgeben, eine Schriftart zu sein. Das erwies sich als ein bisschen zu weit hergeholt für die Kylie-Fans, und das Stück wurde zu ihrer am wenigsten erfolgreichen in Großbritannien erschienenen Single aller Zeiten. Es landete direkt auf Platz 63 und fiel dann in der folgenden Woche sofort wieder aus den Charts, ohne je wieder von sich hören zu machen, obwohl Kylie in dem Begleitvideo als Geisha auftrat. Von diesem Tiefpunkt gab es für Kylie nur einen einzigen Weg: den zurück nach oben. Bis zu ›Spinning Around‹ sollte es jedoch noch fast zwei Jahre dauern.

Zuvor gab es noch die Kleinigkeit eines Albums als Tribut an Duran Duran zu erledigen. Dafür schloss Kylie sich mit einem australischen Landsmann zusammen. Nach dem so unerwarteten Duett mit Nick Cave ging sie jetzt eine Partnerschaft mit Ben Lee ein, der die gesamten 90er Jahre hindurch in Australien ein großer Star gewesen, in Großbritannien jedoch noch so gut wie unbekannt war. Zuallererst wurde das Duo eingeladen, ›Girls On Film‹ aufzunehmen und anschließend das brillante Stück ›Skin Trade‹. Keines davon war gut genug für Lee, der behauptete, er habe den Boss von EMI Australien angerufen und ihm erklärt, wenn er wolle, dass »der derzeitige Prinz und die Prinzessin der australischen Popmusik sich an der Sache beteiligten, dann muss ein Song mit mehr Substanz her. Eine Gemeinschaftsproduktion in dieser Größenordnung ist nämlich etwas, das die Phantasie von Leuten für Generationen beschäftigen wird.« Man einigte sich schließlich auf ›The Reflex‹. In Wahrheit beschäftigte die Gemeinschaftsproduktion die Phantasie der Leute letztendlich eine Nanosekunde lang. Immerhin war es aber ein Hinweis darauf, dass Kylie versuchte, bei den Massen wieder etwas mehr Fuß zu fassen, indem sie ihre australische Fangemeinde von neuem für sich einforderte. Diese war schließlich seit ihrer allerersten Platte ›The Loco-Motion‹ stets der Startblock für sie gewesen.

Zwar stellt *Impossible Princess* bis zum heutigen Tage den Höhepunkt von Kylies musikalischer Kreativität dar, sie aber fuhr fort, in andere Richtungen zu drängen. Nachdem im Sommer 1998 das Album *Hits+* mit neu gemischten Versionen ihrer größten Hits erschienen war, trennte sie sich von deConstruction. Sie hatte innerhalb von fünf Jahren lediglich zwei Alben mit neuen Songs herausgebracht, konnte also kaum als Goldspinnerin bezeichnet werden. DeConstruction existiert inzwischen nicht mehr, also hat Kylie womöglich zur rechten Zeit das sinkende Schiff verlassen. Offiziell lief die Trennung jedoch auf durch und durch freundschaftlicher Basis ab.

Im März 1999 konnte man Kylie auf der schönen Insel Barbados antreffen – nicht etwa an einem Strand, sondern auf der Bühne. Es ging um schauspielerische Arbeit, aber von *Neigh-*

bours war es meilenweit entfernt. Sie war von Johnny Kidd, dem Vater des Models Jodie Kidd, dazu überredet worden, in einer Produktion von Shakespeares *Sturm* aufzutreten, die im Rahmen eines Kulturfestivals stattfand, das er alljährlich in den von Hibiskus und Palmen umgebenen Gärten seiner Plantage veranstaltete. Es war eine musikalische Version des Stückes – locker *The Caribbean Tempest* (Der karibische Sturm, Anm. d. Übers.) betitelt – aber es war immer noch Shakespeare, und nicht allzu viele Verse des Barden haben etwas mit australischer Freizeitgestaltung zu tun: Da wird niemandem ein »Smoothie« (Erfrischungsgetränk aus Früchten, Anm. d. Übers.) angeboten, und kein Mensch benimmt sich wie ein »Dreckfink«. Der Erfinder hinter dieser Extravaganz war Kit Hesketh-Harvey, der vor allem durch sein in Großbritannien aufgeführtes avantgardistisches Stück *Kit and the Widow* (Kit und die Witwe, Anm. d. Übers.) bekannt geworden ist. Er benutzte die Shakespeare-Verse als Texte für 15 neue Songs. Enttäuscht war er lediglich, weil Kylie, die die Rolle der Miranda spielte, sich weigerte zu singen. Sie war entschlossen, die Rolle völlig werkgetreu zu spielen und keinen Kitsch-Klassiker daraus zu machen. Hesketh-Harvey stellte fest, dass sie ein vorbildliches Truppenmitglied war und sogar mithalf, die Requisiten zu tragen.

Kylie war umgeben von Shakespeare-Schauspielern, darunter David Calder und Rupert Penry-Jones, der schon bald ihr Liebhaber werden sollte. Neben Kylie besaß Roger Lloyd Pack das berühmteste Gesicht: Er ist in Großbritannien durch die Fernsehserien *Only Fools and Horses* sowie *The Vicar of Dibley* bekannt. Ihren Lohn für die Hingabe, mit der sie ihre Rolle spielte, erhielt Kylie in Form einer ehrenvollen, wenngleich leicht gönnerhaften Erwähnung in einer Kritik der *Times:* »Die Besetzung der Miranda mit Kylie Minogue mag im Vorfeld hier und da ein wissendes Lächeln hervorgerufen haben, aber sie hat sich mehr als angemessen geschlagen.« Im folgenden Frühling machte die Produktion sich auf den Weg nach Sydney, leider aber ohne Kylie, die zu der Zeit bereits bis über beide Ohren in der Arbeit an ihrem Comeback-Album steckte.

Kylie bleibt sozusagen ein Filmstar im Wartestand. Es ist nicht leicht, sich in der Welt des Films durchzusetzen, selbst wenn man sich eines Höchstmaßes an Bekanntheit als Pop-Ikone erfreut. Sogar Madonna ist daran gescheitert, als Filmschauspielerin Anerkennung zu finden. Andere Künstlerinnen haben mit wechselndem Erfolg einen Versuch gewagt: Diana Ross, Whitney Houston, Mariah Carey, Jennifer Lopez, Britney Spears und – vielleicht am bemerkenswertesten – Cher. Bedenkt man aber, dass Kylie schließlich zuerst Schauspielerin war, dann sind ihre Bemühungen alles andere als ermutigend verlaufen. Sie übt eine größere Wirkung als Star einiger überraschender und ins Auge springender Popvideos aus. Das Begleitvideo zu ›Some Kind Of Bliss‹ beispielsweise zeigt Kylie als kurvenreichen, rothaarigen Vamp am Arm eines kleinen Gangsters.

Ihre erste Bemühung um Ruhm als Filmstar erfolgte in dem Film *The Delinquents*, der zu Weihnachten 1989 erschien. Sie hatte den Film im Frühling in Queensland gedreht, zwischen der Promotion für ihr millionenfach verkauftes erstes Album und den Aufnahmen für ihr zweites, *Enjoy Yourself*. Sie begann sofort nach ihrem Abschied von *Neighbours* mit den Dreharbeiten und schien damit in die Fußstapfen ihrer Rollenfigur Charlene zu treten, die ja ebenfalls die Ramsay Street verließ, um ein neues Leben in Queensland anzufangen. Die neue von ihr verkörperte Figur, der rebellische Teenager Lola Lovell, hätte sich in Erinsborough wohl kaum blicken lassen. Es war ein Entwicklungsfilm, der in einer kleinen, provinziellen Stadt Mitte der 50er Jahre spielte. Die Handlung drehte sich um Lolas Liebe zu Brownie Hansen, einem jungen Gammler, gespielt von dem amerikanischen Halbstarkenschauspieler Charlie Schlatter, der damals zu einer Reihe von jungen Hollywood-Schauspielern gehörte, die an der Schwelle zu wahrem Starruhm zu stehen schienen, es aber nie richtig schafften, sie zu überschreiten. Der Film, der auf einem beliebten australischen Roman basierte, hatte der allgemeinen Ansicht nach unter dem Einfluss seiner amerikanischen Finanziers (Warner) gelitten, die dafür sorgten, dass der lokale ethnische Eindruck des zugrunde liegenden Buches verwässert wurde.

Kylie musste sich bei mehreren Gelegenheiten ausziehen, im Bett herumwälzen, und wurde außerdem, was noch mehr Kontroversen auslöste, von ihrer dominanten Mutter im Alter von 15 Jahren zu einer Abtreibung gezwungen. Kylie war darum bemüht, deutlich zu machen, dass das Buch bei weitem deprimierender und erbarmungsloser war als der Film: »Wenn wir es so gelassen hätten, wie es war, wäre es so deprimierend geworden, dass man sich die Pulsadern hätte aufschneiden wollen.« Dies war für Kylie ein völlig anders geartetes Projekt. Im Gegensatz zu ihrer Position bei Stock, Aitken und Waterman ließ man ihr hier jede Menge Freiheit, um während der Dreharbeiten ihre eigenen Ideen zum Ausdruck zu bringen. Es war eine großartige Abwechslung, an einem so erwachsenen Projekt beteiligt zu sein, während gleichzeitig ›Hand On Your Heart‹ auf Platz 1 der britischen Charts stand. Kylie wurde in eine Welt eingeführt, in der ihre Meinung etwas zählte.

Vielleicht war das vernichtende Urteil, das die Kritiker über *The Delinquents* fällte, unvermeidlich. Der *Daily Mirror*, der sich heutzutage über alles, was mit Kylie zu tun hat, in Begeisterung ergeht, erklärte: »Kylie Minogue besitzt als Schauspielerin nicht mehr Charisma als eine Schüssel kalter Haferbrei.« Eine Bemerkung von unnötiger Grausamkeit. Obwohl der Film sowohl in Großbritannien als auch in Australien kommerziell recht gut lief, erwies er sich in den USA als Flop, wodurch wieder einmal alle zu der Zeit gehegten Hoffnungen Kylies, dort ein Star zu werden, zunichte gemacht wurden. Kylies Beteiligung wegen stellt der Film noch immer eine Kuriosität in den Regalen der Videoläden dar. Erheblich interessanter als der Film selbst ist die Veränderung in Kylies Image, die er widerspiegelte. Lola Lovell war keine ›Mädchen-von-nebenan‹-Figur. Als der Film gegen Ende des Jahres Premiere hatte, war Kylie bereits mit Michael Hutchence zu einer Einheit verschmolzen, und diese Beziehung sorgte für wesentlich mehr Schlagzeilen als der Film. Jeder war besessen von Kylies angeblicher Veränderung unter dem Einfluss des Rockstars, und *The Delinquents* wurden als ein Bestandteil dessen einverleibt. Kylie aber hatte *The Delinquents* abgedreht, bevor sie und Hutchence ein Paar wurden. Sie war noch immer mit Jason Donovan zusammen gewesen, der zum Drehort geflogen war, wann immer sein eigener Terminkalender es ihm gestattete. Kylie hatte die Entscheidung, sich von ihrem öffentlichen Image, als Charlene, das ›Mädchen von nebenan‹ zu distanzieren, ohne Hutchences Einfluss getroffen.

Eine der Barrieren, die sich vor Kylie nach ihrer Starrolle in *The Delinquents* aufbauten, war die Besessenheit der Medien von ihrem neuen Aussehen als »Rockküken« und davon, wie sie durch Michael Hutchence angeblich verdorben wurde. Darauf konzentrierte man sich wesentlich mehr als auf den Film selbst. Es sollte weitere vier Jahre dauern, ehe Kylie sich von neuem mit der Fußspitze ins Wasser des Filmruhmes wagte, diesmal mit ihrem ersten Hollywood-Film: Als Gegenpart von Jean-Claude Van Damme spielte sie in dem Kung-Fu-Streifen *Street Fighter*, der auf einem beliebten Video-Spiel basierte. Der Regisseur Steven de Souza hatte Kylie auf der Titelseite einer Zeitschrift unter der Überschrift »Die 30 schönsten Menschen der Welt« entdeckt. Sie spielte eine Figur namens Cammy, einen weiblichen Offizier des britischen Geheimdienstes, Meisterbeobachterin und Leutnant unter dem von Van Damme gespielten Colonel Guile. Der Film war eine merkwürdige Wahl für Kylie und die Rolle wohl kaum bedeutend in einer Zeit, in der sie gerade in eine Periode erheblich größerer persönlicher Kreativität eintrat.

Dies war Material für ein Starlet, auch wenn der Film den Vorteil hatte, dass er in Australien und Thailand gedreht wurde. Kylie musste Unterricht in asiatischen Kampfsporttechniken nehmen, vor allem im Kickboxen, sodass sie den Einsatz ihres zierlichen Körpers als tödliche Waffe glaubhaft vermitteln konnte. Außerdem musste sie sich Eisen spritzen, was ihren Oberkörper vorübergehend aufblähte.

Kylie und Van Damme, der nicht viel größer ist als sie, brachten in dem Film nicht wirklich die Funken zum Sprühen, auch wenn er an den Kinokassen dank der treuen Fans des Schauspielers ein recht akzeptables Ergebnis erzielte. In den USA spielte er $ 70 Millionen ein. Eines hat Van Damme allerdings für Kylie getan: Er brachte ihr eine Übung bei, mit der man seinen Hintern in Form halten kann, indem man beide Pobacken zusammenpresst. Kylie empfand jede Menge Ehrfurcht vor dem Hinterteil des Belgiers, das ihrer Meinung nach der Erdanziehungskraft Widerstand leistete – wie es auch ihr eigenes offenbar noch immer tut, obwohl Kylie darauf beharrt, dass sie keine Gymnastik macht.

Das größte Paradoxon an *Street Fighter* war, dass der Film zeitlich mit dem Erscheinen von ›Confide In Me‹ zusammenfiel, das mit einem extrem erotischen Begleitvideo herausgeben wurde und für Kylie einen originellen, intelligenten Sound darstellte. Sie dagegen in einen Kampfanzug gezwängt eine Bazooka abfeuern zu sehen, war eine merkwürdige Parallele, um es bescheiden auszudrücken.

Kylie nahm unverzüglich ihren nächsten Film in Angriff, angeblich eine Komödie, *Bio-Dome* mit Pauly Shore und Stephen Baldwin. Der Kritiker John Lavin verriss den Film im *Movie Magazine International* als die »größte Verschwendung von Zelluloid, die ich je mit angesehen habe«. Kylie, die eine Wissenschaftlerin spielte, beschrieb ihn als *Bill & Ted* in einem landwirtschaftlichen Zentrum. Kylie spielte eine der heterosexuellen Rollen, während die beiden männlichen Hauptdarsteller zwei

»schwule Typen« spielten, die das Biozentrum irrtümlich für ein Einkaufszentrum halten. Und damit fängt der Spaß an. Zufällig zeigte das Video zur Begleitung der Single ›Put Yourself In My Place‹ Kylie in einer schwebenden Blase, in der sie allmählich all ihre Kleider ablegt – ein wesentlich denkwürdigerer Anblick als *Bio-Dome*.

Während dieser Phase, Mitte der 90er Jahre, erscheint Kylies Karriere wie eine Art Schrotflinte, mit der Teile von ihr in alle Richtungen verschossen wurden in der Hoffnung, eines der Geschosse möge ins Schwarze treffen. Bedauerlicherweise traf ihre Filmauswahl nicht einmal die Zielscheibe.

Wenigstens erkannte Kylie, dass es an der Zeit war, sich eine Pause von einer äußerst holperigen Wegstrecke zu gönnen. Sie war enttäuscht und frustriert über die Art und Weise, in der Frauen in Filmen in enge, kurze Röcke gesteckt wurden und von Szene zu Szene stöckeln mussten, ohne den geringsten Sinn für ihre Existenz. In einem Kylie-Video mochte dieses Konzept noch erfolgreich funktionieren, wenn man es aber auf anderthalb Stunden ausdehnt, wird es fadenscheinig. Kylie hatte sich einen Namen in Amerika machen wollen und blieb wieder einmal im Regen stehen.

Statt sich an einer dritten Rolle als »Nichts« zu versuchen, nahm Kylie einen Part an, der sich in diese kreative mittlere Periode besser einfügte. Wenigstens war sie dieses Mal der Star. Es war ein kurzer, eigenartiger, nur elf Minuten langer australischer Film mit dem Titel *Hayride To Hell*, in dem Kylie ›Das Mädchen‹ spielte, das einen Vertreter namens George Table bittet, ihr zu helfen. Ein Vorteil für Kylie bestand darin, dass der Film eine Woche intensivster Dreharbeiten in Sydney erforderte und ihr anschließend erlauben würde, Anfang 1995 einen ausgedehnten, dreimonatigen Urlaub in Australien zu verbringen, mit ihrer Familie und ihren Freunden sowie mit ihrem damaligen Liebhaber Mark Gerber zusammen zu sein. In gewisser Hinsicht war *Hayride To Hell* ein erweitertes Video. Kylie-Chamäleon, eine dunkle Brünette, erzählt Table, sie sei Diabetikerin, und besteht darauf, dass er sie zu ihrer Wohnung fährt. Sie geht hinein, verliert dann aber im Fahrstuhl das Bewusstsein und wird von Table gefunden. Sie erwacht, schlägt mit einem Teddybären nach ihm und schreit ihn an: »Was zum Teufel hast du mit meinen Sachen gemacht?« Es ist ein herausfordernd künstlerischer Film, und gerade das machte ihn attraktiv für Kylie. Wichtig ist, dass er Promotion für eine andere Kylie machte in einer Zeit, in der sie auf Veränderung bedacht war. Dies war kein Futter für Starlets. Kylie empfand ein weit stärkeres Gefühl von beruflichem Stolz auf diesen elfminütigen Kurzfilm als auf ihre beiden »Hollywood«-Streifen zusammen.

Im Rückblick erscheinen die beiden Filme *Street Fighter* und *Bio-Dome* als die am wenigsten »coolen« Projekte, an denen Kylie sich während der 90er Jahre beteiligte. Eine erheblich fruchtbarere Zusammenarbeit ergab sich 1997, als sie für die zeitgenössische Künstlerin und Fotografin Sam Taylor-Wood nackt in einem Video auftrat. Auch bei *Misfit* handelte es sich um einen Kurzfilm für die BBC, mehr um ein Ausstellungsstück als um ein filmisches Konzept. Gezeigt wurde die nackte Kylie, die zu einem Stück aus einer Kastratenoper Pantomime spielte. Sam Taylor-Wood, die im folgenden Jahr für den Turner-Preis nominiert werden sollte, fühlte sich von Kylies androgyner Schönheit inspiriert. Sie porträtierte Kylie als Straßengöre und hielt ihr Publikum zum Narren, indem sie sie nicht mit ihrer eigenen Stimme, sondern mit der eines Kastraten aus dem 19. Jahrhundert singen ließ. Sam Taylor-Wood besaß großen Einfluss in der Londoner Kunstszene, nicht zuletzt durch ihre Heirat mit dem Künstleragenten Jay Jopling im selben Jahr. Jopling ist der Besitzer der White Cube Galerien und vertritt eine repräsentative Auswahl moderner Künstler, die derzeit am meisten im Gespräch sind, darunter Sam Taylor-Wood selbst, Tracey Emin und Damien Hirst. Es hat Kylie alles andere als geschadet, mit einem derart gefeierten Kreis in Verbindung zu stehen.

Kylies Geheimnis, mit dessen Hilfe sie die originellsten Künstler einer ganzen Generation dazu brachte, mit ihr zusammenzuarbeiten, beruht in ihrer Fähigkeit, sich zu verändern wie der Formwechsler aus den *Akte X*. In dieser Hinsicht ist sie wie eine weiße Leinwand, die bei der Berührung mit einem Pinsel zu farbenfrohem Leben erwacht. Das bedeutet nicht, dass Kylie selbst nichts einbringt – im Gegenteil, ihre eigenen schöpferischen Kräfte werden von den Menschen in ihrer Umgebung freigesetzt. Taylor-Wood beschrieb sie einmal als eine »Chamäleon-Frau« mit vielen Facetten. Kreative Menschen geben Kylie das Selbstbewusstsein, das sie braucht, um selbst kreativ zu sein.

Der Tod von Prinzessin Diana warf einen Schatten über Kylies Album *Impossible Princess*. Durch einen erstaunlichen und ziemlich unheimlichen Zufall spielte sie im selben Jahr auch eine Miniaturrolle in einem Film mit dem Titel *Diana & Me*. Darin geht es um eine australische Touristin mit Namen Diana Spencer, die nach London reist, um ihre berühmte »Namensvetterin« kennen zu lernen. Kylie spielte sich selbst, eine Prominente, die von einem Paparazzo verfolgt wird – ein Handlungsstrang, der im Angesicht der Kontroverse über Dianas Verfolgung durch die Fotografen die ganze Sache nur noch zehnmal schlimmer machte. Dieser Film kam auf grauenhaft einzigartige Weise zur falschen Zeit, und es versteht sich fast von selbst, dass er nie das Licht der Welt erblickte.

Kylie gibt niemals auf. So wie sie noch immer darauf hofft, den Durchbruch auf dem amerikanischen Markt zu schaffen, so will sie noch immer Glaubwürdigkeit als Filmschauspielerin erlangen. Wie bei ihrer Musik bleibt Australien immer ihr Ausgangspunkt für den Neuanfang. So hat sie zwei Filme, die im Jahr 2000 erscheinen sollten, in Australien gedreht, wodurch ihr musikalisches Comeback unterstützt wurde. In dem ersten, *Cut*, dauert ihr Auftritt nicht besonders lange. Die arme Kylie spielt eine Horrorfilm-Regisseurin, die zu Beginn der Handlung von einem maskierten Killer mit einer Gartenschere massakriert wird. Es war so etwas wie eine Mischung zwischen *Friday the 13th* und *Scream*. Kylie tat damit sowohl Kimble Rendall, dem Regisseur von *Hayride To Hell*, der seinen ersten Spielfilm drehte, einen Gefallen als auch Michael Gudinski, dem Boss von Mushroom Records, der mit seinem ersten bedeutenden Filmprojekt zugange war. Der Star des Films war Molly Ringwald, die Kylie erst etwa sechs Monate zuvor bei einem Abendessen in LA kennen gelernt hatte. Molly Ringwald war genau wie Kylie bereits als Teenager ein Star gewesen und hatte einige ähnliche Schwierigkeiten durchgemacht, da man ihr nicht erlaubte, wirklich erwachsen zu werden. Obwohl Kylie sich nur ein paar Tage lang am Drehort aufhielt, mochte Molly sie wirklich gern. Sie versuchte auch, ihr einige Tipps zu geben, wie sie Amerika »knacken« könnte, Kylies größte, bis heute unerfüllte Ambition.

Kylie unterschrieb auch einen Vertrag über die Hauptrolle in einem australischen Film. *Sample People* war ein kühner, mit niedrigem Budget produzierter Indie-Thriller, in dem Kylie die Besitzerin eines Nachtclubs spielt, die in verschiedene finstere Geschichten um eine Menge Geld und Drogen verwickelt wird. Der unbekannte Regisseur Clinton Smith hatte Kylie zwei Jahre zuvor ein Drehbuch geschickt und war völlig verblüfft gewesen, als er einen Anruf von Terry Blamey erhielt, der ihm mitteilte, Kylie habe sich dafür entschieden, in seinem Film zu spielen. Kylie mochte das Script, weil ihre Figur ziemlich clever und einfallsreich daherkam. Für diesen Film sang Kylie zusammen mit den Pet Shop Boys eine Version des Popklassikers ›The Real Thing‹, was zahlreiche Zuschauer für den Höhepunkt des Streifens hielten.

Kylies Filmkarriere verläuft entschieden merkwürdig. Vielleicht hat sie als Charlene Mitchell darunter gelitten, ein großer Fisch in einem kleinen Teich zu sein. Sie mag Preise gewonnen haben, aber sie hat nie erklärt, irgendwelches Vertrauen in ihre Fähigkeiten als Schauspielerin zu besitzen. Zwar beklagt Kylie sich ständig über Nervosität, Unsicherheiten und Mangel an

Selbstvertrauen, aber im Gegensatz zu ihrer musikalischen Karriere scheint ihrem Weg durch die Filmwelt jegliche übergeordnete Strategie oder Zielsetzung zu fehlen. Die ursprüngliche Idee bestand allem Anschein nach darin, sie noch berühmter zu machen und den Fernsehstar in einen international anerkannten Filmstar zu verwandeln. Aber das hat nicht funktioniert. Wenn man bedenkt, dass sie bei weitem der größte Star bei *Neighbours* war, so entbehrt es nicht der Ironie, dass zwei wesentlich weniger bedeutende Darsteller der Soap es auf der weltweiten Bühne zu großem Erfolg brachten – Russell Crowe und Guy Pearce. Kylie hat noch jede Menge Zeit, einen halbwegs anständigen Film zu machen. Viel versprechender für die Zukunft war schon ihre Miniaturrolle in *Moulin Rouge*, in dem sie die grüne Fee spielte. Wir sehen Kylie am nächtlichen Himmel entlang funkeln, und dann ist sie auch schon verschwunden. Der Regisseur Baz Luhrmann ist derzeit in Hollywood in aller Munde und, was noch wichtiger ist, er ist ein großer Fan von Miss Minogue.

Kylie kreativ: »*Ich arbeite mit Leuten zusammen, die mir sehr viel mehr Selbstbewusstsein gegeben und mich ermutigt haben, mich selbst auszudrücken.*«

Kylie – *persönlich*

Kylie fing an, sich wirklich zu ärgern. Er benahm sich eher tuntig als auf die übliche Art von Nervensägen, aber er hörte einfach nicht auf, abfällige Bemerkungen zu machen. Kylie wollte nichts weiter als sich nach einem weiteren anstrengenden Tag auf ihrer australischen Tournee mit ihren Freunden entspannen. Sie wusste, sie war gut in Poolbillard, aber er machte ständig abfällige Bemerkungen über ihren Stil und geschmacklose Vorschläge, wohin sie sich ihren Billard-Queue stecken könnte und war dabei der Meinung, er sei einfach umwerfend komisch. Auf einmal schoss Kylie herum und wusste ganz genau, wohin sie den Queue zu stecken hatte – nämlich genau ins Gesicht dieses Typen. Sie hielt die Queuespitze nur wenige Millimeter unter seine Nase und riet ihm in wenig damenhaften Worten, das Lokal auf der Stelle zu verlassen. William Baker, der bei dem Vorfall anwesend war, bestätigte: »Sie hat eine Grenze, die man nicht überschreiten darf. Sie ist wesentlich härter als früher.«

Die meiste Zeit über ist Kylie unkompliziert und einfach im Umgang, aber sie hat bereits seit mehr als 20 Jahren als Entertainerin dort draußen unter den Augen der Öffentlichkeit gelebt, und sie braucht einfach auch Freizeit für sich selbst, wann immer sie nicht auf der Bühne steht und die Gesellschaft ihrer Freunde ohne unwillkommene Unterbrechungen genießen kann. Unverschämtheiten, wie sie dieser lästige Typ an den Tag legte, sind eine Sache, mit der man Kylie garantiert auf die Palme bringen kann. »So was regt mich einfach auf«, gestand sie. Richard Fairbrass, der Sänger der Gruppe Right Said Fred, erinnerte sich, wie er einmal nach einer Show auf ihrer britischen Tournee im Jahre 1992 mit Kylie zusammen in einem Auto saß: »Da waren Leute, die versuchten, in den Wagen reinzukommen, und sie drehte völlig durch. Sie hasste es und schrie: ›Wie können Sie es wagen?‹ Ich dachte bei mir: ›Sie wagen es, weil du Kylie Minogue bist, und vielleicht solltest du dich mal daran erinnern, wo du hergekommen bist.‹«

Kylie hat auch keine Mühe, die Luft mit ein paar sorgfältig ausgewählten Kraftausdrücken ziemlich dick zu machen, wenn sich die Notwendigkeit dazu ergibt, und die Zielscheibe einer solchen Kanonade wäre wohl niemand gern. Auf dem Konzert von Party in the Park in London im Juli 2000 legte sie einen ausgewachsenen Wutanfall hin. Wegen des Regens funktionierten die Bühnenmonitore nicht mehr, und sie konnte mit ihrem Ohrstöpsel nur noch die zeitverschobene Musik aus den Lautsprechern hören. Als Ergebnis sang sie ständig in den falschen Momenten und erschien unprofessionell, eine Sache, die sie unter keinen Umständen ertragen konnte. Kylie hatte so viel für diesen Gig geprobt, dass sie, als alles so vollkommen schief ging, »einfach eine Menge Dampf ablassen musste«.

Sie behält immer gern die Kontrolle über eine Situation. Auch wenn sie kein Kontrolletti in der Größenordnung eines Stars wie Madonna ist, neigt sie dazu, die Beherrschung zu verlieren, wie auch so mancher ihrer Liebhaber schon feststellen musste. James Gooding, mit dem sie die seit langem ernsteste Beziehung unterhält, bekam kurz vor Weihnachten 2001 in einem Restaurant eine Kostprobe von Kylies Temperament. Sie gestand: »Wir hatten eine kleine Meinungsverschiedenheit«, was einigermaßen untertrieben scheint, wenn man nur aus den Gesichtern schließt, mit denen sie aus dem Lokal stoben. Später sah man sie in einer Straße in der Nähe ihres Hauses, Tränen liefen ihr die Wangen hinunter, und sie schrie ihn an. Kylie beharrt darauf, dass Streitigkeiten einer Beziehung gut tun, weil dadurch Spannungen, die sich durch kleinere Differenzen aufgebaut haben, wieder abgebaut werden. Sie kann sehr eifersüchtig werden, und Geschichten über James und andere Frauen kommen nicht gerade gut bei ihr an. Sie hat zugegeben: »Ich bin kein Übermensch. Ich kann von Zeit zu Zeit eifersüchtig werden. Das ist eine völlig natürliche Emotion.«

Kylie nimmt keine Drogen. Sie hat ein bisschen herumprobiert, als sie mit Michael Hutchence zusammen war, aber das ist schon zehn Jahre her, und auch wenn sie alle Jubeljahre einmal etwas angeboten bekommt, lässt sie sich darauf nicht ein. Überhaupt nicht. Sie hat allerdings eine Schwäche für ausgewählte alkoholische Getränke, guten Wein zum Beispiel, Champagner oder bei einer lustigen Nacht auch Tequila-Cocktails, die ihr zuweilen schon einen mörderischen Kater beschert haben. Kylie hat einmal der Zeitschrift *heat* gegenüber eingestanden, dass sie Phasen hat, in denen sie ausgeht, um zu trinken. In Los Angeles beispielsweise zog sie durch sämtliche Clubs und schüttete exotische Shortdrinks hinunter. Aber so wild auf Clubs wie in den späten 80er und den frühen 90er Jahren ist sie schon lange nicht mehr. Heutzutage lädt sie sich lieber ein paar Freunde nach Hause ein, um eine Flasche Champagner zu köpfen und anschließend in eines der exklusiven Restaurants rund um ihr Haus in Chelsea umzuziehen. Für Champagner hatte Kylie schon immer eine ganz besondere Schwäche. Ihre enge Freundin Katerina Jebb erzählt des öfteren die Anekdote, wie die beiden sich in der Pariser Wohnung der Fotografin trafen. Kylie und eine Assistentin standen vor der Wohnungstür und hatten Champagner dabei. Wenig später erschien Kylie mit einem Schlafsack und richtete sich häuslich ein. Es war eine schwierige Zeit, weil Katerina kurz darauf in einen schweren Verkehrsunfall verwickelt wurde und ins Krankenhaus musste. Kylie aber war zur Stelle, als sie wieder nach Hause durfte. Sie überredete Katerina sogar dazu, ein Foto von ihr zu machen, obwohl sie die Kamera noch nicht selbst halten konnte, sondern sie auf ein Stativ aufbauen musste. Die beiden seelenverwandten Frauen sind allerbeste Freundinnen geblieben.

Nichts genießt Kylie mehr als die Gesellschaft ihrer vertrauten Freundinnen. Ein Treffen zum Mittag- oder Abendessen und ein ausgiebiger Schwatz »unter Mädels« haben eine großartige Wirkung: Hinterher fühlt sie sich wieder normal. Der entscheidende Unterschied zwischen Kylie und dem Rest ihrer Freundinnen besteht in ihrem durchaus nennenswerten Reichtum. Sie ist eine Multimillionärin mit einem Vermögen, das auf £ 12 Millionen geschätzt wird und stetig wächst. Der Journalistin Jane Oddy berichtete sie: »Ich erinnere mich nicht mehr an den Augenblick, in dem ich zur Millionärin wurde, aber es muss irgendwann, als ich Anfang zwanzig war, gewesen sein.« Eines Abends saßen Kylie und ihre Freundinnen miteinander beim Essen, als das Gespräch plötzlich darauf kam, wie es wäre, im Lotto zu gewinnen und was sie alle mit dem vielen Geld anfangen würden. Ganz plötzlich wurde Kylie klar: »Aber ich *habe* ja dieses Geld.«

Kylie hat ihren sicheren Instinkt in allen finanziellen Angelegenheiten von ihrem Vater Ron geerbt. Sie mag zwar mehr als 20 Paar Schuhe von Manolo Blahnik besitzen, aber in einem Supermarkt wird sie sich stets das beste Angebot heraussuchen. »Das einzige Geld, das mich schert, ist das Geld, das ich in meiner Hosentasche habe«, erklärte sie einmal.

Und so gestaltet sich ein typischer Kylie-Tag, wenn sie nicht arbeitet, sondern sich zu Hause entspannt: 9 Uhr: Wecker klingelt; 9 Uhr 15: Frühstück zubereiten, dazu sonnengetrocknete Samen und Fruchtstücke zu einem energiespendenden Getränk zusammenmixen; 9 Uhr 45: Zeitung lesen; 10 Uhr 30: Persönliches Training; 12 Uhr 30: Zum Mittagessen umziehen; 13 Uhr 15: Mittagessen mit einer Freundin in der Umgebung ihres Hauses; 14 Uhr 30: Einkaufsbummel durch Boutiquen und manchmal Möbelgeschäfte – sie gestaltet ihre Wohnung immer wieder um, wirft etwas weg, reißt etwas hinaus und findet etwas Neues; 16 Uhr: Massage und Schönheitsbehandlung; 17 Uhr 30: Taxifahrt nach Hause; E-Mails durchgehen und Anrufbeantworter abhören; 18 Uhr: Vorbereitungen zum Treffen mit James und / oder

Freunden zum Abendessen, E-Mail an Ron und Carol, Musik hören, dabei Kleider-Auswahl; 20 Uhr 30: Abendessen in einem ihrer Lieblingsrestaurants – Nobu, La Famiglia und Vingt-Quatre stehen derzeit im Kurs; Mitternacht: Kräutertee, Chat oder ein gutes Buch; 2 Uhr: Schlafen.

Die Ketten des Vorstadteinerleis abzuwerfen, war für Kylie ein sich lange hinziehender Prozess. Sie war am 28. Mai 1968, einem kalten Wintertag, im Bethlehem Hospital in Melbourne geboren worden. An einem kalten Tag nach australischen Maßstäben natürlich. Ziemlich passend, wenn man ihr späteres Image als Kindfrau bedenkt, stand ›Young Girl‹ von Gary Puckett and the Union Gap auf Platz 1 der britischen Single-Charts. Sie sollte ein paar Wochen später von den Rolling Stones (›Jumpin' Jack Flash‹) verdrängt werden, womöglich dem einzigen Popsong, den Kylie an Langlebigkeit wohl nicht übertreffen wird. Die Stones gehörten ebenso wie die Beatles zu den Lieblingsgruppen von Ron Minogue und seiner jungen Frau Carol, aber zum größten Teil rauschten die Swinging Sixties an den Vorstädten von Melbourne vorbei. Ron und Carol waren aus Townsville in Queensland hierher gezogen. Dort war Ron als Australier in der fünften Generation aufgewachsen, während Carol mit ihren Eltern aus Wales eingewandert war.

Carol Jones stammte aus Maesteg, einer kleinen Stadt nicht weit von Swansea im Süden von Wales. Dort lebte sie bis zu ihrem zehnten Lebensjahr. Kylie hat ihre walisischen Wurzeln nicht vergessen. Ihr Großonkel Dennis Riddiford lebt noch immer dort und freut sich riesig, wenn Kylie es schafft, in ihrer von einem Chauffeur gesteuerten Limousine aus London vorbeizukommen. Dennis, ein Zimmermann von Beruf, ist stolz auf seine berühmte Verwandte, hängt die Verwandtschaft aber nicht an die große Glocke, vor allem, um Kinder davon abzuhalten, vor seinem Gartentor ›I Should Be So Lucky‹ zu singen. Auch er war nach Australien ausgewandert, kehrte aber vor mehr als 40 Jahren zurück, um in Wales zu leben, nachdem er sich eine Malariaerkrankung zugezogen hatte. Seine Schwester Millie – die Kylie ›Nain‹, das walisische Wort für Großmutter, nennt – lebt noch immer in Melbourne. Kylie hat exakt dieselbe Größe und eine ähnliche Figur wie ihre Mutter Carol, an die sich Dennis noch als ein kleines Mädchen erinnert, das in einem nahe gelegenen Hotel Ballett- und Tanzunterricht bekam. Ist sie ihrem glamourösen Leben in der Stadt erst einmal entronnen, zieht sich Kylie nur allzu gerne einen alten Anorak und ein Paar Gummistiefel über und begleitet Dennis auf seinen Wanderungen durch die Hügel und das waldige Land rund um die Ortschaft. Kylie hält sich mit Begeisterung unter freiem Himmel auf und liebt Campingausflüge: »Mitten im Nirgendwo Halt zu machen und sein Zelt aufzuschlagen, das ist meine Vorstellung vom Paradies.«

Sie kümmert sich höchst gewissenhaft um ihre Familie, nimmt sich die Zeit, alle Neuigkeiten in Erfahrung zu bringen und ihren Verwandten Exemplare ihrer CDs und Autogramme zu schicken. Kylie ist offiziell eine halbe Waliserin und somit mehr als berechtigt, in das von dem aus Cardiff stammenden Professor Terry Breverton verfassten Buch *One Hundred Great Welsh Women* aufgenommen zu werden. Er setzte Kylie auf Platz 1 und erklärte dazu: »Es ist schließlich meine Liste, und sie hat es verdient, darauf zu erscheinen.«

Im Alter von 25 Jahren hatte Carol Minogue bereits drei Kinder und war rund um die Uhr Hausfrau. Kylie war die Älteste, dann folgten im Abstand von zwei Jahren ihr Bruder Brendan und schließlich ein Jahr später Danielle. Obwohl sie selbst eine begabte Tänzerin war, gab die schlanke, zierlich gebaute Carol jegliche beruflichen Ambitionen auf, um sich ganz der Erziehung ihrer Kinder zu widmen. Sie ist eine bescheidene Frau, der der persönliche Ehrgeiz fehlte, die ihre beiden Töchter aber nach Kräften unterstützte, sobald klar wurde, dass diese von jener Eigenschaft mehr als genug besaßen. Sie hatte, wenn auch auf einem niedrigeren Level, lange genug selbst als Tänzerin gearbeitet, um die Probleme, die eine Zukunft auf der Bühne mit sich brachte, zu verstehen. Zwar sorgte sie dafür, dass die Mädchen Tanzunterricht erhielten – nicht nur Ballettstunden, sondern auch Jazz- und Stepptanz –, trotzdem war sie alles andere als scharf darauf, dass die beiden eine berufliche Karriere als Tänzerinnen anstrebten, weil sie wusste, was für ein hartes Leben ihnen dann bevorstehen würde. Mit dem Singen allerdings sah es für sie völlig anders aus, auch wenn sie selbst nicht einen einzigen Ton singen konnte, nicht einmal in der Kirche, wo einen wirklich niemand hört.

Im Laufe der 70er Jahre zog die Familie innerhalb der Vorstädte von Melbourne mehrere Male um. Kylies Grundschule, die Studfield Primary in Wantirna South, ist kürzlich geschlossen worden – trotz des massiven Protests der Eltern, die sich sogar an Kylies Manager in London wandten und um Unterstützung baten. Leider war Kylie nicht in der Lage, ihnen zu helfen, da sie zu jener Zeit gerade mit Plattenaufnahmen beschäftigt war. Kylie ging in jenen Jahren ausgesprochen gern zur Schule, auch wenn sie sich aufgrund ihres kleinen Wuchses in der Klasse kaum je zu Wort meldete. Trotz ihrer Zurückhaltung in den ersten Schuljahren ist das Bild von Kylie als schüchternes kleines Mauerblümchen meilenweit von der Wahrheit entfernt. Man braucht nur ihre Mutter Carol zu befragen, die einst verriet, ihre älteste Tochter habe bereits als kleines Mädchen ein bisschen von einer Angeberin an sich gehabt. Sogar Kylie selbst hatte angenommen, sie sei ein schüchternes Kind gewesen, bis ihre Mutter sie diesbezüglich vom Gegenteil überzeugte.

Schließlich ließ die Familie sich endgültig im Bezirk Camberwell, in der Melbourner Vorstadt Canterbury, nieder, was günstig für Rons Arbeit im Finanzwesen der Bezirksregierung war. Der Vorort, der nach dem Viscount Canterbury, einem Gouverneur von Victoria im 19. Jahrhundert, benannt worden war, liegt ungefähr zehn Kilometer östlich der Stadt und ist mit seinen geräumigen Häusern und den ausgedehnten Grünflächen fest in der Hand des Mittelstandes. Am leichtesten gelangt man mit der Straßenbahn, die von der Camberwell Station aus etwa eine halbe Stunde benötigt, in die Stadt. Kylie wurde in der Camberwell High School angemeldet, einer Schule mit Koedukation, die jedoch in einem Verhältnis von zwei zu eins von mehr Jungen als Mädchen besucht wurde. Kylie musste dort eine Schuluniform und einen anständigen Schulblazer tragen und ihre Mathematikhausaufgaben machen wie jeder andere Schüler auch.

Melbourne wird oft als die australische Hauptstadt des Sports betrachtet, und die Camberwell High war ganz und gar auf Sport ausgerichtet, ein Bereich, der Kylie nicht im Geringsten interessierte. Sie hat Sport immer gehasst, weil ihre »kurzen Beine einfach nicht schnell genug rennen konnten«. Wichtiger war für Kylie, dass es an der Schule fortschrittlichen Musikunterricht gab. Sie hatte erst Geigen- und dann Klavierunterricht – in einem Wettbewerb errang sie einmal den 2. Platz hinter einem chinesischen Klavierwunderkind. Ihre Mutter Carol war davon überzeugt, dass ihre Tochter den Preis für ihre Fähigkeit, die Richter gewinnend anzulächeln, erhalten hatte, nicht für ihr Können an dem Instrument.

Die Vorstädte von Melbourne waren eine entspannte, unkomplizierte Gegend zum Aufwachsen. Das traurigste Ereignis, das Kylie in ihrer frühen Kindheit widerfuhr, war, dass der Goldfisch der Familie von ihrer Schildkröte verspeist wurde. Neben diesen Tieren besaß Kylie noch Gabby, einen großen schwarzen »Bitsa«-Hund (Mischling; bitsa = bisschen; bisschen von diesem und bisschen von jenem, Anm. d. Übers.), den sie, als sie nach London kam, furchtbar vermisste. Der Minoguesche Haushalt schien wie eine dieser Familien aus amerikanischen Soaps – von außen betrachtet wirkte er völlig normal mit seinen Haustieren und Grillpartys, seinen häuslichen Arbeiten und den Streitereien der Geschwister, und dennoch führten Kylie und ganz besonders Dannii als Kinderstars ein außergewöhnliches Leben. Man stelle sich nur die Szene am Frühstückstisch vor: Über einer Schüssel Cornflakes oder einer Scheibe Toast mit Gemüsepaste erkundigt sich Ron Minogue, was seine Töchter den Tag über so vorhaben, ehe er zu einer Revision der Bücher im Wohnungsamt aufbricht. Die Antwort könnte lauten: »Wir singen heute ›Sisters Are Doing It For Themselves‹ im TV.« Das Showgeschäft wurde zu einem derart gewöhnlichen Bestandteil ihres Alltagslebens, dass niemandem mehr auffiel, wie ungewöhnlich es im Grunde war, zwei Töchter unter elf Jahren »auf der Bühne« zu haben.

Ron Minogue stand immer in dem Ruf, ein Mann zu sein, der einen kühlen Kopf bewahren konnte und mit beiden Füßen auf dem Boden stand. Er ist mit seinem quicklebendigen Nachwuchs in äußerst fähiger Weise zurechtgekommen und hat von Anfang an dafür gesorgt, dass seine Kinder vernünftig mit ihrem Geld umgingen. Nicht allzu viel kann ihn aus der Ruhe bringen, auch wenn Kylies nervtötende Angewohnheit, als Kind den Tonfall am Ende jeden Satzes zu heben, ihn die Wände hochtrieb. Mr. Minogue war klar, dass es der schauspielerischen Laufbahn seiner Tochter nicht unbedingt auf die Sprünge helfen würde, wenn sie ihren ausgeprägten »Strine Twang« (australisches Näseln, Anm. d. Übers.), wie diese Gewohnheit genannt wird, behielte.

Kylies Bruder Brendan ist mit der Last, zwei berühmte Schwestern zu haben, mannhaft zurechtgekommen. Er hatte unter einer peinlichen Enthüllung seiner älteren Schwester zu leiden: Diese verriet, er sei einst ein Fan der amerikanischen 80er-Jahre-Rockgruppe Kiss gewesen und habe sich häufig die hochhackigen Stiefel seiner Mutter geborgt und sich Sterne um seine Augen geschminkt, um seiner Verehrung für seine Helden Ausdruck zu verleihen. Nun ja, Kylie sollte wohl besser still sein – sie selbst vertrat einst die Ansicht, Leif Garrett sei niedlich! Als Kylie schon recht bekannt war, ging Brendan, ein gut aussehender, dunkelhaariger Junge mit ihr oft auf Partys, und für gewöhnlich warfen die Mädchen schwärmerische Blicke in seine Richtung. Für ihn war die Situation in der Tat perfekt – er genoss die Bewunderung, die auf ihn abfärbte, ohne die Nachteile, die ein Leben als Star mit sich brachte. Wehmütig erinnerte sich eine Bewunderin aus den Tagen von *Neighbours*: »Er sah großartig aus, war ruhig und einfach ein richtig netter Typ.«

Im Laufe der Jahre hat Kylie eine Menge Fragen über Dannii beantwortet. Ihre jüngere Schwester ist selbst im Geschäft und spielt das Spiel um Ruhm bereitwillig mit. Brendan gegenüber, der eine wichtige Rolle in ihrem Privatleben spielt, bleibt Kylie jedoch die Beschützerin. Er arbeitet als Kameramann für eine australische Fernsehgesellschaft und hat ausgedehnte Reisen in alle Welt unternommen. Er stand nicht unter öffentlicher Beobachtung und hatte so die Möglichkeit, Urlaub zu nehmen und zusammen mit Freunden auf eine Rucksack-Reise rund um die Welt zu gehen. Die meiste Zeit hat er jedoch gemeinsam mit Kylie in ihrem Londoner Domizil gewohnt. Als Kylie im Jahr 2001 *An Audience With …* drehte, stellte sie Brendan der Öffentlichkeit vor, und man sah ihn neben seiner Schwester Dannii unbehaglich grinsen, als das Scheinwerferlicht auf ihn fiel.

Während Kylie die Camberwell High School besuchte, begann sie zwar ihre schauspielerische Laufbahn, als die Dinge dann jedoch etwas stiller um sie wurden, führte sie ein relativ ungestörtes Schülerleben, bis *The Henderson Kids* ihr im Alter von 16 Jahren auf die Straße zum Ruhm verhalfen. Sie musste mit dem Ruhm ihrer Schwester fertig werden und lernen, deren Unterschrift auf Fan-Postkarten zu fälschen, aber sie hatte die Möglichkeit, als Heranwachsende auch mal über die Stränge zu schlagen, ohne dass die Welt ihr dabei zusah. Als 14- und 15-Jährige verbrachte sie eine Menge Zeit auf der Bowlingbahn des Ortes und entwickelte sich zu einer ausgezeichneten Spielerin. Einmal nahm sie an einem Damen-Wettbewerb teil und gewann über Aus $ 15 für den 1. Preis. »Ich war ganz schön aufgeregt«, erinnerte sie sich. Kylie hasst zwar Sport, bei Aktivitäten wie Bowling und Poolbillard aber, die man für gewöhnlich mit Pubs und ausgelassenem Spaß in Verbindung bringt, erweist sie sich als Expertin. Zufällig lud James Gooding sie auf eine Partie Bowling ein, als er ihr zum ersten Mal begegnete und noch keine Ahnung hatte, dass er auf diese Weise schnell und einfach Zugang zu ihrem Herzen finden würde.

Der andere Treffpunkt ihrer Teenagerzeit war das lokale Schwimmbad, wo sie im Alter von 13 Jahren ihren ersten Kuss bekam. Auf diesen großen Moment hatte Kylie sich vorbereitet, indem sie auf ihrem Handrücken übte. Der Junge hieß David und war ein dunkler, gut aussehender Typ – nicht im mindesten Leif Garrett ähnlich. Kylie hatte bereits seit Ewigkeiten für ihn geschwärmt, und als er zur Strafe, weil er andere geärgert hatte und im »Wasserbombenstil« ins Wasser gesprungen war, zum »Mülldienst« verdonnert worden war, erkannte sie ihre Chance. Sie begleitete ihn auf seiner Runde und sammelte mit ihm Abfälle ein. Es war äußerst romantisch, schließlich küssten sie sich, und Kylie wurde nicht enttäuscht.

Ron und Carol Minogue waren verständnisvolle Eltern: Sie ließen Kylie ihre eigenen Fehler begehen und daraus lernen. Sie war natürlich der Meinung, dass all ihre Freundinnen wesentlich mehr Freiheiten genossen als sie – so musste sie zum Beispiel warten, bis sie 16 war, ehe sie sich Ohrlöcher stechen lassen durfte. In einem Bereich jedoch ließen die Eltern ihre Tochter ihre Entscheidungen selbst treffen, nämlich in der Frage der Jungen. Kylie erklärte: »Wenn man einen Jungen kennen lernt, weiß man ziemlich bald, ob er gut für einen ist oder nicht.«

Kylies wilde Phase, in der sie sich mit ihren Eltern stritt, rauchte, weil sie meinte, dadurch wirke sie cool, und ganz allgemein den schwierigen Teenager spielte, überdauerte nicht die Zeit der *Henderson Kids*, die sie zum ersten Mal von zu Hause wegführte. Sie hatte Privatlehrer am Drehort und musste eine Menge Arbeit investieren, um ihre Englischprüfung zu bestehen, die sie brauchte. Als Leistungsfächer wählte sie Kunst und Graphik. Sie hat sich selbst als eine Schülerin von durchschnittlicher Intelligenz beschrieben, die die schönen Künste den Naturwissenschaften vorzog – letztere hasste sie beinahe so sehr wie Sport. Ihre Schule betrachtete ihre Art, die Schauspielerei und das Lernen nebeneinander zu jonglieren, als »vernünftig«.

An ihrem letzten Schultag ging sie mit zwei anderen Mädchen in den zweiten Stock des Hauptgebäudes, wo sie einen Schlauch fanden. Sie drehten den Wasserhahn voll auf und spritzten jeden, der unter dem Fenster entlangging, triefnass. Als ein Lehrer erschien, um für Ordnung zu sorgen, duckte und versteckte sich Kylie, während ihre beiden Freundinnen ausgeschimpft und der Schule verwiesen wurden.

Als sie die Schule verließ, spielte Kylie zeitweilig mit dem Gedanken, in einem Geschäft für Kunsthandwerk zu arbeiten – im Nähen und Sticken war sie ausgesprochen gut –, in Wirklichkeit aber stand immer fest, dass sie auf der Bühne landen würde. Also meldete sie sich arbeitslos und machte Probeaufnahmen für *Neighbours*. Hier zeigt sich ein gewaltiger Vorteil der Haltung, die ihre Eltern ihren Kindern gegenüber an den Tag legen: Sie haben nie zugelassen, dass dem Nachwuchs der Ruhm zu Kopf stieg. Kylie berichtete, dass sie sie nicht im Geringsten ehrfürchtig behandelt hätten und »nie überschwänglich« auf etwas reagierten, das sie tat. Ihre Familie war immer ihr Fels in der Brandung. Als sie zum Beispiel Mitte der 90er Jahre gegen Stress und Müdigkeit zu kämpfen hatte, rief sie zu Hause an und fragte ihre Eltern, ob sie auf einen Besuch herüberkommen könnten. Die beiden ließen alles stehen und liegen und flogen auf der Stelle nach England, um dort zwei Wochen mit ihrer Tochter zu verbringen.

Zweimal im Jahr fliegt Kylie zu einem ausgedehnten Besuch nach Melbourne. Zu Rons und Carols Kummer leben alle ihre drei Kinder im Ausland, aber wenn Kylie auf Tournee geht, ist Carol immer mit von der Partie. Ganz genauso war es auch, als

Dannii mit der *Young Talent Time* auf Tour war: Ihre Mutter war an ihrer Seite, um sie zu unterstützen. Ende 2001 wurde jedermann in Schrecken versetzt, weil Ron sich im Alter von 60 Jahren einer Operation wegen Prostatakrebs unterziehen musste. Er war all die Jahre hindurch die Kraft gewesen, die hinter der Familie Minogue stand. Für Kylie, die 12 000 Meilen weit weg festsaß, während ihr Vater im Krankenhaus lag, war es ein schwerer Schock. Dieses Mal konnte ihr Manager Terry Blamey positive Nachrichten vermelden: »Gott sei Dank gibt es gute Neuigkeiten«, sagte er. »Kylie war in großer Sorge, aber die Operation ist hundertprozentig gut verlaufen, und Ron wurde von seinen Ärzten als geheilt erklärt. Er wird vollständig genesen und erholt sich derzeit daheim im Kreise seiner Familie.«

Als Kylie zu einem Besuch nach Hause kam, kaufte sie ihren Eltern prompt ein neues Haus im Canterbury, mit einem beheizten Swimmingpool und einem Tennisplatz. Zwar hatte das zweistöckige Haus einige Reparaturarbeiten nötig, es liegt aber in einer der angesehensten Wohnviertel von ganz Melbourne. Kylie erwarb das Haus auf einer Versteigerung für Aus $ 2,43 Millionen, eine höchst kostspielige Immobilie für australische Verhältnisse. Das alte einstöckige Haus der Familie in der Alexandra Avenue wurde ebenfalls auf einer Versteigerung am 23. Februar 2002 verkauft und brachte Aus $ 1 300 000. Ein paar Tage zuvor hatte Kylie auf der Feier der Brit Awards ihrem Vater Tribut gezollt: »Er wird so stolz auf mich sein. Er ist der erste Mensch, den ich anrufen werde, sobald ich die Bühne verlasse.«

Kylies Eltern sind seit 35 Jahren glücklich verheiratet. Es entbehrt nicht der Ironie und ist mehr als nur ein bisschen verwirrend, dass weder Kylie noch Dannii es länger als fünf Minuten in der Beziehungskiste ausgehalten haben. Stattdessen fängt das Leben der beiden Schwestern an, einem Film mit Bette Davis und Joan Crawford zu gleichen: Ständig gibt es Verwicklungen, hinein in eine Beziehung und wieder hinaus, während sie langsam älter werden und einander immer ähnlicher sehen. Als beide jünger waren, wirkte Dannii dunkler und fülliger – das ist heute nicht mehr der Fall. Sie sind beide schlank bis auf die Knochen, und wenn sie beide die gleiche Frisur und Haarfarbe hätten, wäre es praktisch unmöglich, sie voneinander zu unterscheiden. *Whatever Happened To Baby Dannii* – demnächst in Ihrem Kino – wäre ein Horrorfilm, der einem einen Schauder den Rücken hinunterjagt.

Eine der großen Mythen in Kylies Leben lautet, es gebe einen unversöhnlich klaffenden Riss zwischen ihr und ihrer nicht minder ehrgeizigen jüngeren Schwester. Beide sind durch Geschwisterrivalität und die unvermeidlich aufkommenden Vergleiche zwischen ihnen angespornt worden. Kylie hat zugegeben, dass ihre Gefühle füreinander sich in einem nicht immer ausgewogenen Gleichgewicht zwischen Eifersucht und Bewunderung bewegen. Auf eine zynische Weise ist es einfach zu erkennen, wie Dannii für Kylies Karriere von Nutzen war. Die arme Dannii ist kein Liebling der Presse und wird als die herrische, weniger begabte Version ihrer älteren Schwester hingestellt. Es wird als vulgär betrachtet, wenn sich Dannii für den *Australian Playboy* auszieht, wenn aber Kylie das Gleiche für *Sky* oder die Zeitschrift GQ tut, so gilt dies als geschmackvoll oder künstlerisch. Danniis angebliche Fehler haben dabei geholfen, Kylies gute Eigenschaften zu definieren.

Wie bei den besten Drehbüchern üblich, ist das wahre Leben bei weitem nicht so eindeutig. Dannii war als Erste berühmt, als Erste verheiratet und als Erste wieder geschieden. Sie war außerdem die Erste, die ihre eigene Kollektion entwarf und in einem Bühnenmusical eine Hauptrolle spielte. Und sie war mit einem Grand-Prix-Rennfahrer zusammen, etwas, das Kylie bisher noch nicht zustande gebracht hat. Freunde beider Mädchen halten Dannii für die warmherzigere, anteilnehmendere der

Schwestern, die sich mehr von ihrem Gefühl als von ihrem Verstand leiten lässt. Sie ist auch stets als die Lebendigere der beiden betrachtet worden, ist in Wahrheit aber vermutlich einfach mütterlicher und schickt wahrscheinlich als Erste Blumen, wenn eine Freundin ein Baby bekommen hat. Zudem leidet sie an zwanghafter Kaufsucht, gibt Geld aus, als käme es morgen aus der Mode, hat keine Ahnung, was die Worte »Sparen beim Kleiderkauf« bedeuten, und war immer darauf angewiesen, dass ihr Vater ihre Finanzen fest im Auge behielt.

Seit ihrer anfänglichen Erfolge in der *Young Talent Time* ist Dannii beruflich in die Fußstapfen ihrer großen Schwester getreten. Kylie war in *Neighbours* ein Star, Dannii ergatterte die Rolle der rebellischen Emma Jackson in der australischen Konkurrenzsoap *Home and Away*. Kylies erste in Großbritannien erschienene Platte landete 1988 auf Platz 1. Zwei Jahre später tat Dannii es ihr nach, aber ihr Debüt ›Love And Kisses‹ schaffte es nur auf Platz 8. Terry Blamey ist auch für Dannii als Manager tätig, aber es gibt manch kleinen Hinweis darauf, dass dies mehr dazu dient, die kleine Schwester im Auge zu behalten. Dannii schloss sich nicht der Hit Factory von Stock, Aitken und Waterman an. Waterman hat erklärt, sie hätten Dannii unter Vertrag nehmen können, Kylie aber sei es lieber gewesen, wenn sie ablehnten. Stattdessen unterzeichnete die jüngere Minogue-Schwester bei MCA.

Danniis Hochzeit, die 1994 stattfand, war eine glanzvolle Angelegenheit – eine Hochzeit im Showbusiness-Adel. Der Bräutigam war Julian McMahon, ein Schauspielerkollege bei *Home and Away* und der Sohn eines ehemaligen australischen Premierministers. Kylie fungierte als Brautjungfer und spielte die Rolle der ungebundenen, noch ledigen Schwester. Es wurde behauptet, sie habe Danniis Hochzeitskleid entworfen, was für die New Yorker Modeschöpfer, die es geliefert hatten, eine ziemliche Überraschung darstellte. Auf dem Hochzeitsempfang sangen die beiden Mädchen eine improvisierte Version von ›We Are

Family‹ – es war das letzte Mal, dass sie in der Öffentlichkeit zusammen sangen. So gut wie jedes Mal, wenn sie ein Interview geben, werden sie gefragt, wann sie vorhaben, miteinander ein Duett aufzunehmen. Als Kinder haben sie zusammen ›Sisters Are Doing It For Themselves‹ in der *Young Talent Time* gesungen, und anschließend trugen sie denselben Song noch einmal auf einer Wohltätigkeitsgala vor. Es gab Gespräche über ein Duett für die Sendung *An Audience With …*, aber sie hatten keine Zeit, einen Song ordentlich einzustudieren. Anlässlich der Brit Awards von 2002 drangen solche Gerüchte von neuem an die Oberfläche, wurden aber wie üblich heftig abgestritten. Die Wahrheit ist, dass Kylie absolut nichts von einem Duett mit Dannii hätte, die ihrerseits mit einer solchen Unternehmung zweifellos ihren ersten Platz-1-Hit erzielen könnte.

Danniis Ehe mit McMahon hielt nicht länger als 15 Monate, ehe sie auf bittere Weise und inmitten von Gerüchten, er habe lieber in fremden als in heimatlichen Gefilden sein Vergnügen gesucht, zusammenbrach. McMahon wurde als Schurke dargestellt, vor allem, da er auf der Hochzeit seine unsterbliche Hingabe an Dannii beteuert hatte. »Sie ist meine Welt«, hörte man ihn schluchzen. Nach dem Bruch stand Kylie ihrer Schwester, die sich mit 23 Jahren als geschiedene Frau wiederfand und nun nach London zurückgekehrt war, mit bemerkenswertem Trost zur Seite. In den Anfangstagen wohnten die Schwestern zusammen, neuerdings aber zieht Dannii es vor, unabhängig zu sein. Dennoch telefonieren sie so gut wie jeden Tag miteinander, ganz besonders, wenn sie sich über die Männer in ihrem Leben ausweinen wollen – was fast jeden Tag der Fall ist. In der Öffentlichkeit sieht man sie selten zusammen – sie hocken lieber bei einer Pizza und einer Flasche Wein zusammen und sehen fern.

Zwei Jahre später begegnete Dannii von neuem der Liebe, dieses Mal in Gestalt einer stürmischen Romanze mit dem ehemaligen Formel-1-Weltmeister Jacques Villeneuve. Sie lernten sich bei dem spanischen Grand Prix von 1999 kennen, verlobten sich, und Dannii zog aus London und aus dem Schatten ihrer älteren Schwester weg, um mit Villeneuve in seinem zwei Millionen Pfund teuren Penthouse-Apartment in Monaco zu wohnen. Bis zum heutigen Tag hat Kylie für die Liebe kein solches Opfer gebracht. Ein ganz anderer Fall hingegen ist Dannii, die augenblicklich von der Bildfläche verschwand, um nur noch mit ihrem Millionär zusammen zu sein. Leider aber war die Verlobung nicht von Dauer, und nach 18 Monaten in Monaco kehrte Dannii nach London zurück, um sich wieder einmal auf ihre Karriere zu konzentrieren. Keines der beiden Mädchen schien bisher in der Lage, die Zwei-Jahres-Grenze zu durchbrechen. Damit wird es umso interessanter, die Entwicklung von Kylies Beziehung mit James Gooding zu beobachten, die ihren Anfang im Jahr 2000 nahm. Die folgende Aussage könnte von jeder der beiden Schwestern stammen: »Ich betrachte sie [vergangene Beziehungen] nicht als Scheitern. Den Richtigen findet man schließlich nicht, indem man zu Hause sitzt und wartet. Man muss sich schon hinauswagen und ein paar ausprobieren.« Tatsächlich ist es Kylie, die hier spricht.

Als Dannii sich von Jacques trennte, ließ sie sich die Haare für ihre Rolle als Esmeralda in dem West-End-Musical *Notre Dame de Paris* kurz schneiden. Sie war begeistert, endlich etwas zu tun, was Kylie noch nie getan hat. Es gibt den Verdacht, Danniis allzu rasche Bereitschaft, sich in eine Ehe oder eine Verlobung zu stürzen, entstamme ebenfalls der Tatsache, dass Kylie sich daran noch nie versucht hat.

Dannii gibt sich in Interviews weiterhin entwaffnend offen über sich selbst: »Ich war die grauenhafteste Sängerin, die grauenhafteste Tänzerin und überhaupt grauenhaft in allem, aber ich habe mir den Arsch aufgerissen, weil ich eben genau das tun wollte.« Wenigstens kann sie sich damit trösten – wenn es denn ein Trost für sie ist –, dass sie die von Simon Cowell, dem Herrscher der Sendung *Pop Idol*, bevorzugte Minogue-Schwester ist. Cowell nannte Kylie »ein Zirkuspferdchen, das nur einen Trick beherrscht«. Zu Cowells Verteidigung muss angemerkt werden, dass Dannii bis vor ungefähr fünf Jahren, als Kylie wirklich begann aufzublühen, des Öfteren als die Hübschere der beiden Schwestern betrachtet worden ist.

Wieder und wieder wird Kylie zum Thema Ehe befragt und ob sie jetzt, da sie sich der Mitte der dreißig nähert, nicht ins Grübeln gerät und sich Kinder wünscht. Eine Frau kann einfach eine gewisse Altersgrenze nicht überschreiten, ohne dass sie Rede und Antwort auf diese schicksalhafte Frage stehen muss. Als Kylie zu Beginn ihrer Karriere in den Charts gefragt wurde, wo sie ihrer Meinung nach in zehn Jahren sein würde, hatte sie nicht die geringste Ahnung, dass sie sich zu dieser Zeit einer sogar noch gewachsenen Popularität erfreuen würde und eines der großartigsten Comebacks der Pop-Geschichte hinter sich gebracht hätte. Stattdessen antwortete sie ohne viel nachzudenken, dass sie bis dahin ganz sicher verheiratet wäre und zwei Kinder hätte. 1989 erklärte sie, sie wolle gern kirchlich getraut werden und wünsche sich zwei Töchter und einen Sohn. Im Jahr 2002, wo sich ihre Karriere auf einem Höhepunkt befindet, den sie nie zuvor erreicht hat, muss sie Berichten, ihre Hochzeit mit James Gooding stehe bevor, beständig widersprechen.

So geht es einem eben als Prominente: Man wird dabei gesehen, wie man sich mit einem Mann zusammen einen zweiten Cappuccino bestellt, und schon bewirbt sich irgendein Hochglanzmagazin um die Rechte an den Hochzeitsfotos – die von Dannii sind übrigens in *Hello!* erschienen. Manchmal gerät Kylie ins Grübeln, und manchmal tut sie es nicht. Dominic Mohan von der *Sun* gegenüber erklärte sie: »Ich weiß nicht, wann ich welche [Kinder] in meinen Zeitplan gequetscht bekomme.« Nach einem Auftritt in der Sendung *Parkinson* sah sie sich gezwungen, Spekulationen gerade zu rücken und zu beteuern, dass sie und James nicht vorhätten zu heiraten. Sie hatte lediglich angedeutet, dass sie eine Heirat irgendwann in der Zukunft für sich selbst nicht ausschließe. In Wahrheit gehört die Ehe überhaupt nicht zu den Dingen, auf die Kylie viel Gedanken verschwendet. Vielleicht heiratet sie ja mal, und vielleicht tut sie es nicht.

Kylie persönlich: »Wenn mein Leben in anderen Bereichen rund und ausgefüllt ist, dann habe ich nichts dagegen, eines Tages eine 65-jährige, alte Jungfer zu sein.«

Kylie – erfolgreich

Robbie Williams schwärmte mächtig für Kylie. Er war vielleicht der größte Solostar in ganz Großbritannien, aber das hier war Kylie Minogue, und er war nichts weiter als ein gewöhnlicher, 14-jähriger, fußballbegeisterter Junge aus Stoke-on-Trent gewesen, als sie mit ihrem ›I Should Be So Lucky‹ die Charts im Sturm eingenommen hatte. Kylie – als ältere Frau – wusste genau, nach welchen Regeln sie das Spiel mit Robbie zu spielen hatte. Ein Insider der Plattenfirma bemerkte: »Er lief ihr überallhin hinterher, und sie verhielt sich nach dem Motto: ›Zieh Leine, Robbie – du stinkst.‹ Ich glaube aber, dass sie ihn am Ende wirklich ganz gern mochte.« Robbie selbst dagegen gestand, dass Kylie ihn gelinde gesagt nervös machte. Eine Romanze zwischen ihnen hat es trotz der Versuche der Medien, die beiden miteinander zu verkuppeln, nie gegeben. Zwar hätte es eine wundervolle Geschichte ergeben, wenn aus den beiden wirklich ein Paar geworden wäre, aber Kylie hatte einen festen Freund, und Robbie schlüpfte in seine übliche, nassforsche Rolle als ungezogener Junge: »Meinst du, sie würde mit mir ins Bett gehen?«

Kylie rächte sich, als sie in Manchester miteinander auf der Bühne standen, um ihr Duett ›Kids‹ vorzutragen. Robbie hatte das Kleid, das Kylie tragen wollte, zuvor noch nicht zu Gesicht bekommen. Hätte er mit den Augen gezwinkert, so wäre der winzige silberne Hauch von einem Kleid ihm entgangen. Kylie genoss den Augenblick, als Robbie sein übliches gelassenes Bühnenselbstbewusstsein entglitt, kaum dass er seine so gut wie unbekleidete Duett-Partnerin erblickte. »Einen Moment lang war er vollkommen außer sich. Er schwitzte, und ich hatte meinen Spaß.« Tatsächlich hatte sie schon immer eine Schwäche für Robbie und nannte ihn bei mehr als einer Gelegenheit als ihr Lieblingsmitglied von Take That. Sie ist kein Fan von Boygroups, fand aber, Robbie sei etwas Besonderes: »Ich habe immer gewusst, dass er mal ein Star werden würde. Er ist ein solches Naturtalent.« Robbie und Kylie wurden von ihrem jeweiligen Management zusammengespannt. Robbie war bei Chrysalis, die genau wie Kylies neue Plattenfirma Parlophone eine Tochtergesellschaft der EMI ist. Ihnen war daran gelegen, Kylie nach ihren Jahren in der Wildnis der unabhängigen Plattenfirmen wieder zurück in die Gunst der Massen zu führen. Robbie ergriff mit beiden Händen die Chance, ein paar Songs für ihr neues Album *Light Years* zu schreiben. Er machte ihr klar, dass alles zu ihren Gunsten sprach und sie lediglich einen guten Song brauchte, um das Blatt zu wenden – genau wie es ›Angels‹ ein paar Jahre zuvor für ihn selbst getan hatte. Zusammen mit seinem Co-Texter Guy Chambers steuerte er drei Songs zu dem Album bei: Das gefühlvolle ›Loveboat‹, das aufgemotzte ›Your Disco Needs You‹ und das hymnenartige ›Kids‹. Als Texterin gebührt auch Kylie für ihre Beteiligung an den beiden ersten die Ehre. Tatsächlich hatte sie Robbie um einen Song mit dem Titel ›Loveboat‹ gebeten, weil ihr das Wort gefiel. Robbie hingegen hatte sich den Satz ›Your Disco Needs You‹ einfallen lassen. Außerdem verfasste er den Text von ›Kids‹, der es mit seinen ironischen Anspielungen auf analen Sex ziemlich faustdick hinter den Ohren hat, um es gelinde auszudrücken. Niemand außer Robbie wäre auf die Idee gekommen, ›Sodomy‹ auf ›Billy Connolly‹ zu reimen.

Auch wenn Kylie dem vielleicht lieber nicht zustimmen würde, ließ Robbie sie zu einem entscheidenden Zeitpunkt »in« erscheinen. Getragen von einer Welle der Unterstützung aus Kylies schwuler Fangemeinde, landete ›Spinning Around‹ unverzüglich auf Platz 1, aber dieser Sprung nach vorn wäre vergeblich gewesen, hätte ihr Comeback hier geendet, kaum dass es begonnen hatte. Eine Verbindung mit Robbie untermauerte ihre Stellung auf dem Massenmarkt. Der große Star würde zum einen die alte Fangemeinde nicht verprellen und Kylie zum anderen einer komplett neuen Generation junger Mädchen vorstellen, die sie an Robbies Seite sehen und sich wünschen würden, so wie sie zu sein. Er hatte gerade erst mit ›Rock DJ‹ einen Platz-1-Hit erzielt, der sich glänzend verkaufte, und auf diese Weise hielten Kylie und Robbie gemeinsam ein paar Monate lang ein Monopol in den Charts.

Im August 2000 erschien sie als Gaststar in seiner Sondersendung von *Top Of The Pops*. Es gab noch einen anderen Grund, der Robbie zu einem derart perfekten musikalischen Partner für Kylie machte: Er verstärkte ihr »schwules« Image. Robbie mag es zwar noch nicht zum Idol von Kylies Format gebracht haben – auch wenn Take That bei Liveauftritten in Schwulen-Clubs gut angekommen war, bevor sie in den Charts zu Stars wurden –, aber er ist beispielloser Mann der Show, der sich mühelos zwischen grüblerischer Erotik und Unverschämtheit hin und her bewegen kann. Als Robbie auf Tournee durch den Fernen Osten ging, wurde sein ›Rock DJ‹ zu einem großen Lieblingsstück der »Ladyboys« von Bangkok. Sie gerieten außer sich vor Begeisterung, wenn Robbie sein Hinterteil entblößte und Sex mit einer Pappfigur von Kylie simulierte.

Diese Anfangsphase von Kylies Comeback bekam von manchen das Etikett ›CampKylie‹ (Schwulen-Kylie, Anm. d. Übers.) verpasst. Für Kylie aber war es nichts Neues, der Liebling der Schwulengemeinde zu sein. Von den allerersten Tagen von ›The Loco-Motion‹ und ›I Should Be So Lucky‹ angefangen hatte die schwule Subkultur von Melbourne und besonders die von Sydney Kylie für sich reklamiert. ›Kylie-Nächte‹ erfreuten sich einer enormen Beliebtheit. Sie selbst sagt, sie habe zum ersten Mal auf einer Reise nach Hause nach Australien von diesen Veranstaltungen erfahren, als sie am The Albury, dem berühmten Schwulenclub von Sydney, vorbeifuhr. Es war ein Sonntagabend, und einer ihrer Freunde erwähnte, heute finde eine ›Kylie-Nacht‹ statt. Sie hatte nicht die geringste Ahnung, dass es so etwas überhaupt gab, und wollte sofort hineingehen und für eine große Überraschung sorgen:»Ich war so ungefähr die Letzte, die davon erfahren hat.« In ihrer Phantasie sah Kylie sich selbst, wie sie auf die Bar sprang und ein paar Nummern aus *South Pacific* hinlegte. Leider durfte sie an diesem Abend nicht hinein, da der Club spezielle Sicherheitsmaßnahmen hätte treffen müssen, um des Massenauflaufs, der zweifellos entstanden wäre, Herr zu werden.

Bei ihrem Weihnachtsbesuch von 1993 bekam Kylie in dem Melbourner Club The Three Faces endlich eine ›Kylie Show‹ zu sehen. Nie zuvor hatte sie jemanden gesehen, der sie nachahmte. Zwei der Imitatoren hatten es ihr ganz besonders angetan – einer, der rosafarbene Hot Pants aus Straußenfedern trug, ganz ähnlich denen, die sie in dem Video für ›Shocked‹ getragen hatte, und ein anderer, der in dem mit Nullen und Kreuzen bedruckten Kleid auftrat, mit dem sie ihre Fans auf der Premiere von *The Delinquents* verblüfft hatte. Kylie war, was die Schwulenkultur betraf, alles andere als ahnungslos. Sie hatte, seit sie elf Jahre alt war, als Schauspielerin gearbeitet und war unvermeidlich der üblichen Mischung von Paradiesvögeln und aufgedonnerten Mimen begegnet, von denen es in diesem Beruf wimmelt. Kylie hat einmal erwähnt, dass bei *Neighbours* sowohl ihr Maskenbildner als auch ihr Friseur schwul waren, also war Homosexualität wohl kaum ein Schock für sie. Schockiert wäre vielleicht das unbedarfte Mädchen von nebenan gewesen – Kylie aber war eine solche Unschuld vom Lande nie.

Nicht nur in Australien schlossen Homosexuelle Kylie in ihr Herz. Sie wurde zur heimlichen Heldin der Schwulen in aller Welt. Sie selbst bezeichnet 1989 als das entscheidende Jahr, als dieser Teil ihres Publikums anfing, sie zu unterstützen und gegen die Anschuldigungen, sie »entspreche dem Massengeschmack und sei uncool«, zu protestieren. Diese Angriffe ließen sie als

Opfer erscheinen, ein Schlüsselelement bei der Entwicklung zum Schwulen-Idol. In den meisten Fällen muss es im Leben der Diva eine Tragödie geben. Madonna zum Beispiel verlor ihre Mutter im Alter von fünf Jahren und wurde von ihrem Vater Silvio allein aufgezogen. Kylie bezog sich auf diese Ungewöhnlichkeit in ihrem Status, als sie erklärte: »Ich bin kein traditionelles Schwulen-Idol. In meinem Leben gibt es keine Tragödie, nur meine tragisch wirkenden Aufmachungen.«

Kylie hat ihren Status weniger durch eine tragische Vorgeschichte als vielmehr durch ihren Kampf um ihre wahre Identität und ihre eigene Stimme erlangt, den sie in einer Popwelt ausfechten musste, die entschlossen war, ein Mädchen aus der Vorstadt Melbournes nicht weiter ernst zu nehmen. Paul Watson beschäftigte sich mit diesem Thema in seinem 1999 verfassten Aufsatz über Schwulen-Idole in der Popkultur. Er führte aus: »Schwule Männer nehmen diejenigen für sich an, die personifizierte Konflikte vertreten, die ihren eigenen ähnlich sind, und die ihrer Unterdrückung in einem Strom von Sinnlichkeit, sublimiert durch ihren Sound, auf explosive Weise Ausdruck verleihen.« Eben wie Kylie selbst erklärt hat – sie veränderte ihr Image, weil dies das Einzige war, das sie unter Kontrolle hatte. Schwule Männer konnten sich mit ihren wechselnden Inkarnationen und ihrer Suche nach ihrem wahren Selbst identifizieren, besonders weil sie eine so anziehende Mischung aus Verletzlichkeit und Zerbrechlichkeit an den Tag legte. Watson vertrat die Ansicht, Kylie habe ein so mächtiges Image für schwule Männer entwickelt, weil sie genau wie diese Männer in die Stadt geflohen war, um »der Blindheit der Vorstädte« zu entkommen. Kylies Laufbahn war eine persönliche Entdeckungsreise, vom Soapstar zu der angepassten Sängerin der Stock-, Aitken- und Waterman-Songs, zu der erotischeren Kylie, dann weiter zur IndieKylie und darüber hinaus. Der Kampf ums Selbstbewusstsein, die Bereitschaft, sich selbst neu zu erfinden und die Ketten der Popunterwürfigkeit zu sprengen, all dies sind Aspekte von Kylies Karriere, die auf die Gemeinschaft der Schwulen anziehend wirken. Watson führte an: »Die Lebensgeschichte der Minogue hätte eine Adaption der deprimierenden Tagebücher eines schwulen Mannes sein können, der in Anbetracht ihrer Not als Unterdrückte der Popwelt auf der Stelle Mitleid empfand.«

Unabsichtlich und sehr zu seiner eigenen Überraschung produzierte Pete Waterman in den späten 80er Jahren Musik, die genau den richtigen Ton für diesen Markt traf. Inzwischen gesteht er ein, dass er an dieser Klientel gut verdiente, dass ihm dies zu jener Zeit lediglich nicht klar war. Es war kein Zufall, dass Kylies großes Comeback von einem Song mit fast identischem Titel wie ›You spin me Round‹ eingeläutet wurde. ›Spinning Around‹, verfügt ebenfalls über eine straffe Disco-Melodie – einen archetypischen Schwulensound. Waterman erklärte gegenüber *BBC Radio One:* »Kylie ist eine eigenartige Verschmelzung aus Pop und Schwulenkultur. Wir haben Songs über ganz normale Gefühle geschrieben – ›Ich liebe dich immer noch, ich weiß nicht warum‹. Natürlich wurde sie zu einem Schwulen-Idol. Sie brachte Dinge zum Ausdruck, die man als emotional empfindsamer Mensch jeden Tag in seinem eigenen Leben fühlt.«

Paul Watson arbeitete diese Theorie weiter aus, indem er erkannte, dass das schwule Publikum sich in Kylie einfühlen konnte, weil »sie das Gefühl des Betruges und der Entrüstung, das sie im Umgang mit Männern erlebten, teilte und sich damit beschäftigte«. Nichts könnte dies besser verdeutlichen als die Gefühle, die in dem Song ›Better The Devil You Know‹, unter Kylies Stücken vermutlich der immer während Favorit der Schwulen, zum Ausdruck kamen. Sie zementierte ihre Position als führendes Schwulen-Idol im Februar 1994, als sie vor 20 000 begeisterten Fans als einzige Künstlerin auf der jährlichen Mardi Gras-Parade für Schwule und Lesben in Sydney auftrat. Bekleidet mit einem rosafarbenen Ballettröckchen und umgeben von ähnlich aufgemachten, sie bewundernden Dragqueens trug Kylie ›What Do I Have To Do?‹ vor. Eigentlich hatte sie ›Better The Devil‹

singen wollen, aber dieses Stück war bereits von ungefähr 40 anderen »Kylies« mit Beschlag belegt worden.

Kylies Image als *Überlebenskünstlerin* in der Popwelt spielte eine absolut entscheidende Rolle für Treue, die ihr schwules Publikum ihr entgegenbrachte. Paradoxerweise hatte sie genau dieses Publikum gebraucht, um zu überleben, diese Fans aber sind ihr erhalten geblieben, weil sie ihre Hartnäckigkeit bewunderten. Nicht ohne Grund gehört Gloria Gaynors ›I Will Survive‹ zu den zeitlosen Klassikern für Schwule und Lesben. Kylie ist ein wenig verwundert über die Anziehungskraft, die sie auf das homosexuelle Publikum beider Geschlechter ausübte. Als sie von der Zeitschrift *Boyz* gefragt wurde, ob »Mädels sie anmachten«, antwortete sie zweideutig: »Eigentlich nicht. Nein.«

Sie ist wirklich glücklich darüber, ein Schwulen-Idol zu sein. Sie hat eingestanden: »Sie sind unglaublich loyal. Ich fühle mich geschmeichelt, weil sie mich schon so gut wie adoptiert hatten, bevor ich überhaupt irgendwas davon wusste.« Auf einer Wohltätigkeitsveranstaltung in der Royal Albert Hall trug sie ihr Duett ›Sisters Are Doing It For Themselves‹ vor. Ihr Partner war bei dieser Gelegenheit jedoch nicht ihre Schwester Dannii, sondern ein Mann, der sich als Donatella Versace verkleidet hatte. Dieser Mann war der extravagante Elton John. 1998 war Kylie wiederum auf der Mardi Gras-Parade in Sydney, und diesmal trug sie, begleitet von Tänzern, einem Feuerwerk und einem Publikum, das vor Begeisterung raste, ›Better The Devil You Know‹ (Oder ›BTDYK‹, wie es auf Schwulenveranstaltungen genannt wird) vor. ›BTDYK‹ kam zwei Jahre später wieder zum Einsatz, als sie mit Songs aus *Light Years* auf der G.A.Y. im Londoner Astoria auftrat. Sie sang nicht mehr als sieben Songs, erschien aber in vier verschiedenen Kostümen, darunter in dem immer wieder beliebten roten, mit Pailletten besetzten Kleid und einem Paar Teufelshörner. Ihre schwulen Fans haben immer Gefallen an Kylies Outfits gefunden, und William Baker enttäuscht sie nur selten. Der Designer Patrick Cox bemerkte: »Sie ist eine lebende

Barbiepuppe. Alle schwulen Männer wollen mit ihr spielen, ihr Kleider anziehen und ihr das Haar kämmen.« Eine der amüsanteren Kritiken zu einem Kylie-Konzert wies darauf hin, dass der Großteil der anwesenden Männer mehr an der gestickten Verzierung auf ihren Hotpants interessiert gewesen sei als an dem, was sich darunter verbarg. Sie haben kein Interesse daran, etwas über die reale Frau zu erfahren, die sich hinter ihrem Image als putzige kleine Schwester verbirgt. Ihre Bewunderung ist bedingungslos, und alles, was diese stört, muss damit rechnen, mit den Etiketten »Dreck« oder »Sakrileg« belegt zu werden. Sie möchten Kylie mit nach Hause nehmen und sie in ihrem Schlafzimmer in einer Box aufbewahren. In gewisser Hinsicht wollen das wohl alle Kylie-Fans: Männer, die sie begehren, würden gern mit ihr ausgehen und die sexuellen Erfahrungen eines Michael Hutchence nachempfinden. Junge Mädchen dagegen würden gern Kleider mit ihr tauschen und Vergleiche zwischen ihren Lippenstiften anstellen.

Von Bedeutung ist, dass Kylie ihr schwules Publikum nie abgestoßen oder irritiert hat. Ironischerweise beging Jason Donovan genau diesen Fehler, und seitdem befindet seine Karriere sich auf dem absteigenden Ast. In den Tagen von Stock, Aitken und Waterman war auch Jason bei einem schwulen Publikum gut angekommen. Er war ein gut aussehender, muskulöser, blonder Mann, der eingängig von seinem gebrochenen Herzen sang. Darüber hinaus war er das Teenager-Idol Nummer 1. Es war im Frühling 1992 und Jason trat gerade in dem Lloyd Webber-Musical *Joseph and the Amazing Technicolor Dreamcoat* auf, als draußen vor dem Palladium Theatre in London plötzlich Poster von ihm mit der Aufschrift »Schwul wie F***« aufzutauchen begannen. So schnell wie man eines davon entfernen konnte, wurde wieder ein neues angebracht. Es gab absolut keinen Beweis, um diese Theorie zu unterstützen, aber Jason war das Opfer einer Kampagne, mit der schwule Prominente dazu gezwungen werden sollten, sich zu outen.

Die Zeitschrift *The Face*, die zu jener Zeit als wirklich cool galt – Kylie wünschte sich, auf ihren Seiten zu landen –, berichtete über die Kampagne. Sie bestätigten, dass Jason nicht schwul war, druckten aber das Poster noch einmal ab und nannten ihn einen »blond Gebleichten«. Jason beschloss, sie wegen Diffamierung zu verklagen, und brachte sich selbst damit auf der Stelle in eine Situation, in der er absolut nicht gewinnen konnte. Natürlich gewann er den Prozess, ging aber letzten Endes als Verlierer daraus hervor. Hätte er die Zeitschrift mit ihrer relativ kleinen Leserschaft (verglichen mit den überregionalen Tageszeitungen) ignoriert, hätte er vermutlich einfach weitermachen können und nichts mehr zu fürchten gehabt als die Art von Geflüster, von der eine ganze Reihe von Künstlern betroffen sind. Mel C und Ricky Martin, um nur zwei Stars zu nennen, gehören zu denen, die solche Anspielungen schlicht ignorieren. Indem Jason aber vor Gericht seinen Kampf antrat, machte er das ursprüngliche Poster landesweit bekannt. Sein schwules Publikum strafte ihn mit Verachtung, weil er sie zu verstoßen schien, als sei es das Schlimmste, was einem Mann passieren konnte, wenn er als schwul bezeichnet wurde. Und sein heterosexuelles Publikum ging davon aus, dass es nun mal keinen Rauch ohne Feuer gebe. Sogar heute noch, obwohl er längst eine feste Freundin und zwei kleine Kinder hat, löst die Erwähnung seines Namens mit ziemlicher Sicherheit eine Debatte darüber aus, ob er schwul ist oder nicht.

Seit dem *The Face*-Debakel hat Jason Donovan keine einzige Platte in Großbritannien unter den ersten Zehn platzieren können. Nach dem Gerichtsprozess sank er tiefer in den Drogen-Abgrund. *The Face* machte ihm sein Leben noch schwerer, indem sie ein Spendenkonto eröffnete, um Geld für seine Schadenersatzforderung zu sammeln, obwohl er sich bereit erklärt hatte, auf den größten Teil davon zu verzichten. Er gab zu, dass »die Drogen ihn verrückt machten«, und die Zeitungen hatten ihr Vergnügen an Berichten über Jason, der in Clubs einfach umfiel und sich ganz allgemein übel benahm. Den absoluten Tiefpunkt erreichte er im Januar 1995 – sein Drogenproblem wurde öffentlich bekannt, als man ihn zusammengebrochen auf dem Bürgersteig vor dem beliebten Viper Room in Los Angeles fand und in höchster Eile in ein Krankenhaus brachte. Sogar sein Vater Terry Donovan drückte in der Öffentlichkeit seine Sorgen um Jasons Gesundheit und seinen Drogenmissbrauch aus. Jason gab zu: »Diese Drogensache nahm nach dem Prozess für mich enorme Ausmaße an. Ich hatte von *Smash Hits* zu *The Face* wechseln wollen, aber dahin kam ich nicht. Ich hatte mich festgefahren, und damit bin ich einfach nicht zurechtgekommen.« Ihm gelang es nicht, sich selbst neu zu erfinden.

Kylie schaffte den Übergang, der Jason misslang, auch wenn es 2002 einigen Anlass zum Optimismus für ihn gab. Am selben Abend, an dem Kylie zwei Brit Awards erhielt, wurde bekannt, dass der inzwischen drogenfreie Jason für £ 2000 auf einer kleinen Veranstaltung in Grimsby spielt. Sein jungenhaftes Aussehen mag zwar der Vergangenheit angehören, aber er ist noch immer ein angenehmer, gut gelaunter Interviewpartner. Die Zeitung *The Sun* startete sogar eine Kampagne unter der Überschrift »Lasst uns Donovan wieder in Fahrt bringen«. Die Sache erregte einiges Interesse und ließ Jason davon träumen, dass auch er eines Tages einen Brit gewinnen könnte.

Die Brit Awards, die Auszeichnungen bei *Top Of The Pops* und die Carling NME Auszeichnungen, um nur drei der Ehrungen zu nennen, die Kylie in den Jahren 2001 und 2002 verliehen worden sind, stellen den Höhepunkt ihrer Anerkennung durch die Kritik dar. Sie feiern ihre Musik auf dieselbe Weise wie der Services For Mankind Award (Preis für Dienste an der Menschheit, Anm d. Übers.) der Zeitschrift *GQ* und die Auszeichnung Stil-Ikone des Jahres der Zeitschrift *Elle* Kylies Rolle als Sexidol verraten. Wenn aber überhaupt ein Ereignis ihr weltweites Ansehen widerspiegeln kann, so ist es die Abschlussveranstaltung der Olympischen Spiele in Sydney, wo sie den Auftritt ihres Lebens hinlegte. Dieses Spektakel fügte all die Schlüsselelemente, die Kylie ausmachen, zusammen, und 3,7 Milliarden Menschen in 185 Ländern sahen dabei zu – also noch ein paar mehr als seinerzeit Charlenes Hochzeit mit Scott verfolgten.

Was für einen Auftritt hatte Kylie! Eine Schar muskulöser Bondi-Beach-Lebensretter trug sie auf einem Surfbrett in die Mitte des Hauptstadions, wo 100 000 Menschen in Partystimmung versammelt saßen. Sie hatte das gleiche Outfit an, das Nikki Webster, das Kind, das bei der Eröffnungszeremonie aufgetreten war, getragen hatte. Es war eine für die Olympiade typische etwas komplizierte Art von Symbolismus, der zeigte, wie ein Mädchen zur Frau heranreifte – nicht ganz frei von Ironie, wenn man bedenkt, dass es sich um Kylie handelte, die berühmteste Kindfrau aller Zeiten, zu der Nikki herangereift war.

Die Lebensretter hoben Kylie auf die Bühne, wo ihre Tänzer, eine Vision in Pink, sie verdeckten und zugleich mit ihren athletischen Bewegungen zu den Takten von Abbas ›Dancing Queen‹ begannen. Auf einmal übertönte die Stimme des Ansagers das Lärmen des Publikums: ›Mesdames et Messieurs … Miss (die Musik setzte für den Bruchteil einer Sekunde aus und die Tänzer erstarrten in der Bewegung) Kylie Minogue.‹ Und da war sie, auf wundersame Weise jetzt im Kostüm eines Busby-Berkeley-Showgirls, einschließlich der phantastischen Kopfbedeckung. Sie trug ›Dancing Queen‹ vor, die inoffizielle Nationalhymne Australiens, und anschließend ihr eigenes Stück ›On A Night Like This‹. Allgemein war man sich einig: Sie war großartig. Wie um ihren Status als Schwulen-Idol Nummer 1 zu krönen, wurde sie von einer enormen Anzahl von Sydneys Dragqueens, angetan mit ihrem Festtagsstaat, umrundet – die Hingabe, die sie Kylie entgegenbrachten, war all die Jahre hindurch absolut konstant und unerschütterlich geblieben. Ihre Darstellung war ein unvergleichlicher Höhepunkt, der sich schwerlich hätte übertreffen lassen. Zwar traten viele von Australiens beliebtesten Persönlichkeiten entweder bei den Eröffnungs- oder den Abschlussfeierlichkeiten auf, aber es war Kylie, nicht Greg Norman und noch nicht einmal Olivia Newton-John, Kylies eigene Kindheitsheldin, die allen übrigen die Show stahl. Ihr Auftritt wird allen im Gedächtnis bleiben.

Die Olympischen Spiele leisteten noch mehr, als Kylies Platz als Schwulen-Idol Nummer 1 zu festigen – sie etablierten sie als australische Heldin der ganzen Welt. Obwohl sie ihr Heimatland bereits ein Jahrzehnt zuvor verlassen hatte, um nach London zu ziehen, würde man ihren Namen wohl als Erstes aufschreiben, wenn man in einem Spiel aufgefordert würde: »Nennen Sie fünf berühmte Australier.« Kylie bleibt stolz auf ihre Herkunft, und zehn Monate vor ihrem Triumph bei der Olympiade hatte sie für Unterhaltung bei den australischen Truppen in Ost-Timor in Indonesien gesorgt, die dorthin entsandt worden waren, um nach dem Ende des blutigen Bürgerkrieges in der Region für den Erhalt des Friedens zu sorgen. Kylie, in einem eng anliegenden, nass und durchsichtig wirkenden weißen Hemd und hautengen olivgrünen Hosen und Stiefeln verteilte Weihnachtskarten, die sie ganz speziell für die Soldaten unterzeichnet hatte. Mit dem Hubschrauber flog sie in Gegenden, die von Schlamm, Monsun und Moskitos geplagt waren – kaum mit der King's Road zu vergleichen – und versuchte, die Männer aufzuheitern, die zum Weihnachtsfest, das in nur fünf Tagen gefeiert wurde, nicht nach Hause fahren würden.

Kylie fühlte sich von dem, was sie dort erlebte, tief betroffen – besonders, als Männer, die nicht das Glück gehabt hatten, mit ihr Weihnachtslieder singen zu können, nur ein paar Meilen weit entfernt ein Massengrab von erschlagenen Zivilisten entdeckten. Sie erklärte: »Ich bin ungeheuer stolz darauf, Australierin zu sein, und einen Teil zu all dem hier beizutragen, ist eines der lohnenswertesten Dinge, die ich je gemacht habe.« Um ein altes Klischee

39 … auf einer Soiree im beliebten Nachtclub Régine's im November 1993.

40 … auf der Promotion-Party für ihr neues Album *Light Years* im Isola, im Londoner Bezirk Knightsbridge, im September 2000.

41 … beim Anzünden der Weihnachtsbeleuchtung des London Eye, des gigantischen Riesenrades am südlichen Ufer der Themse, nahe der Waterloo Bridge, November 2000.

Kylie im Rampenlicht …

42   … 1991, im Alter von 23 Jahren während der Londoner Fashion Week.

43 ... beim Überreichen des Outstanding Music Contribution
to Music Award an Sting während der Brit Awards im Earl's Court
in London im Februar 2002.

44 ... posiert vor dem Coverfoto für ihr neuestes Album *Kylie Minogue*
im Oktober 1994.

45 ... auf einer Dinner-Party
genießt sie ein Glas Wein und
einen gelungenen Witz.

46 ... bei der Ankunft im Earl's Court zur
Brit Awards-Verleihung von 1997.

47 … und auf derselben Veranstaltung fünf Jahre später
in schicker Aufmachung. Dieses Mal erhielt sie die Auszeichnungen als beste internationale Sängerin und für das beste
internationale Album (*Fever*).

48 ... bei der Ankunft zur Premiere von »Moulin Rouge« im
September 2001. Ihr Outfit hat allerdings wenig von der ›grünen Fee‹.

Kylie ungezwungen...

49 ... bei der Ankunft auf dem Londoner Flughafen Heathrow auf dem Weg nach Dublin, wo sie im März 2000 das Album *Light Years* aufnahm.

50 ... beim Verlassen der Royal Festival Hall nach einem Konzert von Nick Cave im März 1999.

51 ... so gut wie inkognito: Ein Schnappschuss von Kylie beim Verlassen eines Cafés in West-London im Juli 1996.

52 Das kleine Schwarze und rote Haare – auf der Premiere von
»Muriels Hochzeit« 1995 ist Kylie beinahe nicht wiederzuerkennen.

zu bemühen – zwar lässt sich Kylie aus Australien entfernen, aber Australien lässt sich nicht aus Kylie entfernen. Sie hat zugegeben: »Im Grunde meines Herzens bin ich Australierin. Ich bin auf lächerliche Weise patriotisch. Australier erkenne ich auf eine Meile Entfernung, und auf der Straße bleibe ich immer stehen, um mit ihnen zu schwatzen.« Ihr derzeitiger Freund James Gooding ist bereits daran gewöhnt, dass Kylie plötzlich anhält und mit einem völlig Fremden ein Gespräch beginnt, weil sie in ihm einen australischen Landsmann erkannt hat.

Wales hat den Versuch unternommen, Kylie als eine der ihren zu reklamieren, weil die Wurzeln ihrer Mutter dort liegen. Auch England hat versucht, Ansprüche auf Kylie anzumelden. Sie lebt bereits so lange dort, dass sie vermutlich berechtigt wäre, für die englische Kricket-Auswahl zu spielen. Sie ist in London zu dem geworden, was sie ist und begreift, dass sie als Ehren-Britin gilt. Jeder will ein Stück von Kylie und erkennt irgendeine Eigenschaft, die er als sein Eigen erklären kann, aber in Wahrheit ist sie Australierin und wird es immer bleiben, ganz egal wo sie einmal landet. Und schließlich ist noch gut möglich, dass sie nach Los Angeles oder New York zieht.

Am Ende der olympischen Abschlussfeier kehrte Kylie noch einmal auf die Bühne zurück, um das Lieblingslied der Australier ›Waltzing Matilda‹ zu singen. Bewegenderweise standen dabei die noch lebenden Mitglieder von INXS mit ihr auf der Bühne. Kylies Stellung als ruhmreiche Entertainerin war somit weltweit festgeschrieben. Oder beinahe weltweit. Ein Ort, an dem ihr Name noch immer nicht in aller Munde ist, bleibt unerobert: Die Vereinigten Staaten von Amerika. Kylies allererster Hit ›The Loco-Motion‹ ist dort noch immer ihr größter Erfolg. Als ›Das Loco-Motion-Mädchen‹ wurde sie bekannt, und unter diesem Namen kennt das plattenkaufende amerikanische Publikum sie, sehr zu ihrem Verdruss, noch heute. Der berühmte und hoch ge-lobte australische Film *Priscilla, Königin der Wüste*, in dem Transvestiten in einem verbeulten, alten Bus Australien durch-queren, hatte ursprünglich Teile aus der »Kylie Show« enthalten sollen. Für Kylie wäre das eine kolossale international wirksame Werbung gewesen. Leider aber wurde befunden, dass man mit Kylies Namen den Film dem amerikanischen Publikum nicht verkaufen könne, also wurde die Handlung geändert, und die Dragqueens wurden zu Abba-Imitatoren. Die Promoter waren offensichtlich der Meinung, dass mit dem ›Loco-Motion-Mäd-chen‹ keine zehn Tickets zu verkaufen wären. Für Kylie war es kaum besser, als die australische Madonna beschrieben zu wer-den, da dies nach Beschränkung und Nachahmung klang. Kylie war zwar in den USA keine völlig Unbekannte, da ihre amerika-nischen schwulen Fans sie weiterhin anbeteten, aber sie hätte dennoch den Rodeo Drive in Los Angeles hinuntergehen und für eine Boutique-Verkäuferin gehalten werden können, statt für ei-nen der größten Superstars der Welt. Die einzigen Plätze in den USA, in denen Kylie wahrscheinlich erkannt werden würde, sind die traditionell von Schwulen bewohnten Gebiete wie Chelsea in Manhattan. »Da kann es schon ein bisschen verrückt zugehen. Die Jungs fangen an, wild zu werden.«

Um den Kampf um die Eroberung der USA noch einmal aufzunehmen, brauchte Kylie eine allgemein anerkannte Schall-platte, die sich gut verkaufte. *Light Years*, ›Spinning Around‹ und ›Kids‹ hatten sie in Großbritannien und auf anderen Märkten, auf denen sie sich von jeher gut verkaufte, wieder etabliert, aber die Aufnahme, die nun folgte, würde von entscheidender Bedeu-tung sein. Sie war bei Parlophone, der ehemaligen Plattenfirma der Beatles, unter Vertrag, die in den Staaten mit Capitol Records zusammenarbeiteten. Die Rahmenbedingungen waren also vor-handen, und es war nur noch ein halbwegs anständiges Album nötig, das es zu bewerben galt. *Light Years* war ein ausgespro-chen »rosafarbenes« Album. Die nächste Veröffentlichung musste mehr dem Geschmack der Massen entsprechen. Kylie selbst war aufs Heftigste an der Produktion und den Texten des neuen Albums, das den Namen *Fever* erhalten sollte, beteiligt. Ein Song aber war dazu ausersehen, die Einstellung zu Kylie weltweit zu verändern. Endlich sollte sie, nach all den Hits, die ihr in der Zwischenzeit gelungen waren, eine Platte bekommen, die erfolgreicher sein würde als ›I Should Be So Lucky‹.

Als das Demoband zu ›Can't Get You Out Of My Head‹ in den West Londoner Büros von Parlophone eintraf, war es bereits so gut wie perfekt. Die Stimme klang vertraut. Sie gehörte dem ehemaligen Dance-Liebling Cathy Dennis, die in den 90er Jahren fünf Platten unter den ersten Zehn platziert hatte. Zudem hatte sie einen häufig kopierten Kurzhaarschnitt, war aber in Europa und den USA wesentlich bekannter als in Großbritannien. Ihre größten Hits waren ›(Touch Me) All Night Long‹ sowie eine Version des Kinks-Klassikers ›Waterloo Sunset‹. In der Tat war die Melodie von ›Better the Devil You Know‹ von D Mob's ›Come On And Get My Love‹ inspiriert worden, zu dem Cathy 1989 den Vokalpart gesungen hatte. Cathy hatte eine ähnlich selbstabwertende Attitüde wie Kylie: »Es ist mir nie in den Sinn gekommen, dass ich ein Popstar werden könnte, weil ich aus Norwich komme. Popstars kommen nun mal nicht aus Norwich.« Für zahlreiche andere Sänger, Kylie ausgenommen, legt sie jedoch eine gesunde Verachtung an den Tag: »Das sind Promis, keine Popkünstler. Wenn man denen eine Frage über Musik stellen würde, hätten die nicht den geringsten Schimmer.«

Ironischerweise war ihr Name in den Staaten vermutlich bekannter als der von Kylie, doch am Ende der 90er Jahre war sie auftrittsmüde geworden und hatte begonnen, ausschließlich als Songwriter für andere Künstler zu arbeiten. Die meisten der Hits von S Club 7 stammten aus ihrer Feder. Bei dem Song mit der ansteckendsten Melodie des Jahres 2001 war Rob Davis ihr Partner gewesen, der Gitarrist von Mud, einem Hitparaden-Stürmer der 70er Jahre. Davis war auch für die eingängigste Dance-Platte des Jahres 2000 verantwortlich, ›Groovejet‹ von Spiller, das einen Vokalpart von Sophie Ellis-Bextor enthielt. Dennis war nicht davon überzeugt, dass ›Can't Get You Out Of My Head‹ das Zeug zu einem ersten Platz hatte. Als Kylie das Demoband jedoch zum ersten Mal hörte, sprang sie vor Begeisterung im Dreieck und fragte nur noch:»Wann kann ich das machen?«

Der Song drängte sich als erste Single-Auskoppelung des neuen Albums geradezu auf. Er besaß alle Zutaten eines Stock-, Aitken- und Waterman-Hits, kam aber in einer kultivierteren Verpackung daher. Die erste Zeile erinnerte auf unheimliche Weise an Dead or Alive's Refrain:›You Spin Me Right Round‹.

Um die Publicity-Maschinerie in Gang zu bringen und somit die Plattenverkäufe anzuheizen, machten Berichte über die große Rivalität zwischen Kylie und Victoria Beckham die Runde. Dabei handelte es sich um einen zynischen Marketing-Trick, mit dem versucht werden sollte, mehr Leute zum Kauf»ihrer« Platte zu bewegen – wodurch sich die Verkaufszahlen für beide Songs steigern ließen. Die Medien spielten bei diesem Scheinkampf im Allgemeinen mit. Das Ergebnis war ein Sieg auf ganzer Linie für Kylie, deren Single am 23. September 2001 unverzüglich auf Platz 1 der britischen Charts landete. In der ersten Woche nach dem Erscheinen verkaufte Kylie 306 000 Exemplare, Victoria dagegen nur 35 000 von ihrem ›Not Such An Innocent Girl‹, das es lediglich auf Platz 6 schaffte. Als eigenständige Künstlerin wird ›Posh Spice‹ sowohl von den Medien als auch von der Öffentlichkeit einfach nicht ernst genug genommen, ein Zustand, der Kylie von ihrer eigenen Karriere her nur allzu gut bekannt ist. Victoria Beckham ist außerdem dadurch im Nachteil, dass sie so glücklich verheiratet ist und einen Sohn hat, den sie anbetet. Kylie dagegen ist Single und sie kann ein bisschen gefährlich werden. Daheim in der eigenen Prachtvilla zu sitzen und mit dem Ehemann fernzusehen, hat aber nun einmal nichts Gefährliches an sich. Kylies Single machte ihren Weg an die Spitze der Charts weltweit in 20 verschiedenen Ländern. Ironischerweise schaffte sie es in Finnland, wo Kylie traditionell in den Himmel gehoben wird, nur auf Platz 2. Als Entschädigung für diese finnische Enttäuschung stand die Single sowohl in den Vereinigten Arabischen Emiraten als auch in Israel an der Spitze der Charts. Kylie vereinigt die Welt!

In den Monaten seit dem Erscheinen des ›La La La‹-Songs ist kaum ein Tag vergangen, an dem Kylie nicht auf der Titelseite einer Tageszeitung, einer Zeitschrift, im Fernsehen oder im Radio erschien. Plötzlich ist Kylie zu einer nationalen britischen Institution geworden. Ja, sie ist eine sexy auftretende, stilbewusste Überlebenskünstlerin, die die beste Musik ihrer gesamten Laufbahn produziert, aber darüber hinaus übt ihre Gegenwart auch eine tröstliche Wirkung aus, ganz besonders nach dem Schock vom 11. September. Bryan Appleyard von der *Sunday Times* bemerkte: »Gott ist im Himmel, Kylie steht auf Platz 1, da kann uns doch jetzt ganz gewiss nichts Schlimmes passieren.«

Nicht nur willkommene Neuigkeiten trafen ein. Ein verdächtig wirkendes Päckchen wurde in den Büros der EMI in Empfang genommen. Angeblich enthielt es Schmutz und eine Notiz mit der Warnung, die Plattenfirma, zu der Parlophone gehört, solle Kylie fallen lassen, anderenfalls würden die Angestellten dort mit Milzbrand infiziert werden. Anscheinend war dem Täter die Serie *Neighbours* verhasst.

Amüsanter verlief Kylies Auftritt in der Sendung *An Audience With Kylie Minogue* im britischen Fernsehen. Brendan und Dannii waren mit von der Partie. Außerdem erwischte die Kamera Pete Waterman, der von Kopf bis Fuß wie ein stolzer Vater wirkte, der zusieht, wie seine Tochter sich im Krippenspiel der Schule präsentiert. Ein erwartungsvolles Zittern ging durch das Publikum, als die Band die Eröffnungstakte zu ›Especially For You‹ spielte. Traten Kylie und Jason etwa wieder zusammen auf? Armer Jason! Er war von Kermit, dem Frosch, ersetzt worden, der Kylie wissen ließ: »Wenn du mich küsst, verwandle ich mich vielleicht in Jason Donovan.« Kylies Antwort lautete: »Ich mag dich genauso, wie du bist.« So hatten auf Jasons Kosten alle eine Menge zu lachen.

Als *Fever* im Oktober 2001 erschien, schoss es sofort auf Platz 1 der britischen Album-Charts. Aus der ganzen Welt wurde Kylie mit Auszeichnungen überhäuft. In Deutschland gewann sie den ›Bambi‹-Preis für das beste Comeback des Jahres. Tickets für Veranstaltungen in Großbritannien waren binnen einer Stunde ausverkauft. Pläne für Kylies Promotion als Star in den USA waren bereits weit fortgeschritten. Die Single erschien, und Kylie machte überall Werbung dafür, unter anderem auch auf der *Tonight Show* mit Jay Leno. Sie erreichte Platz 1 in den Dance-Charts und stieg hinauf bis unter die ersten 20 der Billboard Hot 100 Charts. *Fever* erschien kurz nachdem es Ende Februar auf den Brit Awards als bestes Album ausgezeichnet wurde. Die Kritiken waren gut, auch wenn sich bei der Beschreibung von Kylie als Popdrachen so manchem die Haare sträubten. Im *Billboard* hieß es: »*Fever* verweist zurück auf eine unschuldigere Epoche, in der Sex und Dance miteinander verschmolzen und eine einige, sorglose Nation in toller Stimmung entstehen ließen.« Das Album stieg sofort auf Platz 3 in die Hitparaden ein – ein wundervolles Ergebnis. Noch in derselben Woche schaffte auch die Single den Sprung unter die ersten Zehn.

Im Angesicht von Kylies unvergleichlichem Hunger nach Erfolg ist es wenig wahrscheinlich, dass sie den Kampf um Amerika je aufgibt. Sie hat zugegeben, dass sie sich der Sache widmen würde, wenn ein Album dort richtig einschlüge. Und ob sie das tun würde! Bis zum Erscheinen von *Fever* stellte Amerika einen der beiden Punkte dar, an denen sie in ihrer Karriere gescheitert ist und mit denen sie sich somit noch einmal befassen müsste. Der andere Punkt ist ihre Filmlaufbahn. Die bisherigen Filme waren schlechter als der Durchschnitt. Vielleicht verspricht ihre Verbindung mit Baz Luhrman ja etwas für die Zukunft – es kreisen bereits Gerüchte darüber, dass sie in seiner Version des hoch gelobten Musicals *Rent* eine Rolle spielen könnte. Es gibt Anzeichen, dass Madonna – inzwischen in den Vierzigern – zur Schauspielerei zurückkehren möchte, und auch Kylie mag sich auf diesem Weg versuchen, denn wenn sie in ihren mittleren Jahren noch immer ihren Po herzeigen würde, wäre das ein bisschen schade. Oder wird sie vielleicht alles für die Liebe und eine eigene Familie aufgeben? Es scheint so schwer, auf das Hochgefühl, das die Droge Ruhm und Massenanbetung einem geben, zu verzichten, dass ein wie auch immer geartetes häusliches Leben sich wohl um den öffentlichen Teil von Kylie herum arrangieren lassen müsste. Sie war noch nie so populär wie heute, sie hat noch nie so gut gesungen oder einen Song mit so viel Erfahrung vorgetragen. Ihr berufliches Leben befindet sich auf einem Höhepunkt. Und sie hat noch nie so gut ausgesehen und ist noch nie für ihr Aussehen derartig bewundert worden. Wer wäre wohl dazu bereit, all das einfach aufzugeben?

Kylie erfolgreich: »*Es hat schon immer eine Menge heimlicher Kylie-Fans gegeben, und jetzt haben sie sich endlich alle aus ihren Löchern getraut.*«

Kylie – begehrenswert

Ein winziges Paar geschnürter, goldener Hot Pants glitt neckisch an einer Stange auf und ab, während die Trägerin einen Disco-Klassiker sang. ›Spinning Around‹ war das Stück, das Kylie zum ersten Mal seit 1990 wieder an die Spitze der britischen Charts katapultierte. Es waren zehn lange Jahre gewesen. Das Video zu ›Spinning Around‹ war sogar noch wichtiger als der Song selbst. Für diejenigen, die nicht aufgepasst hatten, führte es in provozierender Weise die Haltung einer Frau vor, die sich auf ihrem sexuellen Höhepunkt befand und keine Hemmungen hatte, dies in alle Welt hinauszuschreien. Sogar Kylie trat diesen Hot Pants mit Ehrfurcht entgegen und versicherte, sie hätten »ihren eigenen Kopf«. Sie zogen die Fäden der sexuellen Phantasien für Millionen von Männern, die einfach nicht glauben konnten, dass in ihnen das Mädchen mit dem Wuschelkopf und des durchscheinenden Körpers aus den 80er Jahren steckte. Noch wichtiger war, dass das Video dieses sexy Image einem jüngeren Publikum präsentierte, das noch keinerlei Vorurteile gegenüber einer Künstlerin wie Kylie hatte.

Das Video machte zudem eine ahnungslose Welt mit Kylies Kehrseite bekannt – als habe dieser Teil ihres Körpers vorher gar nicht richtig existiert. In Wirklichkeit war ihr Hinterteil für die Leser von Männermagazinen nichts Neues. Berühmt-berüchtigt wurde es als eine Nachstellung des berühmten Athena-Posters auf der Titelseite der Zeitschrift GQ. Unter einem Banner mit der Aufschrift ›Kylie at your Service‹ (Kylie zu ihren Diensten, Anm. d. Übers.) sah man sie in einem weißen Tennisdress ohne

Unterhosen. Später bestand Kylie darauf, ihr G-String-Slip sei lediglich wegretuschiert worden, was stimmen mag oder nicht. Prominente ergehen sich endlos in Schimpftiraden über Zeitungen, die sich der Technik bedienen, um Fotografien zu verändern – und für gewöhnlich wird zornig beteuert, man sei ja gar nicht wirklich nackt gewesen. Kylie und ihr Management haben jedenfalls die Rechte an Fotoaufnahmen immer fest in der Hand behalten und waren ängstlich darauf bedacht, das exakte Image, das sie zu der entsprechenden Zeit vermitteln wollten, zu schützen und zu verbreiten. Zu Kylies Verteidigung muss angemerkt werden, dass sie die ganze Sache mit ziemlich leichtem Herzen anging. »Ich dachte, es wäre ganz lustig, mal ein bisschen die Backe hinzuhalten«, sagte sie. Der einzige echte »Betrug« bestand in Kylies Präsentation als Tennisspielerin – als ob sie so etwas je tun würde! Kylies Lieblingssport ist Poolbillard, am liebsten in einer Bar mit ein paar Freunden. Sie ist eine ausgezeichnete Spielerin, was nicht weiter verwunderlich ist, wenn man bedenkt, wie viel Zeit Künstler wie Kylie totzuschlagen haben, während sie darauf warten, einen Song vorzutragen, fotografiert oder interviewt zu werden.

Der bisherige Höhepunkt für Kylies Kehrseite ereignete sich im Anschluss an die Verleihung der MTV Music Awards von 2001, als ihr makelloses Hinterteil von den Teilnehmern an MTVs interaktivem Service mit großem Abstand zum Sieger eines »Schönster-Arsch-Wettbewerbs« gewählt wurde. Ganze Fotogalerien im Web sind inzwischen ihrem Popo gewidmet. Kein Geringerer als Brian Appleyard von der *Sunday Times* beschrieb ihn als »Wunder der Natur«. Die Website von MTV schwang sich zu folgender Lobeshymne auf: »Wir sind der Ansicht, dass er [Kylies Hintern], wenn er richtig eingesetzt wird, der Welt dabei helfen könnte, in Frieden und Harmonie zusammenzukommen, Städte wieder aufzubauen und vermutlich Probleme in der Größe von Kontinenten zu lösen.«

Kylies auf spektakuläre Weise kesses Hinterteil zeigt selbst jetzt, wo sie auf die Mitte der dreißig zusteuert, nicht die geringste Neigung, die Form zu wechseln. Für eine Frau ihres Alters ist es eine bemerkenswerte Leistung, sich der meistfotografierten und beklatschten Kehrseite der Welt rühmen zu dürfen. Eine derartige Fixierung auf jemandes vier Buchstaben hat es zuvor noch nie gegeben. Bei jeder anderen als Kylie würde dies vielleicht ein bisschen pervers erscheinen, in Kylies Fall aber gilt es als gutes, sauberes Vergnügen für die ganze Familie – ein zeitgenössisches Gegenstück zu Barbara Windsors Brüsten. Kylie selbst hat ihre Sexualität mit einem *Carry On*-Film verglichen, womit sie den Kern der Sache nicht ganz trifft. Die Faszination, die ihr ›Fanny‹, wie Amerikaner ihren Hintern nennen würden, ausübt, ist schon ein wenig abartig, wenn man bedankt, dass ein Teil ihrer sexuellen Anziehungskraft ihrem Image als Kindfrau entspringt.

Kylie nutzt ihre neu gewonnene sexuelle Wirkung in vollen Zügen und präsentiert ihren Körper bei jeder geschmackvoll erscheinenden Gelegenheit, einschließlich bei den Videos zu ›Can't Get You Out Of My Head‹ und dem Nachfolger ›In Your Eyes‹. Nie zuvor ist dies deutlicher geworden als bei ihrem Auftritt bei den Brit Awards von 2002, wo sie mit ihrem Outfit von Dolce & Gabbana die Fotoberichte des nächsten Tages beherrschte: Sie trug ein knappes, weißes Kleid, das an einer Seite geschnürt war und ihre Brüste betonte, dazu silberne Stiefel bis über die Knie und einen silbernen Agent Provocateur-Slip, der hin und wieder aufblitzte. Sie sah aus wie ein Geschöpf, bei dem Captain Kirk Scotty auf der Stelle befohlen hätte, es in das *Raumschiff Enterprise* zu beamen.

Kylie kann, wenn es um ihr Hinterteil geht, auch ein wenig empfindlich werden. Es ist ihr sogar schon geschehen, dass Leute sie baten, sich doch umzudrehen, damit sie einen genaueren Blick darauf werfen könnten. Als ein Interviewer sie einmal fragte, ob er über ihren Po sprechen dürfte, erwiderte sie mit fester Stimme: »Ich habe ihn jetzt mal für eine Weile weggepackt.«

Unvermeidlich gab es nach ihrem atemberaubenden Auftritt bei den Brit Awards ein Nachspiel zu Kylies Kehrseite: Zeitungen ließen Andeutungen fallen, das Ganze sei gar nicht so natürlich, wie es den Anschein hatte. Es wurde als ein »Popoklatscher« beschrieben. Kylie war außer sich über die Berichte, zumal sie ihr vollkommen natürliches Image untergruben. Eine Gegenaktion in ihr freundlich gesinnten Zeitschriften und Tageszeitungen wies jeglichen Gedanken an eine kosmetische Verbesserung aufs Schärfste zurück. Nachdem sie ihr Hinterteil als äußerst nützliche Waffe für ihr Comeback verwendet hat, mag es jetzt für Kylie an der Zeit sein, diesen speziellen Körperteil in Zukunft etwas spärlicher zum Einsatz zu bringen, wenn er eine kontraproduktive Wirkung hervorruft.

Tatsächlich hat sie bereits vor ›Spinning Around‹ zuweilen Hot Pants getragen. Für ›Some Kind Of Bliss‹ trug sie ein knapp sitzendes Paar aus Jeansstoff und bekam so schon einmal den Ansatz einer Idee, dass sich dies in der Zukunft wohl noch weiter nutzen lassen könnte. Als sie Johnny Douglas, einen ihrer Produzenten, fragte, warum gerade dieses Video ihm so gut gefiel, gestand er ihr, dass das allein diesen Hot Pants zu verdanken sei. Kylie merkte sich das, um bei der nächsten geeigneten Gelegenheit davon Gebrauch zu machen. Die berühmten goldenen Hot Pants hatte Kylie übrigens von William Baker geerbt, der sie an einem Marktstand zum Preis von 50 Pence erstanden hatte. Wer anders als Kylie hätte sie um Himmels willen tragen können? Sie enthalten kaum genug Stoff, um eine Austernschale damit zu bedecken.

Das Video zu ›Spinning Around‹ erfüllte absolut keinen anderen Sinn als den, die goldenen Hot Pants vorzuführen. In mancherlei Hinsicht griff es auf gewagte Auftritte von Fernsehballetten wie Pan's People oder Hot Gossip zurück. Das Video, in dem es Kylie zufolge um nichts weiter ging als um »Spaß in einem Club«, war innerhalb von zwei Tagen in einem eiskalten Studio in Pinewood, im Norden Londons, gedreht worden. Der schwierigste Teil für Kylie bestand darin, auf ihren Stiletto-Absätzen auf einer spiegelglatten Theke zu tanzen. Machte bereits das ›Spinning Around‹-Video, abgesehen von Kylies Hinterteil, nur wenig Sinn, so trifft diese Bemerkung noch weit mehr auf die Titelseite der Zeitschrift *GQ* zu. Charlotte Raven brachte es im *Guardian* auf den Punkt: »Hier haben wir es nicht mit einem unbeabsichtigten Schnappschuss zu tun, sondern mit einem, der dem Wunsch des Modells entspringt, der Welt ihren Po zu zeigen.« In anderen Worten, hier sah man Kylie, wie sie ihr öffentliches Image in einer kalkulierten und letzten Endes höchst erfolgreichen Weise manipulierte. Kylies offenherzige, sexuelle Vorführung ist eine frech-erotische Nummer, kein schmuddeliger Softporno.

Die Verwandlung Kylies von Charlene Mitchell in die begehrenswerteste Frau des Planeten vollzog sich nicht über Nacht, trotz aller Ansprüche, die ein Paar goldener Hot Pants anmelden mag. In Wirklichkeit hatte Kylie sich seit mehr als einem Jahrzehnt darum bemüht, sexy zu wirken, aber niemand hatte sie ernst genommen. In den Anfangstagen hätte wohl kein heißblütiges männliches Wesen Kylie zum Nummer-1-Püppchen gewählt, mit dem er gern einmal eine wilde Nacht verbracht hätte. Eine Wahl mit der Überschrift »Welche Prominente hätten Sie am liebsten als Babysitter?« hätte sie vermutlich gewonnen. Alles was sie auslöste, war Verwunderung nach dem Motto: »Nun seht euch doch bloß Charlene an, wie sie mit diesen langen Wimpern klimpert – was glaubt sie denn, was sie da macht?« Sogar ein Etikett – Sex-Kylie – bekam sie während dieser Phase aufgeklebt, genau wie sie während ihrer Zusammenarbeit mit den Manic Street Preachers zur IndieKylie wurde und zur ArtyKylie, als sie gemeinsam mit Nick Cave auftrat. Die SexKylie wurde als ein Betrug angesehen. Man ging allgemein davon aus, dass alles Haarspray und entblößtes Fleisch der Welt aus diesem netten Mädchen aus dem Vorstadtmittelstand nun einmal kein Sexsymbol machen könnten.

1988 stellte eine Zeitschrift sogar Kim Wilde und Kylie Minogue gegenüber und verlieh der britischen Sängerin für ihr Aussehen acht von zehn Punkten, während sie Kylie mit lediglich sechs bedachte und erklärte, diese sei »ein bisschen dürr geraten«. Auch im Stilbereich schoss Kim den Vogel ab und erhielt acht Punkte für ihre »natürliche Anmut«, während Kylie aussah, als ob sie »für Armbanduhren Modell stehen sollte« und sich mit traurigen vier Punkten zufrieden geben musste. Es hat unendlich viel Mühe gekostet, heute aber würde Kylie mit Sicherheit zehn von zehn Punkten in beiden Bereichen erzielen. Kim ist inzwischen eine gesetzte, verheiratete Dame mit Kindern, die mit Begeisterung an 80er-Jahre-Erinnerungskonzerten teilnimmt, wenn sie nicht gerade Gärten entwirft. Kylie dagegen gewinnt angesehene Auszeichnungen und wird sich vermutlich niemals als Galionsfigur auf einer Tournee zu Ehren von Stock, Aitken und Waterman sehen lassen.

Zwischen Kylie und dem 1. Platz unter den weiblichen Idolen steht jedoch nicht Kim Wilde. Dafür ist Kim viel zu nett, häuslich und englisch. Stattdessen steht dort bedrohlich übergroß Madonna, die bereits als berühmtester weiblicher Popstar aller Zeiten gilt. Kylie war noch damit beschäftigt, in ihren Automechaniker-Overall zu schlüpfen und Szene um Szene von *Neighbours* abzudrehen, als Madonna bereits für erste Plätze und 18 Hits unter den ersten Zehn in Großbritannien für sich verbuchen durfte – ehe ›I Should Be So Lucky‹ Kylies Karriere zu ihrem explosionsartigen Start verhalf. Durch einen eigentümlichen Zufall gab es seit 1984 nur ein einziges Jahr, in dem Madonna keine Single unter den ersten Zehn platzieren konnte: 1988, das Jahr, in dem Kylie unter dem Banner von Stock, Aitken und Waterman ihre ersten fünf schaffte. Es ist nicht weiter verwunderlich, dass Kylie zu Madonna als einem musikalischen

Idol aufschaute, lange bevor jemand auf die Idee kam, das gleiche Wort zu benutzen, um sie zu beschreiben. Pete Waterman konnte es nie ganz begreifen: »Ich fand es erstaunlich, dass sie sich viermal besser verkaufte als Madonna, aber sich immer noch wünschte, sie zu sein. Jeder wünschte sich, Kylie Minogue zu sein, nur Kylie Minogue nicht, die wünschte sich, Madonna zu sein.«

Vergleiche anzustellen liegt in der Natur des Menschen. Wenn Prinz William sich in der Öffentlichkeit mit einer Freundin sehen lässt, so wird sie unvermeidlich mit seiner Mutter Diana – der Ikone unter den Müttern – verglichen. Für das betroffene Mädchen ist das gewiss fürchterlich. In den frühen Tagen, in ihrer Zeit mit Michael Hutchence, als Kylie versuchte, sich ein erotischeres Image zu geben, genoss sie die Vergleiche mit Madonna, da sie darauf erpicht war, mit ihrem ikonenhaften Vorbild gleichzuziehen. 1992 aber wünschte sich Kylie, sie hätte nie von den Vergleichen mit Madonna gehört und beklagte sich, Madonna selbst hätte schließlich auch Anleihen bei anderen Stars – von Marilyn Monroe bis Greta Garbo – gemacht. »Ich habe es satt, dass die Leute behaupten, ich mache Madonna nach«, jammerte sie. Die inzwischen eingestellte Zeitschrift *Sky* startete einen vernichtenden Angriff auf die arme Kylie und tat ihren Sexappeal auf gehässigste Weise ab: »Wenn Kylie alles entblößt, zeigt sie uns lediglich, dass sie nichts zu zeigen hat. Kylie versucht, es Madonna nachzutun – jene hat alles entblößt, also muss Kylie es auch tun. Wo aber Madonna sich auf das Spiel versteht, hat Kylie keine Ahnung. Madonna ist ein zäher Vogel, ein Machtmensch, der sein eigenes Image manipuliert, um uns zu manipulieren. Kylie, um es auf den Punkt zu bringen, ist schlicht nicht sexy.« Was die 26-jährige Kylie getan hatte, um derartig unfreundliche Bemerkungen zu verdienen, bleibt ein Rätsel, seit 1998 aber erscheinen diese vollkommen absurd.

Madonna	Kylie
Entstammt dem vorstädtischen Mittelstand von Detroit, Michigan	Entstammt dem vorstädtischen Mittelstand von Melbourne
Ein ehrgeiziges, frühreifes Kind	Ein ehrgeiziges, frühreifes Kind
Sehr klein, an guten Tagen etwa 1,55 m	Sogar noch kleiner, nur ein Haar über 1,50 m
Nur unter ihrem Vornamen bekannt	Inzwischen – seit dem Erscheinen von *Light Years* – offiziell unter ihrem Vornamen bekannt
Idol für ein schwules Publikum	Idol für ein schwules Publikum
Viele Veröffentlichungen von Erotika und im S & M-Bereich	Andeutungsweise Fesselung
Im Alter von 33 noch ledig und kinderlos	Im Alter von 33 noch ledig und kinderlos
Hat London zu ihrem Zuhause gemacht	Hat London zu ihrem Zuhause gemacht
Hat Single mit dem Titel ›Fever‹ herausgebracht – Regie des Videos führte Stephane Sednaoui	Hat Album mit dem Titel *Fever* herausgebracht – hatte Beziehung mit Stephane Sednaoui
Königin der Verwandlungen: War schon Geisha, Cowgirl, Engel / Hure, Mutter Erde ...	Königin der Verwandlungen: War schon Geisha, Cowgirl, Engel / Hure und sieht sich selbst in der Zukunft als »Glitter-Hippie« auf dem Weg zurück zur Natur
Entdeckt französischen Elektro-Pop	Benutzt französischen Elektro-Pop
Überarbeitete frühen Song ›Like A Virgin‹ für eine Livetournee	Überarbeitete frühen Song ›I Should Be So Lucky‹ für Livetournee
Nie Anzeichen von Drogensucht, trotz der Gesellschaft, in der sie sich befand	Nie Anzeichen von Drogensucht, trotz der Gesellschaft, in der sie sich befand
Sehr sparsam und finanziell auf der Hut	Sehr sparsam und finanziell auf der Hut
Geht mit einer Gruppe schwuler Tänzer auf Tournee	Geht mit einer Gruppe schwuler Tänzer auf Tournee

Madonna	Kylie
Hat mit ›Music‹ im Sommer 2000 den Disco-Stil wieder entdeckt	Hat mit ›Spinning Around‹ im Sommer 2000 den Disco-Stil wieder entdeckt
Liebt Dolce & Gabbana	Liebt Dolce & Gabbana
Trug für Blonde Ambition Tournee von 1990 die Haare in krassem Blondton gefärbt	Trug 1990 Perücke in krassem Blondton
Unterstützt Aidshilfe	Unterstützt Aidshilfe
Modebewussteste Frau des Jahres 1994	Stil-Ikone des Jahres 2001
Frühe Erfolge als Schauspielerin (Film)	Frühe Erfolge als Schauspielerin (Fernsehen)
Anschließende Filmkarriere ein Flop	Anschließende Filmkarriere ein Flop
Ritt während der *Drowned World*-Tournee von 2001 auf einem buckelnden Bullen	Ritt für Agent Provocateur-Werbung von 2001 auf einem buckelnden Pferd
Sucht immer nach dem besten Musikproduzenten	Sucht immer nach dem besten Musikproduzenten
Hat Werbung für Pepsi gemacht	Hat Werbung für Pepsi gemacht
Wollte in einem Musical spielen (*Evita*)	Will in einem Musical spielen
Imitierte Marilyn Monroe für ihr *Material Girl*-Video	Ist als Marilyn Monroe aufgetreten
Ist mit Prince ausgegangen	Ist mit Prince ausgegangen
Erste Plätze in den Charts in den 80er und 90er Jahren und im neuen Jahrtausend	Erste Plätze in den Charts in den 80er und 90er Jahren und im neuen Jahrtausend
Sehr enge Beziehung zum jüngeren Bruder Christopher	Sehr enge Beziehung zum jüngeren Bruder Brendan
Spielte mit lesbischem Image; Gerüchte über Affäre mit Comedian Sandra Bernhard	Knutscherei mit Geri Halliwell in der Sendung *TFI Friday*

Madonna	Kylie
Ehemann Guy ist zehn Jahre jünger als sie	Freund James ist sieben Jahre jünger als sie
Überlebenskünstlerin	Überlebenskünstlerin

Viele Jahre lang besaß Madonna Kylie gegenüber einen entscheidenden Vorteil – ihren Sinn für Ironie. Sie hat einmal gesagt:»Ich liebe Ironie. Es gefällt mir, wie Dinge auf verschiedenen Ebenen betrachtet werden können.« Sie sprach von einem ihrer ersten Hits, ›Like A Virgin‹, und von der Tatsache, dass dieser seinerzeit als provokativ empfunden worden war. Kylie hatte kein Verständnis für Ironie, bis sie Mitte der 90er Jahre ihre Zusammenarbeit mit Nick Cave begann. Entscheidend bei alledem sind Alter und Weltgewandtheit. »Ich bin zäh, ich bin ehrgeizig, und ich weiß ganz genau, was ich will.« Dieses Zitat stammt von Madonna, aber es hätte ebenso gut auch von Kylie kommen können, die, indem sie ein derart triumphales Comeback hinlegte, gezeigt hat, dass sie diese Eigenschaften im Überfluss besitzt. Zwar ist es amüsant, die Ähnlichkeiten zwischen den beiden Frauen aufzulisten, tatsächlich sind es aber die Unterschiede zwischen ihnen, die beide weit überzeugender definieren.

Kylie setzt sich beständig selbst herab. Diesen Stil hat sie im Laufe der Jahre perfektioniert. Häufig beteuert sie, wie nervös sie sei, und lacht über ihre diversen Verwandlungen. Madonna würde so etwas niemals tun. Sie betrachtet sich selbst als Künstlerin, nicht als ein Erzeugnis nach Art von ›Kylie Minogue Limited‹. Sie scheut auch niemals davor zurück, ihre Meinung kundzutun oder zu schockieren. Als man ihr riet, während der Verleihung des Turner-Preises von 2001 nicht zu fluchen, hatte das in etwa die Wirkung, die ein rotes Tuch auf einen Stier ausübt. Mit voller Absicht sagte sie »Motherf***er«, und prompt rief die Mehrzahl der Moralapostel an und beschwerte sich. Eine Situation, in der Kylie vor dem Wendepunkt in ihrem Leben im öffentlichen Fernsehen »Motherf***er« gesagt hätte, kann man sich schlicht nicht vorstellen. Und nach diesem Wendepunkt sieht es nicht anders aus. Ihr Fluchen findet ausschließlich hinter verschlossenen Türen statt.

Madonna ist ein Objekt der Begierde in einer leicht heruntergekommenen, obszönen Weise. In einer Madonna-Phantasie geht es um das, was sie mit einem anstellen könnte. Kylie dagegen ist begehrenswert auf eine Weise, die in weißen Baumwollschlüpfern daherkommt. In einer Kylie-Phantasie geht es um das, was man selbst mit ihr anstellen könnte. Irvine Welsh, der Autor von *Trainspotting*, hat eine Geschichte mit dem Titel *When The Debris Meets The Sea* geschrieben. Darin geht es um vier berühmte Frauen, die in einem Strandhaus in Santa Monica herumlungern und sich vor Lust nach unerreichbaren Arbeitern aus Edinburgh (Schlawiner – wie er sie nennt) verzehren. Die vier Frauen sind Kylie, Madonna, Victoria Principal und Kim Basinger. An einem Punkt lässt der Autor seine Kylie darüber phantasieren, wie sie den geliebten Hund eines schottischen Möbelpackers ersetzen könnte, wie sie sich wünscht, dieses Tier zu sein, ein Halsband zu tragen und an seinem Arm zu hängen. Welsh, der sich stolz dazu bekennt, zu Kylies frühesten Fans zu gehören, zeigte sich mehr als beeindruckt davon, dass sie nicht versuchte, ihn zu verklagen.

Heutzutage ist Madonna Hausfrau und Superstar zugleich, hat zwei kleine Kinder und ist mit Guy Ritchie verheiratet. Ihre beiden Kinder, so heißt es, sind verrückt nach Kylie, ganz besonders nach ›Can't Get You Out Of My Head‹. Der kleine, erst ein Jahr alte Rocco klatscht im Takt der ›La la la‹-Teile in die Hände. Kylie und Madonna waren sich bis zum Abend der MTV Awards-Verleihung im November 2000 noch nie persönlich begegnet. Zu diesem Anlass erschien die Amerikanerin bekanntermaßen in einem T-Shirt mit dem Aufdruck »Kylie Minogue«. William Baker kannte Madonna und fragte Kylie einfach, ob sie sie kennen lernen wolle. Kylie erinnerte sich: »Das Erste, was ich zu ihr sagte, war: ›Nett, Sie endlich kennen zu lernen‹, denn ich hätte erwartet, ihr viel früher einmal zu begegnen.«

In Wirklichkeit ist Kylie das Mädchen von nebenan nie gewesen. Dieses Image ist von cleveren Fernsehleuten für sie entwickelt und von den Medien akzeptiert worden. Wie viele Mädchen, die nebenan wohnen, kommen im Alter von 11 Jahren schon ins Fernsehen und werden echte Stars, noch ehe ihre Teenagerzeit hinter ihnen liegt? Das schafft eine einzigartige Atmosphäre, eine unwirkliche Existenz. Kylie hatte eine Zeit lang das Problem, dass dies sie daran hinderte, ihren Platz als reale Frau zu beanspruchen. Schließlich gelangte sie aber durch Hartnäckigkeit, Selbstbewusstsein und einen Wandel in der populären Kultur, die jetzt allgemein weniger auf Bedrohliches, Herausforderndes aus war, zum Erfolg. Kylie ist jetzt als der Ausdruck der Erotik akzeptiert. Um die begehrenswerteste Frau der Welt zu werden, hat sie einen langen Weg zurückgelegt.

1987 / 88

Kylie ist ein immens populärer Fernsehstar, hat aber dummerweise ein »natürlich-gesundes« Image, das auf ihrer Rolle als Charlene Mitchell – halb Rüpel, halb große Schwester begründet ist.

Neighbours hat zwar Suchtcharakter, aber trotzdem macht jeder sich darüber lustig.

Als sie in London ankommt, hat sie eine grauenhafte, zerzauste Frisur, die für eine schlechte Dauerwelle gehalten wird. Es sind aber Naturlocken, und Kylie hat seither immer darum gekämpft, sie glatt zu bekommen.

In boshafter Weise erfinden die Medien den Begriff »Fingerhutgröße«, um die zierliche Kylie zu beschreiben. Ihre Glaubwürdigkeit wird dadurch auf der Stelle untergraben.

In Interviews gibt Kylie sich alle Mühe zu gefallen, aber sie wirkt vorstädtisch, ohne rechten Sinn für Humor. Vor allem hat sie kein Gefühl für Ironie.

Sie hat absolut keinen Sexappeal, ein Zustand, der durch Pressebeschreibungen von ihr als »singender Wellensittich« und »kleines Stoffpüppchen« noch verschärft wird.

Auf Fotos wirkt sie verkrampft, entweder sieht sie zu sehr wie die ewig lächelnde Kylie aus oder als habe man sie in einem Scheinwerferkegel gefangen.

Stock, Aitken und Waterman sind das Gegenteil von »cool«, und so gilt auch Kylie durch die Assoziation als »uncool«.

Kylie scheint mit niemandem Sex zu haben. Ihr Duett mit Jason Donovan ist eine merkwürdige, blutleere Angelegenheit, die ausschließlich für Zuhörer unter 12 gedacht zu sein scheint.

Oben-ohne-Fotos von ihr an einem Strand in Bali enthüllen den Körper einer jungenhaften Nymphe ohne irgendwelche wahrnehmbare Kurven.

Kylie hat kein Vertrauen in ihr Image.

1989/90

Kylie dreht ihren ersten Spielfilm *The Delinquents*. Zwar ist der Film nicht besonders anregend, aber ihre Haare sehen jetzt besser aus. Außerdem hat sie Sex auf der Leinwand – und zwar eine ganze Menge.

Ihr Status als Prominente bestätigt sich: Ihr Album wird zum meistverkauften Debütalbum, das von einer Künstlerin je produziert wurde.

Sie versetzt ihr Publikum in Erstaunen, indem sie am Arm des Rockstars Michael Hutchence erscheint.

Auf der australischen Premiere ihres Films *The Delinquents* sieht sie in einem winzigen Minirock und einer schockierend blonden Perücke umwerfend aus.

Über Nacht – und vermutlich nicht einmal beabsichtigt –

schafft Kylie sich ein Image als Engel und Hure, das ihr bis zum heutigen Tage anhängt.

Die öffentliche Wahrnehmung von Kylie als Mädchen von nebenan verändert sich allmählich, während abenteuerliche Geschichten über ihr Sexleben die Runde machen.

Verliebt zu sein verleiht Kylie Vertrauen in ihr Aussehen und den Glauben an sich selbst, der nötig ist, um ihren Instinkten zu folgen.

Kylie übernimmt die Verantwortung für ihre eigenen Videos und damit auch die Kontrolle über ihr Image. Der Song ›Better The Devil You Know‹ enthüllt eine erotischere, erwachsenere Kylie.

1991/92

Kylies Beziehung mit Michael Hutchence löst sich auf, ehe aus den beiden ein langweiliges Prominentenpaar werden kann.

Die Schwulenszene schließt sie in ihre Arme. Sie wird ebenso wie Madonna zu einem beliebten Rollenvorbild für Dragqueens.

Das Video für ›Shocked‹ enthüllt Kylie, den Vamp.

Kylie beginnt, sich von der Hit Factory zu distanzieren, und beschließt, PWL zu verlassen, sobald ihr Vertrag abgelaufen ist.

Sie begreift, dass es Leute gibt, die gern mit ihr arbeiten würden – trotz ihres Status als bestes Pferd im Stall von Stock, Aitken und Waterman.

Kylie ist jetzt eine Londonerin. Die Vorstadt von Melbourne hat sie hinter sich gelassen.

In der Zeit nach der Hutchence-Ära findet Kylie einen neuen Kreis von Freunden in der Welt der Kunst und der Mode.

Kylie durchlebt eine selbstbewusste Phase. Dennoch gibt es eine Barriere, als eigenständige Sex-Göttin anerkannt zu werden: Sie gilt noch immer als eine billige Madonna-Kopie.

 **1993/94**

Kylie unterzeichnet einen Vertrag bei der Plattenfirma deConstruction und wird zu einer glaubwürdigeren Künstlerin.

Sie bringt das Stück ›Confide In Me‹ heraus. Dieses ist nicht nur ein Song, der es wert ist, im Gedächtnis zu bleiben, sondern zugleich eine Gelegenheit, eine neue Kylie vorzustellen.

Kylie kommt auf die Titelseiten von wichtigen Zeitschriften wie *Sky* – dort ist sie bar jeder Kleidung abgebildet – und *The Face*, deren Leserschaft noch jung genug ist, um die Kylie aus *Neighbours* komplett verpasst zu haben.

Sie wird auch weiterhin nicht ganz schuldlos bei jeder Gelegenheit mit Madonna verglichen: Kaum gibt Madonna ein Sex-Buch heraus, muss auch Kylie ein Sex-Buch herausbringen. Und ›Confide In Me‹ ist Kylies Antwort auf Madonnas ›Justify My Love‹.

Sie fungiert als schmückende Draufgabe in dem reizlosen Film *Street Fighter* an der Seite von Jean-Claude Van Damme. Ihrem Image wird damit nicht geholfen.

Kylie ist nicht länger ein Teenager-Idol, aber eine neue positive Identität muss sie sich erst noch aufbauen. Wieder einmal braucht sie mehr Selbstbewusstsein, um weiterzukommen.

Ihr Video für ›Put Yourself In My Place‹ wird bei MTV zum Klassiker.

1995/97

Diese Jahre werden törichterweise als Kylies »Indie-Jahre« etikettiert: Kylie wird erwachsen, geht auf kommerzieller Ebene aber nahezu unter.

Kylie wird immer cooler und singt mit Nick Cave den düsteren Mörder-Song ›Where The Wild Roses Grow‹.

In dem Video zu ›Wild Roses‹ ist Kylie als Leiche zu sehen: Mit dem Gesicht nach oben und einer Rose zwischen den Zähnen treibt sie im Wasser.

Nick Cave überredet Kylie dazu, den Text zu ›I Should Be So Lucky‹ auf der Lyrik-Olympiade vorzutragen. Endlich findet Kylie das Selbstbewusstsein, sich mit ihrer Vergangenheit in all deren süßlicher Glorie auszusöhnen: Dies soll sich für sie als Stärke, nicht als Schwäche erweisen.

Kylie verliebt sich in Stephane Sednaoui, der sie ermutigt, an ihre eigene Kreativität zu glauben und Neues auszuprobieren.

Die Zusammenarbeit mit den Manic Street Preachers, Lieblingen der Indie-Szene, fördern Kylies neues, cooles Image.

In einem Kurzfilm des angesehenen britischen Künstlers Sam Taylor-Wood tritt Kylie nackt auf. Sie legt eine vollkommene Hemmungslosigkeit an den Tag.

Der Nutzen, den diese Jahre haben, zeigt sich in der Zukunft: Sie ermöglichen Kylie die Entwicklung zu einem Sexsymbol. Der Sprung vom uncoolen Mädchen zur Sexbombe wäre ihr nicht glaubhaft gelungen. Jetzt aber, wo sie als cool galt, geriet diese Verwandlung überzeugend.

1998/99

Das Album *Impossible Princess* ist kommerziell ein Flop. Kylies Wunsch nach Popularität erweist sich als größer als ihr Bedürfnis, innovativ zu sein.

Kylie verlässt deConstruction, und ihre Karriere in der Musikwelt scheint vorüber zu sein.

Kylie gerät unter den Einfluss William Bakers, der sich daranmacht, Kylie auf dem Markt neu zu positionieren.

Baker verhilft Kylie zu einem Stil als Schwulen-Idol, einer erfolgreichen Mischung aus tollkühn und hochgradig aufgedonnert.

Mit Bakers Unterstützung bringt sie 1999 ein Buch mit Fotografien von Kylie in all ihren Schattierungen heraus. Die Begleittexte stammen von einflussreichen Szene-Leuten, darunter Baz Luhrman und Irvine Welsh sowie der alte Liebling Pete Waterman.

Eines der Fotos in *Kylie* stammt aus dem Jahr 1994 und zeigt sie als Schulmädchen gekleidet, fünf Jahre, bevor Britney Spears diesen Look kopierte.

William Bakers eigenes Foto von Kylie – von 1997 – zeigt sie nackt auf einem Samtsofa kniend, mit einem frechen, doch zugleich unschuldigen, vergnügten Grinsen das wohlgerundete Hinterteil deutlich sichtbar.

Das Buch zeigt Kylies komische Seite und einen Sinn für Humor, der für ein echtes Sexsymbol absolut unentbehrlich ist. Dass die Kamera sie inzwischen praktisch anbetete, war ebenfalls nicht zu ihrem Schaden.

Kylie wird 30, und die Medien beginnen zu begreifen, dass sie mittlerweile mehr Frau als Kind ist. Das Wort »Fingerhutgröße« wird durch »zierlich« oder »perfekt proportioniert« ersetzt.

Zum ersten Mal in ihrer Karriere lässt Kylie mehr als ein Jahr vergehen, ohne eine Single herauszugeben. Stattdessen macht sie sich eher rar und spielt in einer Version von Shakespeares *Sturm* in der Karibik. Die Zeit für ihr Comeback ist nahezu reif.

2000 / 2002

Kylies Auftritt auf der Abschlusszeremonie der Olympischen Spiele in Sydney ist ein schwul angehauchter Triumph. In einer Kreation aus rosafarbenen Federn trägt sie Abbas ›Dancing Queen‹ und ihr eigenes ›On A Night Like This‹ vor und erntet stürmischen Applaus. Dies ist die perfekte Plattform für Kylies Wiederkehr.

Sie gibt ein Album mit dem Titel *Light Years* heraus, eine Rückkehr zum Disco-Diva-Sound der 80er Jahre.

Eine Zusammenarbeit mit Robbie Williams bei dem Hit ›Kids‹ stellt Kylie einer neuen Generation vor, für die die Stilrichtungen und Schubladensysteme der Vergangenheit keinerlei Bedeutung mehr haben.

Allgemein wird deutlich, dass Kylies bestes Zugpferd ihr

Hinterteil ist. Diesem wird eine ehrenvolle Erwähnung in so gut wie jedem Artikel gewidmet. Auch in ihren sämtlichen Videos und auf Fototerminen fällt der Kehrseite die Rolle des Stars zu.

›Spinning Around‹, die erste Single-Auskoppelung des *Light Years*-Albums, springt in den britischen Hitparaden unverzüglich auf Platz 1, ein Erfolg, der ihr nach einem Jahrzehnt zum ersten Mal wieder gelingt. Alle Aufmerksamkeit ist jedoch auf die goldenen Hot Pants gerichtet, die sie in dem Begleitvideo trägt.

Das männliche Supermodel James Gooding wird als der neue Mann in Kylies Leben enthüllt. Zum ersten Mal werden keine Anspielungen laut, sie definiere sich über ihre Liebhaber.

In einer vorgespielten Schlacht um die Charts schlägt sie Posh Spice um Längen.

Sie wird zur Stil-Ikone des Jahres 2001 gewählt. Für beide Geschlechter ist es jetzt ganz offiziell »salonfähig«, Kylie anzuhimmeln. Kylies Musik ist sowohl in den Clubs als auch auf Tantchens Hochzeitsfeier akzeptabel.

Die höchste Anerkennung: Im Jahr 2002 gewinnt Kylie zwei Brit Awards, und ein Bild von ihr im erotischsten Outfit von Dolce & Gabbana ziert die Titelseiten sämtlicher Zeitungen.

Ihre *European Fever Tour* wird ein durchschlagender Erfolg. Ihre Konzerte werden auch von den seriösesten Tageszeitungen besprochen.

Zur »begehrenswertesten Frau der Welt« wurde Kylie 2001, als sie ausgewählt wurde, die Werbekampagne für Agent Provocateur-Unterwäsche anzuführen. Sie willigte ein, dies ohne Bezahlung zu tun, denn der Designer der Kollektion, Joe Corre, der Sohn von Vivienne Westwood, ist ein enger Freund sowohl von ihr selbst als auch von William Baker. In der Kino-Werbung für die Dessous sieht man Kylie zunächst in einer rosafarbenen, von

Vivienne Westwood entworfenen Uniform im Krankenschwes-
terstil (Krankenschwester Kylie), die sie schließlich ablegt, um
einen durchsichtigen schwarzen BH und dazu passenden Slip zu
enthüllen. Vervollständigt wird das Outfit durch Strümpfe,
Strumpfhalter und Stöckelschuhe. Die »Provokative Kylie« stellt
dann verschiedene Phantasien nach, darunter eine, in der sie auf
einem mechanischen buckelnden Wildpferd reitet. Sich der Kamera zuwendend, informiert die atemlose Kylie den inzwischen
schwitzenden Zuschauer darüber, dass dies »die erotischste Un-
terwäsche der Welt« ist. »Könnten alle Männer im Publikum jetzt
bitte einmal aufstehen …« Nur wenig blieb der Vorstellungskraft
überlassen, und das war für die Ordnungshüter des Fernsehens
zu viel: Die Werbesendung wurde von den Fernsehschirmen verbannt, was sich natürlich als großartige Publicity für die Kollektion erwies. Der 90 Sekunden während Spot war nun dazu verdammt, lediglich über die Kinoleinwände zu flimmern, es sollte
jedoch nicht lange dauern, bis er auch im Internet auftauchte.

Im heimischen Australien (und erhältlich im Worldwide
Web) hat Kylie bereits ihre eigene Produktserie mit dem Titel
›Love Kylie x‹. Dazu gehören ein Dreifingerring, auf dem das
Wort Kylie steht, ein ledernes Armband, das ebenfalls mit ihrem
Namen versehen ist, eine Kylie-Neonröhre und ein Paar Ohrrin-
ge mit einem ›K‹ daran. Der Stolz ist jedoch ein weißer Slip, aus
dessen Schritt das Motto ›Lucky‹ tönt.

Kylie begehrenswert: »Ich bin wie Safer Sex.«

Kylie – chronologisch

28. Mai 1968 Kylie Ann Minogue kommt in Melbourne zur Welt.

1970 Geburt von Brendan Minogue.

Oktober 1971 Geburt von Danielle (Dannii) Minogue.

1979 Kylie Minogue (»KM«) nimmt an ihrem ersten Fernseh-Casting teil und ergattert die Rolle des holländischen Mädchens Carla in der australischen Serie *The Sullivans*. Dannii tritt zum ersten Mal in der *Young Talent Time* auf.

1980 Schulwechsel zur Camberwell High School in Melbourne. In einer Folge der australischen Fernsehserie *Skyways* tritt sie als Robin auf. Bei den Dreharbeiten begegnet sie Jason Donovan zum ersten Mal. Erster Aufenthalt in Großbritannien mit ihrer Familie; besucht Verwandte in Wales und besichtigt danach Sehenswürdigkeiten in London.

Juni 1982 Dannii wird ein ständiges Mitglied des Teams der *Young Talent Time* und ist zeitweilig die berühmtere der beiden Schwestern.

Oktober 1984 KM ergattert die Rolle als Charlotte (Char) Kernow in der Mini-Fernsehserie *The Henderson Kids*. Fährt während der fünf Monate Dreharbeiten in New South Wales zum ersten Mal allein an einen Drehort.

Mai 1985 Im Alter von nahezu 17 Jahren spielt sie die zehn Jahre alte ›schreckliche Yvonne‹ in einer Folge von *The Zoo Family* im Kinderprogramm. Sie schlägt 50 andere hoffnungsvolle Kandidaten und gewinnt die weibliche Hauptrolle als Samantha Collins in der sechsteiligen Mini-Fernsehserie *Fame and Misfortu-*

ne. Die erste Folge der *Henderson Kids* wird im australischen Fernsehen gezeigt.

Januar 1986 Sie verlässt die Camberwell High School, nachdem sie ihr Abitur in Kunst und Graphik bestanden hat.

Spricht für *Neighbours* vor und wird als Charlene Mitchell engagiert.

April 1986 Die erste Folge von *Neighbours*, in der KM mitspielt, wird im australischen Fernsehen gezeigt. Sie hat inzwischen eine Beziehung mit Jason angefangen, die vor der Öffentlichkeit geheim gehalten wird.

August 1986 Auf einer Wohltätigkeitsveranstaltung zugunsten eines Footballteams singt sie zum ersten Mal in der Öffentlichkeit. Sie trägt ›I Got You Babe‹ und ›The Loco-Motion‹ vor.

Oktober 1986 Erstmalig wird *Neighbours* im britischen Fernsehen ausgestrahlt.

Dezember 1986 Jason und Kylie flüchten aus dem Rampenlicht und verbringen ihren Urlaub auf Bali.

April 1987 Sie wird zur jüngsten Künstlerin, die je auf den jährlichen Logie Awards mit dem Preis als beliebteste Schauspielerin in Australien ausgezeichnet worden ist. Zusammen mit ihrer Schwester Dannii singt sie das Duett ›Sisters Are Doing It For Themselves‹ auf einem Anti-Drogen-Konzert in Melbourne.

Juli 1987 In Australien bringt sie ihre erste Single ›The Loco-Motion‹ heraus, die auf Platz 1 landet und sich dort sieben Wochen lang hält. Die Hochzeit von Charlene und Scott in *Neighbours* wird zum Fernsehereignis des Jahres. Sie begegnet Michael Hutchence zum ersten Mal auf einer Party im Anschluss an eine Musikpreisverleihung in Sydney. Sie verpflichtet Terry Blamey als ihren Manager.

Oktober 1987 Während einer Drehpause von *Neighbours* fliegt sie nach London, um für Stock, Aitken und Waterman Aufnahmen zu machen.

Dezember 1987 Sie singt ›I Should Be So Lucky‹ in Noel Edmonds Weihnachtssondersendung des BBC-Fernsehens.

Januar 1988 Die BBC beschließt, *Neighbours* zweimal täglich auszustrahlen. Die britischen Zuschauerzahlen übersteigen 15 Millionen per Folge. ›I Should Be So Lucky‹ ist KMs erste Single, die in Großbritannien erscheint, wo sie auf Platz 1 landet. Sie steht außerdem an der Spitze der Charts in Australien, Deutschland, Finnland, Hongkong, Israel und der Schweiz.

März 1988 Sie gewinnt vier Logie Awards, darunter den Gold-Logie als beliebteste Persönlichkeit im australischen Fernsehen.

April 1988 In der Presse wird sie von der berühmten britischen Kolumnistin Jean Rook niedergemacht, weil sie bei ihrer Ankunft in Heathrow aussieht wie eine »Qantas-Decke, in der man geschlafen hat«.

Mai 1988 ›Got To Be Certain‹, ihre zweite Single in Großbritannien, erreicht den 2. Platz, auf dem sie sich sechs Wochen lang hält. In Australien ist sie die erste Debüt-Single, die je auf Platz 1 in die Charts eingestiegen ist.

Juni 1988 Sie dreht ihre letzten Szenen für *Neighbours* ab. Auf der Abschiedsparty in einem Melbourner Restaurant bricht sie in Tränen aus.

August 1988 Ihr erstes Album *Kylie* erscheint in Großbritannien und in Australien. Sein Erfolg macht sie zur jüngsten Frau, die je an der Spitze der britischen Album-Charts stand. ›The Loco-Motion‹ erscheint zum ersten Mal in Großbritannien, verfehlt jedoch knapp Platz 1.

September 1988 Sie wird als ›The Loco-Motion Girl‹ bekannt, nachdem die Single zu ihrem ersten Hit in den USA wird. Es soll bis zu ›Can't Get You Out Of My Head‹ im Jahr 2002 ihr größter Hit dort bleiben.

Oktober 1988 ›Je Ne Sais Pas Pourquoi‹, Pete Watermans Lieblingslied von Kylie, wird ihre dritte Single in Folge, die in Großbritannien auf Platz 2 landet. Ursprünglich war es zusammen mit ›Made in Heaven‹ als Doppel-A-Seite geplant.

November 1988 Als Reaktion auf Forderungen ihrer Fans nimmt sie mit Jason das Duett ›Especially For You‹ auf.

Dezember 1988 *Kylie* ist das meistverkaufte Album des Jahres in Großbritannien. *Kylie – The Videos* erreichen ebenfalls Platz 1. ›Especially For You‹ verpasst den 1. Platz der Weihnachtshitparade, verdrängt von Cliff Richards ›Mistletoe and Wine‹. Sie wird zur ersten Künstlerin, die fünf 1. Plätze in Folge in Finnland erzielen kann.

Januar 1989 ›Especially For You‹ erreicht in Großbritannien endlich Platz 1. Es wird ihre meistverkaufte Platte bis zu ›Can't Get You Out Of My Head‹ werden. Sie hat weltweit drei Platz-1-Hits auf einmal, als ›Turn It Into Love‹ in Japan Platz 1 erreicht und ›The Loco-Motion‹ in Kanada gleichzieht.

April 1989 ›Hand On Your Heart‹, die erste Single-Auskopplung aus ihrem zweiten Album *Enjoy Yourself,* wird ihr dritter Platz-1-Hit in Großbritannien. Sie beginnt mit der Arbeit an *The Delinquents,* ihrem ersten Spielfilm. Sie spielt die Rolle der Lola Lovell.

Mai 1989 Sie feiert ihren 21. Geburtstag mit einer Champagnerparty für 150 Gäste im Red Eagle Hotel in Sydney. Ein übereifriger Rausschmeißer schlägt Jason die Tür vor der Nase zu.

Juli 1989 Ihre siebente Single in Großbritannien, ›Wouldn't Change A Thing‹, landet auf Platz 2. Damit haben ihre ersten sieben Singles in Großbritannien die Plätze 1-2-2-2-1-1-2 erreicht.

September 1989 Während eines Aufenthaltes in Hongkong, wo sie sich auf ihre erste internationale Tournee vorbereitet, isst sie mit Michael Hutchence zu Abend.

Oktober 1989 *Enjoy Yourself* erscheint in Großbritannien und landet auf Platz 1.

November 1989 ›Never Too Late‹, die zweite Single des Albums, ruiniert Kylies Lauf und landet nur auf Platz 4 der britischen Charts. Sie hatte den Song ›Enjoy Yourself‹ als Single herausgeben wollen, war aber von Waterman überstimmt worden.

Dezember 1989 Zusammen mit Bob Geldof und anderen Stars von Stock, Aitken und Waterman nimmt sie die Band Aid II-Version von ›Do They Know It's Christmas‹ auf, das zu Weihnachten auf Platz 1 steht. Die Verkaufszahlen von *Enjoy Yourself*, das mit einem Kylie-Poster verkauft wird, übersteigen in Großbritannien eine Million. Auf der australischen Premiere von *The Delinquents* ist Kylie in blonder Perücke und winzigem Minirock kaum noch wiederzuerkennen. Sie besucht die Premiere von *The Delinquents* im Leicester Square und wird von einer riesigen Fangemeinde begrüßt. Der Film jedoch wird von den Kritikern verrissen. Wird auf der Verleihung der Japan Radio Music Awards von 1989 zur besten Sängerin gewählt.

Januar 1990 ›Tears On My Pillow‹ aus dem Soundtrack von *The Delinquents* ist Kylies vierter Platz-1-Hit in Großbritannien.

Februar 1990 Die erste Konzert-Tournee – zum ersten Mal tritt sie mit einer Liveband auf. In Australien sind sowohl Fans als auch Kritiker begeistert. Sie erhält eine Auszeichnung für das beste Musik-Video der britischen Videobranche von 1989 für *Kylie – The Videos*.

März 1990 Erste Anzeichen eines Bruchs mit Stock, Aitken und Waterman, als KM in Los Angeles vier Songs mit anderen Produzenten aufnimmt. Einen davon, ›Count The Days‹, widmet sie ihrem Geliebten Michael Hutchence.

April 1990 Zum ersten Mal übernimmt sie bei dem Video zu ihrer nächsten Single ›Better The Devil You Know‹ die Kontrolle über ihr Image. Darin schmiegt sie sich provokativ in die Arme eines nackten Schwarzen, der etwa doppelt so groß wie sie selbst erscheint.

Mai 1990 ›Better The Devil You Know‹ landet in Großbritannien auf Platz 2 und wird zu einer Hymne für eine ganze Generation von Schwulen. Weithin wird angenommen, dass es in dem Song um ihre Beziehung zu Michael Hutchence geht.

Juni 1990 Sie zieht mit Hutchence nach London. Dieser erwirbt außerdem ein Haus in Südfrankreich, Kylie hilft bei der Einrichtung.

November 1990 Das dritte Album, *Rhythm Of Love*, hat unter den bisherigen den geringsten Erfolg. In Großbritannien klettert es nur bis auf Platz 9 und in Australien nur auf Platz 10. Eine Single-Auskopplung daraus, ›Stepp Back In Time‹, erreicht in Großbritannien den 4. Platz. Das Video zeigt Kylie im Disco-Look der 70er Jahre bei einer Fahrt in einem Kabriolett.

Dezember 1990 Zum ersten Mal verbringt sie Weihnachten fern von ihrer Familie. Sie zieht es vor, mit Hutchence in Roquefort-les-Pins zu feiern.

Februar 1991 Inmitten von Gerüchten über sein Fremdgehen auf Tourneen trennt sie sich von Hutchence. ›What Do I Have To Do‹, ein weiteres Lieblingsstück von Waterman, erreicht in Großbritannien einen 6. Platz (Dannii tritt in dem Video auf) und wird zu einem der beliebtesten aller Kylie-Songs.

Mai 1991 Erhält Auszeichnung als meistverkaufte australische Künstlerin auf der World Music Awards-Verleihung in Monte Carlo.

Juni 1991 ›Shocked‹, das mit einem sexy Video daherkommt, wird Kylies 13. Hit in Folge, der sich unter den ersten Zehn platziert – ein Rekord. Damit hat sie Elvis Presley, die Beatles und Madonna überholt.

August 1991 Ihr erster Flop: ›World Is Out‹ schafft nur einen dürftigen 16. Platz. Zum ersten Mal erreicht eine Kylie-Veröffentlichung nicht die ersten Zehn in Großbritannien.

Oktober 1991 Sie gibt ihr viertes Album *Let's Get To It* heraus. Die zweite Single-Auskoppelung daraus, ›If You Were With Me Now‹, zusammen mit Keith Washington, wird wesentlich positiver aufgenommen und landet in Großbritannien auf Platz 4. Auch in Besprechungen wird das Album gelobt. Sie beginnt ihre zweite ausverkaufte Tournee durch Großbritannien.

Januar 1992 Sie gibt ihre erste Cover-Version nach ›The Loco-Motion‹ heraus: ›Give Me Just A Little More Time‹, ein 70er Jahre Hit von Chairmen of the Board, katapultiert sie zurück auf ihre Lieblings-Chart-Position, Platz 2.

April 1992 Ihr neues Video *Kylie Live*, das auf einem Konzert in

Dublin aufgenommen wurde, erscheint und steigt auf Platz 2 in die britischen Video-Charts ein.

Juni 1992 Sie nimmt zusammen mit Models und anderen Prominenten an der Rhythm of Life-Wohltätigkeitsmodegala im Grosvenor Hotel in London teil. Von Sting war sie gebeten worden, seine Rainforest Foundation zu unterstützen.

Juli 1992 In der britischen Presse wird ihr Name zusammen mit dem von Superstar Prince genannt, nachdem die beiden zusammen beim Verlassen eines Londoner Nachtclubs gesehen worden waren.

August 1992 Ihre letzte Neuerscheinung bei Stock, Aitken und Waterman ist eine Zusammenstellung von 20 Songs unter dem Titel *Kylie's Greatest Hits*. Es wird ein Riesenerfolg und erreicht sowohl in den Album- als auch in den Video-Charts den 1. Platz. Anders ergeht es ›Celebration‹, ihrer letzten Pete-Waterman-Single, die in den britischen Charts nur auf Platz 20 landet.

Februar 1993 Sie unterzeichnet einen Vertrag mit der unabhängigen britischen Dance-Plattenfirma deConstruction, die für die Pop-Soul-Favoriten M People verantwortlich ist. Das Jahr bringt eine entscheidende stilistische Verwandlung für KM mit sich – sie begegnet William Baker zum ersten Mal.

Oktober 1993 Wird von Baz Luhrman eingeladen, in den Universal Studios für den weltberühmten Fotografen Bert Stern Modell zu stehen. Die »Sechziger-Jahre-Collage« füllt 21 Seiten der australischen *Vogue*.

Januar 1994 Als Brautjungfer auf Danniis Hochzeit mit Julian McMahon.

Februar 1994 Trägt ›What Do I Have To Do?‹ auf der Mardi Gras-Parade der Schwulen und Lesben in Sydney vor.

Juni 1994 In Thailand beginnen die Dreharbeiten zu *Street Fighter*, in dem sie an der Seite von Jean-Claude Van Damme die weibliche Hauptrolle Cammy spielt.

August 1994 Sie gibt ihre erste deConstruction-Single ›Confide In Me‹ heraus. Der fünf Minuten lange Song stellt einen radikalen Bruch mit Stock, Aitken und Waterman dar, stößt bei den Fans aber auf ein positives Echo und landet in Großbritannien auf dem 2. Platz, von Whigfields ›Saturday Night‹ vom Spitzenplatz verdrängt.

Oktober 1994 Ihr erstes deConstruction-Album *Kylie Minogue* erscheint und erhält positive Kritiken. Steve Anderson wird zu einem langjährigen Freund und Arbeitspartner für Kylie.

November 1994 Eines ihrer berühmtesten Videos erscheint als Begleitung zu ›Put Yourself In My Place‹. Die Single jedoch schafft es in Großbritannien lediglich auf den 11. Platz.

Dezember 1994 Bei den *Smash Hits*-Awards gewinnt sie den Preis als Beste Solosängerin.

Januar 1995 Zusammen mit Nick Cave nimmt sie in Melbourne das düstere, hintergründige Duett ›Where The Wild Roses Grow‹ auf.

Februar 1995 Sie dreht den kurzen Kunstfilm *Hayride to Hell* in Sydney. KM spielt darin ein psychotisches Mädchen, das einen Mann, der sie nach Hause fährt, tyrannisiert.

April 1995 Sie verbringt drei Monate in Los Angeles mit den Dreharbeiten zu *Bio Dome*. Währenddessen hat sie eine kurze Affäre mit ihrem Schauspielkollegen Pauly Shore. Der Film wird ein Reinfall.

Juni 1995 Sie erscheint auf der Titelseite von *Loaded*, dem wichtigsten Männermagazin Großbritanniens.

Juli 1995 Auf einer Party lernt sie Stephane Sednaoui kennen. ›Where Is The Feeling‹, die letzte Single des *Kylie Minogue*-Albums, kommt in Großbritannien nur auf Platz 16.

August 1995 Zum ersten Mal tritt sie live bei einem Rock-Festival auf: Unterstützt von einer neunköpfigen Band singt sie vor 30 000 Zuschauern beim ›T in the Park‹ in Glasgow. Cave kommt zu ihr auf die Bühne, und gemeinsam singen sie ›Where The Wild Roses Grow‹.

Oktober 1995 ›Where The Wild Roses Grow‹ erscheint. In Großbritannien landet es nur auf Platz 11, schneidet in Australien aber besser ab und steigt bis auf Platz 2. Sie erscheint auf einer Aids-Wohltätigkeitsveranstaltung in der Royal Albert Hall, wo sie zusammen mit Elton John ›Sisters Are Doing It For Themselves‹ vorträgt.

Januar 1996 KM bringt 1996 keine neue Platte heraus, hat im Laufe des Jahres aber verschiedene Liveauftritte, angefangen mit dem Konzert ›Big Day Out‹ in Australien, zusammen mit Nick Cave und seiner Band The Bad Seeds.

Juli 1996 Kylie liest den Text von ›I Should Be So Lucky‹ auf der Lyrik-Olympiade vor.

August 1996 Sie arbeitet hart an ihrem nächsten Album, nimmt ihre bisher aktivste Rolle bei der Produktion ein und verfasst sämtliche Texte. In London trägt sie ›Where The Wild Roses Grow‹ mit Nick Cave an der Brixton Academy vor.

Oktober 1996 Auf der Verleihung der Australian Record Industry-Awards gewinnt ›Where The Wild Roses Grow‹ Auszeichnungen als beste Single, beste Popneuerscheinung und bester Song des Jahres.

Dezember 1996 Tritt in London zusammen mit den Manic Street Preachers auf und trägt deren Song ›Little Baby Nothing‹ vor.

Januar 1997 Ihr zweites deConstruction-Album hätte in diesem Monat erscheinen sollen, wird aber zurückgehalten. Der ursprüngliche Plan einer exklusiven Zusammenarbeit mit den Brothers in Rhythm wird verworfen. Stattdessen arbeitet KM mit einer Reihe von Produzenten, darunter den Manic Street Preachers zusammen.

Februar 1997 Kylie erscheint im britischen Fernsehen in einer speziellen Folge der Serie *Men Behaving Badly*, zugunsten der Wohltätigkeitsorganisation Comic Relief.

Mai 1997 Bei der Eröffnung des weltgrößten Casinos in Melbourne hat sie einen besonderen Auftritt zusammen mit Ray Charles und der australischen Rock-Legende John Farnham.

August 1997 Bei der Radio 1 Roadshow in Newquay, Cornwall, trägt sie das von den Manic Street Preachers verfasste Stück

›Some Kind Of Bliss‹ vor. Der Song wird auch zur ersten Single-Auskopplung ihres neuen Albums *Impossible Princess*.

September 1997 ›Some Kind of Bliss‹ erweist sich als Flop: In den britischen Charts erreicht es lediglich den 22. Platz. Sie nimmt die MTV-Sondersendung *Some Kind of Kylie* auf. Gewinnt die Auszeichnung als stilbewusstester weiblicher Popstar bei der Stil-Preisverleihung der Zeitschrift *Elle* in London. Das Erscheinen des neuen Albums wird bis nach Weihnachten verschoben.

Oktober 1997 Nimmt die Dreharbeiten zum Video für ›Did It Again‹, der zweiten Single des neuen Albums, in Angriff. Darin werden vier Persönlichkeitsfacetten von Kylie gezeigt, die miteinander kämpfen.

November 1997 Ende der Beziehung mit Stephane Sednaoui. Michael Hutchence wird tot in einem Hotelzimmer in Sydney aufgefunden. Kylie besucht die Trauerfeier in der St. Andrews-Kathedrale in Sydney.

Dezember 1997 ›Did It Again‹ erweist sich als weitere Enttäuschung: Das Stück schafft es nur bis Platz 14 in Großbritannien.

Februar 1998 Tritt auf der Mardi Gras-Parade der Schwulen und Lesben in Sydney auf. Ihre Schwester Dannii ist in der Show um 2 Uhr nachts, während Kylie um 4 Uhr früh erscheint und ›Better The Devil You Know‹ vorträgt.

März 1998 ›Breathe‹, die dritte Single aus dem neuen Album, schafft es ebenfalls nur auf Platz 14. Das Album erscheint endlich in Großbritannien unter dem Titel *Kylie Minogue in Europe*. Es schafft es mit Platz 10 nur knapp in die Album-Charts.

Mai 1998 KM wird 30 Jahre alt.

Juni 1998 Im neuen Look startet Kylie ihre Tournee durch Australien. Die *Intimate And Live Show* mit ihrer Atmosphäre im Stil einer Las Vegas-Show wird mit Begeisterung aufgenommen.

August 1998 Sie verlässt deConstruction in »beiderseitigem Einvernehmen«. Konzerte in London erhalten überschwängliche Kritiken in der landesweiten Presse.

Dezember 1998 Kylie wird auf der jährlichen Australian Export Awards-Verleihung in Sydney geehrt: Sie erhält einen Sonderpreis für den Verkauf von mehr als 30 Millionen Platten bis zu diesem Zeitpunkt.

März 1999 Auf Barbados spielt sie in einer Version von Shakespeares *Sturm* die Miranda.

April 1999 In New York zu Aufnahmen von ›The Reflex‹ zusammen mit Ben Lee für ein Tribut-Album für Duran Duran.

Mai 1999 In Adelaide spielt sie eine Mini-Rolle in dem Teenager-Horrorfilm *Cut*, in dem sie auf grausige Art zu Tode kommt. Sie unterschreibt einen Vertrag bei Parlophone, der ehemaligen Plattenfirma der Beatles – der Anfang zu einem sorgfältig geplanten musikalischen Comeback.

Juli 1999 In Wien zum jährlichen *Life*-Ball. Im Imperial Palace beschreitet sie den Laufsteg, um Geld für die Aids-Hilfe zu sammeln.

Oktober 1999 Veröffentlichung des Buches *Kylie*, einer fotografischen Reise durch ihr Leben.

Dezember 1999 Bekleidet mit einem freizügigen Nikolaus-Outfit unterhält sie 10 000 australische Soldaten der Friedenstruppe in Ost-Timor, die zu Weihnachten nicht nach Hause fahren können.

Januar 2000 Auf einer Poolparty in Los Angeles lernt sie James Gooding kennen.

Juni 2000 Ein Foto ihrer Kehrseite erscheint auf der Titelseite der *Sun*.

Juli 2000 ›Spinning Around‹, ihre erste Platte für Parlophone, wird die Single, die sich direkt beim Erscheinen auf Platz 1 der britischen Charts setzt.

August 2000 Ehrengast bei Robbie Williams' Sondersendung von *Top of the Pops*. Trägt mit ihm zusammen das Duett ›Kids‹ vor.

Oktober 2000 Auf der Abschlussfeier der Olympischen Spiele in Sydney trägt sie ›Dancing Queen‹ und ›On A Night Like This‹ vor. Die Zahl der Zuschauer wird weltweit auf 3,7 Milliarden geschätzt. Keine drei Wochen später singt sie auf der Eröffnungs-feier der Behinderten-Olympiade. Das Album *Light Years* erreicht den 2. Platz der britischen Album-Charts, steht in Australien aber auf dem Spitzenplatz. ›Kids‹ landet auf Platz 2 der britischen Charts.

November 2000 Kylie und Robbie singen ihr Duett auf der MTV Europe-Verleihung in Stockholm vor einem Fernsehpublikum von einer Milliarde Menschen weltweit.

Dezember 2000 Dreht ihre Szene als grüne Fee in *Moulin Rouge* ab.

Februar 2001 In Australien wirkt sie in einer Pepsi-Werbesendung mit. Tritt als Gast in der Sendung *An Audience with Ricky Martin* auf und singt ein Duett seines größten Hits ›Livin' La Vida Loca‹.

März 2001 Die *On A Night Like This*-Welttournee wird in Glasgow eröffnet. KM trägt 19 Songs vor, ›Love Boat‹ als Eröffnung und ›Spinning Around‹ zum Abschluss.

April 2001 Sie gibt ihre eigene Dessous-Kollektion unter dem Namen ›Love Kylie x‹ heraus. Im Sydney Entertainment Centre erzielt sie mit neun ausverkauften Abenden einen Rekord.

August 2001 Sie tritt auf dem V2001 Festival in Weston Park in Staffordshire und in Chelmsford, Essex, auf. Hier trägt sie vor einem vom Regen durchnässten Publikum 12 Songs vor.

September 2001 ›Can't Get You Out Of My Head‹ stürmt an die Spitze der australischen Charts, wo es ›Bob the Builder‹ verdrängt. Von diesem siebenten Platz-1-Hit in ihrem Heimatland werden innerhalb einer Woche nach dem Erscheinen 140 000 Exemplare verkauft. Eine Woche später wird es zu ihrem sechsten Platz-1-Hit in Großbritannien, wo am Erstverkaufstag 77 000 Exemplare abgesetzt werden. Als »Gesicht des Eurostar« macht sie ihre erste britische Fernsehwerbung. Darin ist zu sehen, wie sie einen Zug von London nach Paris erwischt. Sie gewinnt die ›Services To Mankind‹-Auszeichnung der Zeitschrift *GQ*.

Oktober 2001 *An Audience with Kylie Minogue* wird in Großbritannien ausgestrahlt. Kermit der Frosch und Adam Garcia treten als Gaststars auf. Brendan, Dannii und Pete Waterman befinden sich im Publikum. ›Can't Get You Out Of My Head‹ hält sich vier Wochen lang auf Platz 1 der britischen Charts und hält Michael Jacksons lang erwartetes ›You Rock My World‹ vom Spitzenplatz fern. Die Eintrittskarten für ihre für 2002 geplante Tournee durch Großbritannien sind innerhalb von einer Stunde ausverkauft. Sie singt die Titelmelodie für die neue Soap *Night and Day*. Auf der Verleihung der Australian Record Industry Awards, kurz Arias, wird sie als beste Solokünstlerin genannt.

November 2001 Sie gewinnt einen Bambi für das beste Comeback des Jahres. Ihr Slip erzielt bei einer Versteigerung zugunsten der BBC-Organisation *Children In Need* £ 4000. *Fever*, Kylies zweites Album für Parlophone, erreicht Platz 1 der britischen Album-Charts.

Dezember 2001 Sie gewinnt zwei Auszeichnungen von *Top of the Pops* für die beste Single und die beste Tournee. ›Can't Get You Out Of My Head‹ erringt bei dem Wettbewerb zur ›Platte des Jahres‹ im britischen Fernsehen den 3. Platz. Ihre Werbesendung für Agent Provocateur wird als zu sexy für ein Fernsehpublikum erklärt.

Februar 2002 ›Can't Get You Out Of My Head‹ steht an der Spitze der amerikanischen Dance-Charts und steigt in die Top 100 der *Billboard*-Charts ein. Sie tritt in der *Tonight Show with Jay Leno* auf, um die Publicity-Kampagne für *Fever* in den USA zu unterstützen. ›In Your Eyes‹ steigt auf Platz 3 in die britischen Charts ein. Sie gewinnt zwei Brit Awards für das beste internationale Album und als beste internationale Künstlerin.

März 2002 Das Album *Fever* steigt auf Platz 3 in den amerikanischen Charts. Innerhalb der ersten Woche werden 107 000 Exemplare verkauft. Dies ist ihr bisher höchstplatziertes Album in den USA. Auf der Verleihung der World Music Awards in Monaco wird sie als meistverkaufte australische Künstlerin geehrt. Auf der Zeremonie tritt sie in einem kurzen roten Kleid von Dolce &

Gabbana und in bis zu den Oberschenkeln reichenden schwarzen Stiefeln auf. Angeblich fasst Prinz Albert von Monaco ihr an den Hintern …

Juli 2002 Kylie Minogue bei Madame Tussaud's: Die Figur der Pop-Queen ist Mittelpunkt eines interaktiven Experiments. Sobald sich ein Zuschauer ihr nähert, atmet und flüstert sie.

Diskographie *und Videos*

Singles, Maxi-Singles, Cassetten-Singles und – Maxi-Singles CD-Singles, (chronologisch)

1987 The Loco-Motion / Glad To Be Alive

1987 The Loco-Motion (Chugga-Motion-Mix) / The Loco-Motion (Girl Meets Boy-Mix) / Glad To Be Alive

1987 The Loco-Motion (Single-Version) / The Loco-Motion (Chugga-Motion-Mix) / The Loco-Motion (Girl Meets Boy-Mix) / Glad To Be Alive

1987 I Should Be So Lucky / I Should Be So Lucky (instrumental)

1987 I Should Be So Lucky (erweitert) / I Should Be So Lucky (instrumental)

1987 I Should Be So Lucky (Original Dance-Mix, erweiterte Fassung) / I Should Be So Lucky (Dance-Remix / Bicentennial-Remix) / I Should Be So Lucky (instrumental). Der Bicentennial-Remix war eine limitierte Edition, veröffentlicht zum 200. Geburtstag Australiens.

1988 I Should Be So Lucky (Bicentennial-Remix) / I Should Be So Lucky (instrumental)

1988 Got To Be Certain / Got To Be Certain (Out For A Duck)

1988 Got To Be Certain (erweitert) / Got To Be Certain (Out For A Duck)

1988 Got To Be Certain (Ashes To Ashes; der Extra Beat Boys-Remix)

1988 Got To Be Certain (erweitert) / I Should Be So Lucky (erweitert) / Got To Be Certain (Out For A Duck)

1988 The Loco-Motion (LP-Version) / I'll Still Be Loving You

1988 The Loco-Motion (Single-Version) / I'll Still Be Loving You

1988 The Loco-Motion (Kohaku-Mix) / I'll Still Be Loving You

1988 The Loco-Motion (Sankie-Mix) / I'll Still Be Loving You

1988 The Loco-Motion (Album-Version)

1988 Je Ne Sais Pas Pourquoi / Made In Heaven

1988 I Still Love You (Je Ne Sais Pas Pourquoi) / Made In Heaven

1988 Je Ne Sais Pas Pourquoi (Moi Non Plus-Mix) / Made In Heaven (Maid In Australia-Mix)

1988 Je Ne Sais Pas Pourquoi (The Revolutionary-Mix) / Made In Heaven (Made In England-Mix)

1988 Je Ne Sais Pas Pourquoi (Maxi-Single-Mix; Moi Non Plus-Mix) / Je Ne Sais Pas Pourquoi (The Revolutionary-Mix) / Made In Heaven (Made In England Mix)

1988 Je Ne Sais Pas Pourquoi (Moi Non Plus-Mix) / Made In Heaven (Made In England Mix) / The Loco-Motion (Sankie-Mix; lange Fassung)

1988 Especially For You / All I Wanna Do Is Make You Mine; beide Tracks gemeinsam mit Jason Donovan.

1988 Especially For You (erweitert) / All I Wanna Do Is Make You Mine (erweitert); beide Tracks gemeinsam mit Jason Donovan.

1988 Especially For You (Single-Version) / Especially For You (erweiterte Version) / All I Wanna Do Is Make You Mine (erweitert)

1988 It's No Secret (LP-Version) / Made In Heaven (Made In England-Mix)

1989 It's No Secret / Made In Heaven

1989 Hand On Your Heart / Just Wanna Love You

1989 Hand On Your Heart (The Great Aorta-Mix) / Just Wanna Love You / Hand On Your Heart

1989 Hand On Your Heart (The Heartache Mix) / Just Wanna Love You / Hand On Your Heart

1989 Hand On Your Heart / Hand On Your Heart (The Great Aorta-Mix) / Just Wanna Love You / It's No Secret

1989 Wouldn't Change A Thing / It's No Secret

1989 Wouldn't Change A Thing (Your Thang-Mix) / It's No Secret (erweitert) / Wouldn't Change A Thing (instrumental)

1989 Wouldn't Change A Thing (Espagna-Mix) / Wouldn't Change A Thing / It's No Secret (erweitert)

1989 Wouldn't Change A Thing (Your Thang-Mix) / Wouldn't Change A Thing / Turn It Into Love

1989 Wouldn't Change A Thing / Wouldn't Change A Thing (Your Thang-Mix) / Je Ne Sais Pas Pourquoi (Revolutionary-Mix)

1989 Never Too Late / Made In Heaven (Heaven Scent-Mix)

1989 Never Too Late / Kylie's Smiley-Mix. Smiley-Mix enthält: Je Ne Sais Pas Pourquoi, Turn It Into Love, I Should Be So Lucky, Got To Be Certain

1989 Never Too Late (erweitert) / Made In Heaven (Heaven Scent-Mix)

1989 Never Too Late (erweitert) / Kylie's Smiley-Mix (erweitert). Der erweiterte Smiley-Mix enthält: I'll Still Be Loving You, It's No Secret, Je Ne Sais Pas Pourquoi, Turn It Into Love, I Should Be So Lucky, Got To Be Certain

1989 Tears On My Pillow / We Know The Meaning Of Love

1989 Tears On My Pillow / Nothing To Lose

1989 Tears On My Pillow (More Tears-Mix) / Wouldn't Change A Thing (Espagna-Mix)

1989 Tears On My Pillow (More Tears-Mix) / We Know The Meaning Of Love (erweitert)

1989 Tears On My Pillow / We Know The Meaning Of Love / Tears On My Pillow (More Tears-Mix) / Wouldn't Change A Thing (Espagna-Mix)

1990 Better The Devil You Know / I'm Over Dreaming (Over You; Remix)

1990 Better The Devil You Know (Mad March Hare-Mix) / I'm Over Dreaming (Over You; erweiterter Remix)

1990 Better The Devil You Know / Better The Devil You Know (Mad March Hare-Mix) / I'm Over Dreaming (Over You; Remix)

1990 Stepp Back In Time / Stepp Back In Time (instrumental)

1990 Stepp Back In Time (Walkin' Rhythm-Mix) / Stepp Back In Time (instrumental)

1990 Stepp Back In Time (The Big Shock-Mix)

1991 What Do I Have To Do? / What Do I Have To Do? (instrumental)

1991 What Do I Have To Do? (Pumpin'-Mix) / What Do I Have To Do? (instrumental)

1991 What Do I Have To Do? (The Pump & Polly-Mix) / What Do I Have To Do? (instrumental) / Shocked / What Do I Have To Do? (UK-Remix)

1991 Shocked (DNA-Mix) / Shocked (Harding / Curnow-Single-Mix)

1991 Shocked (DNA-Maxi-Single-Mix) / Shocked (Harding / Curnow-Mix)

1991 Shocked (DNA-Mix) / Shocked (DNA- Maxi-Single-Mix) / Shocked (Harding / Curnow-Mix)

1991 Word Is Out (Single-Version) / Say The Word – I'll BeThere

1991 Word Is Out / Say The Word – I'll Be There / Word Is Out (Summer Breeze-Maxi-Single-Version)

1991 Word Is Out (Summer Breeze-Maxi-Single-Version) / Word Is Out (instrumental) / Word Is Out (Maxi-Single-Version) / Say The Word – I'll Be There

1991 Word Is Out (Maxi-Single-Version) / Say The Word – I'll Be There / Word Is Out (instrumental)

1991 Word Is Out (Summer Breeze-Maxi-Single-Version). Mit Kylie's Autogramm auf der B-Seite.

1991 Word Is Out (Single-Version) / Word Is Out (Maxi-Single-Version) / Say The Word – I'll Be There

1992 If You Were With Me Now (mit Keith Washington) / I Guess I Like It Like That

1992 If You Were With Me Now (Single-Version) / I Guess I Like It Like That (Single-Version) / I Guess I Like It Like That (erweiterte Version)

1992 If You Were With Me Now / I Guess I Like It Like That /
I Guess I Like It Like That (erweiterte Version)

1992 If You Were With Me Now / I Guess I Like It Like That /
If You Were With Me Now (erweiterte Version mit Keith Washington)

1992 Give Me Just A Little More Time / Do You Dare? (NRG-Fassung)

1992 Give Me Just A Little More Time (Maxi-Single-Version) / Do You Dare?
(NRG-Mix) / Do You Dare? (New Rave-Mix)

1992 Give Me Just A Little More Time / Give Me Just A Little More Time
(Maxi-Single-Version) / Do You Dare? (NRG-Mix) / Do You Dare?
(New Rave-Mix)

1992 Finer Feelings (Brothers In Rhythm-Single-Mix) / Closer
(The Pleasure-Mix-Fassung)

1992 Finer Feelings (Brothers In Rhythm-Maxi-Single-Mix) /
Finer Feelings (Original-Mix) / Closer (The Pleasure-Mix)

1992 Finer Feelings (Brothers In Rhythm-Single-Mix) / Finer Feelings
(Brothers In Rhythm-Maxi-Single-Mix) / Finer Feelings (Original-Mix) /
Closer (The Pleasure-Mix)

1992 What Kind Of Fool (Heard All That Before) / Things Can Only Get Better
(Remix)

1992 What Kind Of Fool (Heard All That Before; No Tech No Logical-Mix) /
Things Can Only Get Better (Remix)

1992 Celebration / Let's Get To It (Single-Mix)

1992 Celebration / Too Much Of a Good Thing: Australia cassingle.

1992 Celebration (Have a Party-Mix) / Let's Get To It (Maxi-Single-Mix)

1992 Celebration / Celebration (Have A Party Mix) /
Too Much Of A Good Thing

1992 Celebration (Single-Version) / Celebration (Have a Party-Mix) /
Let's Get To It (Maxi-Single-Mix)

1994 Confide In Me (Radio-Fassung) / Confide In Me (Truth-Mix)

1994 Confide In Me (Radio-Mix) / Where Has The Love Gone?
(Fire Island-Maxi-Single-Mix)

1994 Confide In Me (Master-Mix) / Confide In Me (Truth-Mix) /
Confide In Me (Big Brother-Mix)

1994 Confide In Me (Master-Mix) / Confide In Me (Big Brother-Mix) /
Confide In Me (Truth-Mix)

1994 Confide In Me (Master-Mix) / Nothing Can Stop Us Now (Single-Mix) /
If You Don't Love Me (Single-Mix)

1994 Confide In Me (Master-Mix) / Confide In Me (Big Brother-Mix) /
Confide In Me (Truth-Mix) / Where Has The Love Gone? (Fire Island-Mix) /
Where Has The Love Gone? (Roach Motel-Mix)

1994 Confide In Me (Radio-Fassung) / Confide In Me (Master-Mix) / Confide In Me (Truth-Mix) / Where Has The Love Gone? (Fire Island-Mix)

1994 Put Yourself In My Place (Radio-Fassung) / Put Yourself In My Place (Dan's Quiet Storm-Mix; erweitert)

1994 Put Yourself In My Place (Dan's Quiet Storm-Mix, erweitert) / Put Yourself In My Place (Dan's Quiet Storm Club-Mix) / Put Yourself In My Place (Driza-Bone-Mix) / Put Yourself In My Place (All-Star-Mix)

1994 Put Yourself In My Place (Radio-Mix) / Put Yourself In My Place (Dan's Quiet Storm-Mix, erweitert) / Put Yourself In My Place (Dan's Quiet Storm Club-Mix) / Confide In Me (Phillip Damien-Mix)

1994 Put Yourself In My Place (Radio Mix) / Put Yourself In My Place (Driza-Bone-Mix) / Put Yourself In My Place (All-Star-Mix) / Where Is The Feeling? (Morales-Mix)

1995 Where Is The Feeling? (BIR Dolphin-Mix) / Where Is The Feeling? (BIR Bish Bosh-Mix)

1995 Where Is The Feeling? (BIR Dolphin-Mix) / Where Is The Feeling? (BIR Soundtrack-Mix) / Where Is The Feeling? (Da Klubb Feelin-Mix) / Where Is The Feeling? (Short Morales-Mix) / Where Is The Feeling? (BIR Bish Bosh-Mix)

1995 Where The Wild Roses Grow (mit Nick Cave) / Ballad Of Robert Moore & Betty Coltrane (Album-Mix)

1995 Where The Wild Roses Grow (mit Nick Cave; Album-Mix) / Ballad Of Robert Moore & Betty Coltrane (Album-Mix) / Willow Garden (Album-Mix). Kylie ist nur auf dem ersten Track zu hören.

1997 Some Kind Of Bliss / Love Takes Over Me

1997 Some Kind Of Bliss / Limbo

1997 Some Kind Of Bliss / Limbo / Some Kind Of Bliss (Quivver-Mix)

1997 Did It Again / Tears

1997 Did It Again / Tears / Did It Again (Did It Four Times-Mix) / Some Kind Of Bliss (Video-Fassung)

1997 Did It Again / Did It Again (Trouser Enthusiasts Goddess Of Contortion-Mix) / Did It Again (Razor 'n' Go-Mix)

1998 Breathe (Radio-Fassung) / Breathe (Sash! Club Mix-Fassung)

1998 Breathe (Radio-Fassung-Mix) / Breathe (Tee's Freeze-Mix) / Breathe (Nalin & Kane-Mix) / Breathe (Album-Mix)

1998 Breathe (Radio-Fassung-Mix) / Breathe (Sash! Club-Mix) / Breathe (Tee's Radio-Fassung-Mix) / Did It Again (Video-Fassung)

1998 GBI (mit Towa Tei; Radio-Fassung) / GBI (Album-Mix)

1998 German Bold Italic (mit Towa Te; Intro) / German Bold Italic (Radio-Fassung-Mix) / German Bold Italic (Ebony Boogie Down-Mix) /

BMT (SP-1200-Mix) / German Bold Italic (Rekut-Mix) /
German Bold Italic (German Bold Light-Mix)

1998 German Bold Italic (mit Towa Tei) / GBI / Boldline (ohne Kylie)

1998 German Bold Italic (mit Towa Tei) / GBI (Rekut) / GBI
(Ebony Boogie Down-Mix) / BMT (SP-1200-Remix) / Boldline / GBI
(Ebony Boogie Down-Mix) / GBI (Rekut); BMT ohne Kylie.

1998 Cowboy Style (Single-Mix) / Love Takes Over Me / Cowboy Style
(Video-Fassung)

1998 Better The Devil You Know / Better The Devil You Know
(Movers & Shakers-Maxi-Mix). Veröffentlicht zum 25-jährigen Bestehen
von Mushroom's

2000 Spinning Around / Spinning Around (Vocal-Mix)

2000 Spinning Around (7th District Club-Mental-Mix) / Spinning Around
(7th District Like This-Mix)

2000 Spinning Around (Sharp Vocal-Mix) / Spinning Around / Spinning Around
(7th Spinnin' Dizzy-Mix) / Spinning Around (7th District Club-Mix)

2000 Spinning Around (7th District Exclusive Vocal-Remix) / Spinning Around
(7th District Exclusive Vocal-Mix), limitierte Auflage

2000 Spinning Around / Spinning Around (Vocal-Mix) / Spinning Around
(7th Spinnin' Dizzy-Mix) / Spinning Around (Video-Promotion)

2000 Spinning Around / Cover Me With Kisses / Paper Dolls

2000 On A Night Like This / On A Night Like This (Bini & Martini Club-Mix) /
On A Night Like This (Motiv8 Nocturnal Vocal-Mix)

2000 On A Night Like This (Rob Searle-Mix) / On A Night Like This
(Bini & Martini Vocal Club-Mix) / On A Night Like This (Halo-Mix)

2000 On A Night Like This (Rob Searle-Mix) / Your Disco Needs You
(Almighty-Mix) / On A Night Like This (Motiv8 Nocturnal Vocal-Mix) /
On A Night Like This (Bini & Martini Vocal-Mix)

2000 On A Night Like This (Bini & Martini Vocal-Mix) / On A Night Like This
(Bini & Martini-Mix)

2000 On A Night Like This / On A Night Like This (Rob Searle-Mix) /
On A Night Like This (Bini & Martini Club-Mix) / On A Night Like This
(Motiv8 Nocturnal Vocal-Mix) / On A Night Like This
(Video-Promotion)

2000 On A Night Like This / On A Night Like This (Halo-Mix) / Ocean Blue /
Your Disco Needs You (Almighty-Mix)

2000 On A Night Like This / Ocean Blue / On A Night Like This
(Video-Promotion)

2000 On A Night Like This (Single-Version) / Ocean Blue / Your Disco Needs You
(Almighty-Mix) / On A Night Like This (Video-Promotion)

2000 On A Night Like This / On A Night Like This (Rob Searle-Mix) /
On A Night Like This (Motiv8 Vocal Club-Mix)

2000 Kids / John's Gay / Often

2000 Kids / John's Gay / Often / Rock DJ (Video-Fassung)

2000 Kids / Karaoke Star / Kill Me Or Cure Me / Kids (Video-Fassung)

2000 Please Stay (Metro-Mix) / Please Stay (7th District Club Flava-Mix) /
Please Stay (7th District Club-Mix)

2000 Please Stay (7th District Club-Mix) / Please Stay (Hatiras Dreamy-Mix)
Please Stay (7th District Club Flava-Mix)

2000 Please Stay (Hatiras Dreamy-Mix)

2000 Please Stay / Santa Baby / Please Stay (Video-Fassung)

2000 Please Stay / Santa Baby / Good Life

2000 Please Stay / Santa Baby / Good Life / Please Stay (Video-Fassung)

2000 Please Stay / Please Stay (7th District Club Flava Mix) / Please Stay
(Hatiras Dreamy-Mix) / Please Stay (Video-Promotion)

2000 Your Disco Needs You (Album-Version) / Your Disco Needs You
(Radio-Fassung) / Your Disco Needs You (Almighty-Mix) / Your Disco
Needs You (Casino Radio & Club-Mix) / Your Disco Needs You
(German Album-Version)

2000 Can't Get You Out Of My Head / Boy

2000 Can't Get You Out Of My Head (Deluxe's Dirty-Mix) /
Can't Get You Out Of My Head (Deluxe's Dirty-Mix, instrumental) /
Can't Get You Out Of My Head (Plastika-Mix) /
Can't Get You Out Of My Head (Superchumbo Todo Mamado-Mix) /
Can't Get You Out Of My Head (K & M Mindprint-Mix)

2000 *Get Out Of My Head Artist: Special K:* Can't Get You Out Of My Head
(Superchumbo Todo Mamado-Mix) / Can't Get You Out Of My Head
(Superchumbo Leadhead-Mix) / Can't Get You Out Of My Head
(Superchumbo Voltapella-Mix)

2001 Can't Get You Out Of My Head (K & M Mindprint-Mix) /
Can't Get You Out Of My Head (Nick Faber-Mix)

2001 *Get Into My Head Artist: Special K:* Can't Get You Out Of My Head
(Deluxe's Dirty-Mix) / Can't Get You Out Of My Head
(Deluxe's Dirty-Mix, instrumental) / Can't Get You Out Of My Head
(Plastika-Mix)

2001 Can't Get You Out Of My Head / Boy / Rendezvous At Sunset

2001 *Can't Get You Out Of My Head Mixes:* Can't Get You Out Of My Head /
Can't Get You Out Of My Head (K & M's Mindprint-Mix) /
Can't Get You Out Of My Head (Plastika-Mix)

2001 Can't Get You Out Of My Head / Can't Get You Out Of My Head

(K & M's Mindprint-Mix) / Can't Get You Out Of My Head (Plastika-Mix) /
Can't Get You Out Of My Head (Superchumbo Todo Mamado Mix),
limitierte Auflage.

2001 In Your Eyes (Saeed & Palesh Main-Mix) / In Your Eyes
(Powder's Spaced-Mix) / In Your Eyes (Roger Sanchez-Mix)

2002 In Your Eyes (Album Version) / In Your Eyes (Mr Bishi-Mix) / In Your Eyes
(Jean Jacques Smoothie-Mix) / In Your Eyes (Saeed & Palesh Main-Mix)

2002 In Your Eyes / Spoken / Harmon / In Your Eyes (The S Man's-Mix)

2002 In Your Eyes / Tightrope / Good Like That

2002 In Your Eyes / In Your Eyes (The S Man's Release-Mix) / In Your Eyes
(Jean Jacques Smoothie-Mix)

LP's, Cassetten und CD-Alben

1988 *Kylie*: Should Be So Lucky; The Loco-Motion; Je Ne Sais Pas Pourquoi;
It's No Secret; Got To Be Certain; Turn It Into Love; I Miss You;
I'll Still Be Loving You; Look My Way; Love At First Sight

1988 *The Kylie Collection*: Songs wie in *Kylie*, aber zusätzlich:
I Should Be So Lucky (erweitert); The Loco-Motion (The Kohaku-Mix);
Je Ne Sais Pas Pourquoi (Moi Non Plus-Mix); Got To Be Certain (erweitert);
Made In Heaven (Maid in Australia-Mix)

1989 *Kylie's Remixes*: I Should Be So Lucky (The Bicentennial / UK-Remix);
Got to Be Certain (Ashes To Ashes; Remix / The Extra Beat Boys-Remix);
The Loco-Motion (The Sankie-Remix); Je Ne Sais Pas Pourquoi
(Moi Non Plus-Mix); Turn It Into Love (Album-Version);
It's No Secret (erweiterte Version); Je Ne Sais Pas Pourquoi
(The Revolutionary-Mix); I Should Be So Lucky (neuer Remix);
Made in Heaven (Made in England / Maid In Australia-Mix)

1989 *Enjoy Yourself*: Hand On Your Heart; Wouldn't Change A Thing;
Never Too Late; Nothing To Lose; Tell Tale Signs; My Secret Heart;
I'm Over Dreaming (Over You); Tears On My Pillow; Heaven And Earth;
Enjoy Yourself

1990 *Enjoy Yourself*: US-CD mit Extra-Track: Especially For You
(mit Jason Donovan)

1990 *Rhythm of Love*: Better The Devil You Know; Stepp Back In Time;
What Do I Have To Do?; Secrets; Always Find The Time;
The World Still Turns; Shocked; One Boy Girl; Things Can Only Get Better;
Count The Days; Rhythm Of Love

1991 *Let's Get to It*: Word Is Out; Give Me Just A Little More Time; Too Much Of A Good Thing; Finer Feelings; If You Were With Me Now (mit Keith Washington); Let's Get To It; Right Here, Right Now; Live And Learn; No World Without You; I Guess I Like It Like That

1991 *Rhythm of Love*: Extra-Tracks: Better The Devil You Know (US-Remix); Stepp Back In Time (Walkin' Rhythm-Mix); What Do I Have To Do? (UK-Remix); Shocked (DNA-Mix); Shocked (Harding / Curnow-Mix)

1991 *Rhythm of Love*: Doppel-CD. Extra-Tracks: Better The Devil You Know (US-Remix); Stepp Back In Time (Walkin' Rhythm-Mix); What Do I Have To Do? (UK-Remix); Shocked (DNA-Mix); Shocked (DNA-Maxi-Single-Mix); Shocked (Harding / Curnow-Mix)

1992 *Kylie's Remixes Vol. 2*: Better The Devil You Know (US-Mix); Stepp Back In Time (Walkin' Rhythm-Mix); What Do I Have To Do? (Remix); Shocked (DNA-Mix); Word Is Out (Maxi-Single-Version); If You Were With Me Now (erweiterte Version); Keep On Pumpin' It (Maxi-Single-Version); Give Me Just A Little More Time (Maxi-Single-Version); Finer Feelings (Brothers In Rhythm Maxi-Single-Remix); Do You Dare? (NRG-Mix); Closer

1992 *Greatest Hits*: I Should Be So Lucky; Got To Be Certain; The Loco-Motion; Je Ne Sais Pas Pourquoi; Especially For You (mit Jason Donovan); Turn It Into Love; It's No Secret; Hand On Your Heart; Wouldn't Change A Thing; Never Too Late; Tears On My Pillow; Better The Devil You Know; Stepp Back In Time; What Do I Have To Do?; Shocked (DNA-Mix); Word Is Out (UK-Remix); If You Were With Me Now (mit Keith Washington); Give Me Just A Little More Time; Finer Feelings; What Kind Of Fool (Heard All That Before); Where In The World?; Celebration

1993 *Kylie's Non-Stop History 50+1 (Megamix)*: Do You Dare?; I Guess I Like It Like That; Closer; Shocked; Things Can Only Get Better; What Do I Have To Do?; Better The Devil You Know; What Kind Of Fool (Heard All That Before); Secrets; Where In The World?; Give Me Just A Little More Time; I Miss You; Stepp Back In Time; Celebration; Right Here, Right Now; Always Find The Time; Look My Way; Count The Days; One Boy Girl; Rhythm Of Love; Word Is Out; Just Wanna Love You; It's No Secret; I'll Still Be Loving You; Let's Get To It; Too Much Of A Good Thing; Live And Learn; Finer Feelings; World Still Turns; My Secret Heart; No World Without You; Especially For You (mit Jason Donovan); Say The Word I'll Be There; Tears On My Pillow; Tell Tale Signs; If You Were With Me Now (mit Keith Washington); Heaven And Earth; Nothing To Lose;

Wouldn't Change A Thing; Je Ne Sais Pas Pourquoi; Made In Heaven;
Hand On Your Heart; Enjoy Yourself; I'm Over Dreaming (Over You);
Never Too Late; Love At First Sight; Got To Be Certain; Turn It Into Love;
I Should Be So Lucky; The Loco-Motion; Celebration (Techno Rave-Remix)

1993 *Greatest Remix Hits Vol. 1*: I Should Be So Lucky (Bicentennial Remix);
Got To Be Certain (Ashes To Ashes); Locomotion (Sankie-Remix);
Je Ne Sais Pas Pourquoi (Moi Non Plus-Mix); Made In Heaven;
All I Wanna Do; It's No Secret (erweitert); Hand On Your Heart;
Just Wanna Love You; Never Too Late (erweitert); We Know The Meaning
Of Love; Stepp Back In Time (Walkin' Rhythm-Mix); What Do I Have To
Do? (Remix); Shocked (DNA-Mix); Word Is Out; Keep On Pumpin' It Up
(Astral Flight-Mix); If You Were With Me Now (mit Keith Washington);
Do You Dare? (New Rave-Mix); Finer Feelings
(Brothers In Rhythm Single-Mix); Closer (bearbeitet); What Kind Of Fool
(No Tech No Logical-Mix); Celebration (Have A Party Mix)

1993 *Greatest Remix Hits Vol. 2*: Got To Be Certain (erweitert); Kylie's Smiley Mix
(erweitert); Getting Closer; Je Ne Sais Pas Pourquoi (Revolutionary-Mix);
Made In Heaven (Made In England-Mix); Especially For You
(mit Jason Donovan); Hand On Your Heart (The Great Aorta-Mix);
Wouldn't Change A Thing (Your Thang-Mix); Tears On My Pillow;
Better The Devil You Know (Mad March Hare-Mix); I'm Over Dreaming
(Over You); The Loco-Motion; What Do I Have To Do? (Pump & Polly-Mix);
Shocked (Harding / Curnow-Mix); Say The Word I'll Be There;
Keep On Pumpin' It Up (Angelic-Remix); Give Me Just A Little More Time
(Maxi-Single-Version); Do You Dare? (NRG-Mix); Finer Feelings
(Brothers In Rhythm Maxie-Single-Mix); Closer (The Pleasure-Mix);
What Kind Of Fool (No Tech No Logical-Mix); Got To Be Certain
(Out For A Duck)

1994 *Kylie Minogue*: Confide In Me; Surrender; If I Was Your Lover;
Where Is The Feeling?; Put Yourself In My Place; Dangerous Game;
Automatic Love; Where Has The Love Gone?; Falling;
Time Will Pass You By

1998 *Impossible Princess / Kylie Minogue in Europe*: Too Far; Cowboy Style;
Some Kind Of Bliss; Did It Again; Breathe; Say Hey; Drunk;
I Don't Need Anyone; Jump; Limbo; Through The Years; Dreams

1998 *Impossible Remixes*: CD mit verschiedenen Remixes von »Impossible
Princess«. Too Far (Brothers In Rhythm House-Mix); Breathe
(TNT-Club Mix); Did It Again (Trouser Enthusiasts Goddess Of
Contortion-Mix); Breathe (Tee's Freeze-Mix); Some Kind Of Bliss
(Quivver-Mix); Too Far (Junior Vasquez-Remix); Did It Again

(Razor 'n' Go-Mix); Breathe (Sash Club-Mix); Too Far
(Brothers In Rhythm-Mix); Breathe (Nalin & Kane-Remix)

1998 *Greatest Remix Hits Vol. 3*: Disc 1: Better the Devil You Know
(Movers 'n' Shakers Maxi-Single-Mix); The Loco-Motion
(Chugga Motion-Mix); Glad to Be Alive (Single-Mix); The Loco-Motion
(Maxi-Single-Master); Hand on Your Heart (Heartache-Mix);
Stepp Back in Time (Harding Curnow-Remix); What Do I Have to Do?
(erweiterter LP-Mix); Word Is Out; No World Without You
(Original Single-Mix); Do You Dare? (Italia Maxi-Single-Mix). Disc 2: 1.
Especially for You (mit Jason Donovan; Original Maxie-Single-Mix);
Wouldn't Change a Thing (Yo Yo's Maxi-Single-Mix); Never Too Late
(Oz Tour-Mix); Better the Devil You Know (Dave Ford-Remix);
Stepp Back in Time (Original Maxi-Single-Mix); One Boy Girl
(Maxi-Single-Mix); Word Is Out (Summer Breeze Maxi-Single-Mix);
Live and Learn (Original Maxi-Single-Mix); Right Here, Right Now
(Tony King Maxi-Single-Mix); Finer Feelings (Brothers in Rhythm-Mix);
Celebration (Original Single-Mix)

1999 *Greatest Remix Hits Vol. 4*: Disc 1: What Do I Have to Do?
(Movers 'n' Shakers Maxi-Single-Mix); The Loco-Motion
(Girl Meets Boy-Mix); Made in Heaven (Heaven Scent Maxi-Single-Mix);
Wouldn't Change a Thing (Espagna-Mix); Better the Devil You Know
(Alternative Single-Mix); Things Can Only Get Better
(Original Maxi-Single-Mix); The Loco-Motion (Kohaku-Mix); Let's Get to It
(Tony King Maxi-Single-Mix); What Kind of Fool (Pete Waterman's Maxi-
Single-Master-Mix). Disc 2: I Should Be So Lucky (erweiterter Mix);
The Loco-Motion (Single-Mix); Hand on Your Heart (Smokin'-Remix);
I Am the One for You; Stepp Back in Time (Tony King-Remix);
Too Much of a Good Thing (Original Maxi-Single-Mix); If You Were With
Me Now (Orchester-Version); Finer Feelings; Celebration

1998 *Intimate & Live*: Too Far; What Do I Have To Do?; Some Kind Of Bliss;
Put Yourself In My Place; Breathe; Take Me With You;
I Should Be So Lucky; Dancing Queen; Dangerous Game; Cowboy Style;
Stepp Back In Time; Say Hey; Free; Drunk; Did It Again; Limbo; Shocked;
Confide In Me; The Loco-Motion; Should I Stay Or Should I Go?;
Better The Devil You Know

2000 *Light Years*: Spinning Around; On A Night Like This; So Now Goodbye;
Disco Down; Loveboat; Kookachoo; Your Disco Needs You; Please Stay;
Bittersweet Goodbye; Butterfly; Under The Influence Of Love; I'm So High;
Kids; Light Years; Password (»versteckter« Track. Er ist zu hören, wenn
man nach ›Spinning Around‹ rückwärts geht)

2000 *Hits+*: (englische CD): Confide In Me; Put Yourself In My Place;
Where Is The Feeling?; Some Kind Of Bliss; Did It Again; Breathe;
Where The Wild Roses Grow (mit Nick Cave); If You Don't Love Me;
Tears; Gotta Move On; Difficult By Design; Stay This Way; This Girl;
Automatic Love (akustische Version); Where Has The Love Gone?;
Take Me With You

2000 *Hits+*: (australische CD) Confide In Me (Radio-Version); Put Yourself
In My Place (Radio-Version); Where Is The Feeling? (Dolphin-Mix);
Some Kind Of Bliss; Did It Again; Breathe (Radio-Version);
Where The Wild Roses Grow (mit Nick Cave); If You Don't Love Me; Tears;
Gotta Move On (produziert von Rapino Bros); Difficult By Design
(produziert von Rapino Bros); Stay This Way; This Girl (Demo-Version);
Automatic Love (akustische Version); Where Has The Love Gone?
(Roach Motel-Mix); Take Me With You (neue Version)

2000 *Triple Set*: Kylie, Enjoy Yourself and Rhythm Of Love
(nur in Australien erhältlich)

2001 *Fever*: More More More; Love At First Sight; Can't Get You Out Of My
Head; Fever; Give It To Me; Fragile; Come Into My World; In Your Eyes;
Dancefloor; Love Affair; Your Love; Burning Up.
(Extra-Track auf der australischen CD: Tightrope)

2001 *Light Years*: Erschienen als Sonder-CD zur Tournee in Australien. Enthält
zusätzliche Tracks: Spinning Around (7th District Club-Mental-Mix);
Spinning Around (Vocal-Mix); On A Night Like This (Rob Searle-Mix);
On A Night Like This (Bini & Martini Club-Mix); Please Stay
(Hatiras Dreamy-Mix); Please Stay (7th District Radio-Mix); Please Stay
(7th District Club Flava-Mix); Butterfly (Sandstorm-Mix);
Your Disco Needs You (Casino Radio & Club-Mix)

2001 Light Years (Australia Tour Edition): Australia double-CD. Extra tracks:
Physical (Olivia Newton-John cover); On A Night Like This
(Bini & Martini-Mix)

Videos und DVD's (chronologisch)

1988 *The Videos*: The Loco-Motion; I Should Be So Lucky (Australien)
1989 *The Kylie Collection*: I Should Be So Lucky; Got To Be Certain;
The Loco-Motion; Je Ne Sais Pas Pourquoi; It's No Secret; Made in Heaven
(Australien)
1989 *The Kylie Collection*: I Should Be So Lucky; Got To Be Certain;
The Loco-Motion; Je Ne Sais Pas Pourquoi (Großbritannien)

1989 *Kylie Minogue – The Videos 2*: It's No Secret; Hand On Your Heart; Wouldn't Change a Thing; Never Too Late

1990 *Kylie On The Go – Live in Japan*: Hand On Your Heart; The Loco-Motion; Made In Heaven; Got To Be Certain; Je Ne Sais Pas Pourquoi; Wouldn't Change A Thing; Tears On My Pillow; I Should Be So Lucky

1990 *Jason Donovan – Greatest Video Hits* (Australien): Especially For You (mit Kylie)

1992 *Let's Get To … The Videos*: Better The Devil You Know; Stepp Back In Time; What Do I Have To Do?; Shocked; Word Is Out; If You Were With Me Now

1992 *Kylie (Live) – Live in Dublin*: Stepp Back In Time; Wouldn't Change a Thing; Got To Be Certain; Let's Get To It; Word Is Out; Finer Feelings; I Should Be So Lucky; Love Train; If You Were With Me Now; Too Much Of A Good Thing; What Do I Have To Do?; I Guess I Like It Like That; Shocked; Better The Devil You Know

1992 *Kylie Minogue – Greatest Hits*: I Should Be So Lucky; Got To Be Certain; The Loco-Motion; Je Ne Sais Pas Pourquoi; It's No Secret; Especially For You (mit Jason Donovan); Hand On Your Heart; Wouldn't Change A Thing; Never Too Late; Tears On My Pillow; Better The Devil You Know; Stepp Back In Time; What Do I Have To Do?; Shocked (DNA-Mix); Word Is Out; If You Were With Me Now (mit Keith Washington); Give Me Just A Little More Time; Finer Feelings; What Kind Of Fool

1997 *Did It Again*: Did It Again; Some Kind Of Bliss (Australien)

1998 *The Kylie Tapes 94–98*: Breathe; Did It Again; Some Kind Of Bliss; Confide In Me; Where Is The Feeling?; Put Yourself In My Place

1998 *Nick Cave and The Bad Seeds. The Videos* (Australien): Where The Wild Roses Grow (mit Kylie)

1998 *Intimate and Live*: Too Far; What Do I Have To Do?; Some Kind Of Bliss; Put Yourself In My Place; Breathe; Take Me With You; I Should Be So Lucky; Dancing Queen; Dangerous Game; Cowboy Style; Stepp Back In Time; Say Hey; Free; Drunk; Did It Again; Limbo; Shocked; Confide In Me; Locomotion; Should I Stay Or Should I Go?; Better The Devil You Know

2001 *Kylie Minogue – Live In Sydney*: (DVD). Der Liveauftritt war am 11. Mai 2001 in Syndey aufgenommen worden. Enthält folgende Songs: Love Boat; Kookachoo; Hand on Your Heart; Put Yourself in My Place; On A Night Like This; Stepp Back In Time; Never Too Late; I Wouldn't Want to Change a Thing; Turn it into Love; Celebrate; Can't Get You Out of My Head; Your Disco Needs You; I Should Be So Lucky; Better the Devil You Know; So Now Goodbye; Physical; Butterfly; Confide In Me; Kids; Shocked; Light Years; plus 20 Minuten Backstage-Aufnahmen

Bildnachweis

Nr. 1: Richard Young / Rex Features; Nr. 2 + 3: The *Sun* / Rex Features u. Richard Young / Rex Features; Nr. 4: London Features International; Nr. 5: Richard Stonehouse / Camera Press London; Nr. 6: The *Sun* / Rex Features; Nr. 7: Rex Features; Nr. 8: Rex Features; Nr. 9: London Features International; Nr. 10: © allaction.co.uk; Nr. 11: S.I.N. / Corbis UK Ltd.; Nr. 12: Edward Hirst / Rex Features; Nr. 13: Brian Rasic / Rex Features; Nr. 14: Sygma / Corbis UK Ltd.; Nr. 15: Julian Makey / Rex Features; Nr. 16: Foto B.D.V / Corbis UK Ltd.; Nr. 17: Hellestad Rune Sygma / Corbis UK Ltd.; Nr. 18: Theodore Wood / Camera Press London; Nr. 19: Dallas Kilponen / The *Sun Herald* / Fairfax Foto Library; Nr. 20: Peter Carrette / Rex Features; Nr. 21: Mark Shenley / Camera Press London; Nr. 22: Nikos / Rex Features; Nr. 23: Rex Features; Nr. 24: Brian Rasic / Rex Features; Nr. 25: Mark Shenley / Camera Press London; Nr. 26: Dan Merson / Camera Press, London; Nr. 27: David Fisher-DF / London Features International; Nr. 28: Fairfax Foto Library; Nr. 29: Brendan Beirne / Rex Features; Nr. 30: Foto B.D.V / Corbis UK Ltd.; Nr. 31: Rex Features; Nr. 32: Richard Young / Rex Features; Nr. 33: Richard Young / Rex Features; Nr. 34: Bigpicturesphoto.com.; Nr. 35: SIPA / Rex Features; Nr. 36: Stewart Mark / Camera Press London; Nr. 37: Richard Young / Rex Features; Nr. 38: William Conran / Camera Press London; Nr. 39: Stephane Cardinale / Imapress / Camera Press London; Nr. 40: Bigpicturesphoto.com; Nr. 41: Shamim Ferd Sygma / Corbis UK Ltd.; Nr. 42: Javed Jafferji / Camera Press London; Nr. 43: PA Photos; Nr. 44: Sygma / Corbis UK Ltd.; Nr. 45: Richard Young / Rex Features; Nr. 46: PA Photos; Nr. 47: Bigpicturesphoto.com; Nr. 48: Hellestad Rune Sygma / Corbis UK Ltd.; Nr. 49: Bigpicturesphoto.com; Nr. 50: Bigpicturesphoto.com; Nr. 51: Bigpicturesphoto.com; Nr. 52: Richard Young / Rex Features.

Wir danken Zooid Pictures Limited und den genannten Fotoagenturen für die freundlich erteilte Abdruckgenehmigung.

Bitte blättern Sie um ...

Andrew Morton

Madonna

Aus dem Englischen von Helmut Lindner
431 Seiten. Gebunden

Rätselhaft und faszinierend – Madonna ist die Ikone unserer Tage schlechthin. Sie wird bewundert für ihre Unabhängigkeit, ihr Selbstbewusstsein, ihre Kompromisslosigkeit und Risikobereitschaft. Wer aber ist die wohl berühmteste Frau unseres Planeten wirklich? Andrew Morton enthüllt die unbekannten Seiten dieses Superstars und präsentiert eine Madonna jenseits der Legenden, die sie selbst erschaffen hat.

Krüger Verlag

Céline Dion

Mein Leben,
mein Traum

Aus dem Französischen von Ingrid Fischer-Schreiber
352 Seiten. Gebunden

Voller Sensibilität beschreibt die sympathische Céline Dion ihr Leben, das ihr viele Momente des Glücks und Erfolgs bescherte, aber auch von tragischen Ereignissen überschattet wurde. Im Mittelpunkt steht die große Liebe zu ihrem Mann, für den sie, als er schwer erkrankte, eine Auszeit von ihrer Karriere nahm. Ihre Liebe und ihr gemeinsames Leben wird nun gekrönt durch die Geburt ihres Sohnes René Charles.

Krüger Verlag